|青少版|

历史选择了毛泽东

叶永烈 著

天地出版社 | TIANDI PRESS

图书在版编目（CIP）数据
历史选择了毛泽东 : 青少版 / 叶永烈著. -- 成都 : 天地出版社, 2025. 6. -- ISBN 978-7-5455-8439-4
Ⅰ. A752-49
中国国家版本馆CIP数据核字第20242FV400号

LISHI XUANZELE MAO ZEDONG（QINGSHAOBAN）
历史选择了毛泽东（青少版）

出 品 人 杨 政
作　　者 叶永烈
责任编辑 孙若琦　王加蕊
责任校对 马志侠
封面设计 挺有文化
内文排版 马丽霞
责任印制 王学锋

出版发行 天地出版社
（成都市锦江区三色路 238 号 邮政编码：610023）
（北京市方庄芳群园3区3号 邮政编码：100078）
网　　址 http://www.tiandiph.com
电子邮箱 tianditg@163.com
经　　销 新华文轩出版传媒股份有限公司

印　　刷 北京文昌阁彩色印刷有限责任公司
版　　次 2025年6月第1版
印　　次 2025年6月第1次印刷
开　　本 710mm×1000mm 1/16
印　　张 19.5
字　　数 338千字
定　　价 39.80元
书　　号 ISBN 978-7-5455-8439-4

咨询电话：（028）86361282（总编室）
购书热线：（010）67693207（营销中心）

· 序

《红色的起点》出版后，收到众多的读者来信。读者们的热忱鼓励我继续写下去。

《红色的起点》写的是“中国有了共产党”。那么，接下去该写什么呢？不言而喻，应该是“共产党有了领袖毛泽东”。

毛泽东是中国20世纪的伟人、巨人。有关他的传记，从“青年毛泽东”到“晚年毛泽东”，已经有了好多本。然而从领袖史的特殊视角写毛泽东，从历史对中共领袖人物的选择写毛泽东，却是未曾有过的。我选择了这样的角度来写毛泽东，一方面希望写出新意，另一方面也是希望跟《红色的起点》衔接——因为在中国共产党建立之后，便面临着选择正确而成熟的领袖的问题。

领袖是党的旗帜，革命的舵手。列宁曾说:“在历史上，任何一个阶级，如果不推举出自己的善于组织运动和领导运动的政治领袖和先进代表，就不可能取得统治地位。”① 他又说:“政党通常是由最有威信、最有影响、最有经验、被选出担任最重要职务而称为领袖的人们所组成的比较稳定的集团来主持的。”②

领袖的选择，对诞生不久、尚处于幼年时期的中国共产党尤为重要。在一定的条件下，领袖决定一切。在毛泽东之前，党经历了一右三“左”，即陈独秀的右倾机会主义、瞿秋白的“左”倾盲动错误、李立三的“左”倾冒险错误和王明、博古的“左”倾教条主义、宗派主义，正是领袖的错误，导致党走上了错误路线。

正因为这样，我认为值得从领袖史的角度去写毛泽东。

① 列宁:《我们运动的迫切任务》,《列宁选集》第一卷，人民出版社1995年版，第286页。

② 列宁:《共产主义运动中的“左派”幼稚病》,《列宁选集》第四卷，人民出版社1995年版，第151页。

《红色的起点》采用“T”形结构：既着重写 1921 年前后中国共产党诞生的历史横断面，也写及中共一大代表们的后来。

《历史选择了毛泽东》则采用椭圆形结构，即两头小、中间大。两头，分别是第一章和第八章。第一章“毛泽东之前”，以粗线条描述在毛泽东以前的中共领袖史，描述了历史对他们的走马灯般的淘汰。如列宁所说：“他们不适合当这场革命斗争的领袖，看来他们在革命期间将不得不由领袖变为被领导者，否则就会被抛弃。”[①] 第八章“党的领袖”则同样以粗线条描述从遵义会议确立毛泽东的领袖地位之后，党面临张国焘和王明两次严重的挑战，直至中共七大把毛泽东思想确立为党的指导思想并写入党章。

中间的六章，即第二章至第七章，是本书的核心——历史如何选择了毛泽东。从八七会议写起，写井冈山的斗争，写红都瑞金的艰难岁月，写长征中血的教训，写遵义城里那场举世闻名的会议。在这些日子里，毛泽东曾经几度被撤职，几度遭批判，一次被捕，几番病重，真可谓：“天将降大任于斯人也，必先苦其心志，劳其筋骨，饿其体肤，空乏其身，行拂乱其所为。”（《孟子·告子下》）正是在历史的角逐之中，毛泽东以其正确的思想、策略和路线，脱颖而出，一跃而为中共领袖，从此领导中共达 41 年之久。

我曾说，我的作品是“跑”出来的。在看了大量的历史文献、档案之后，有了总体构思，我便开始“跑”——行程万里，去实地采访，尽量掌握丰富的第一手资料。

本来在 1990 年冬就应该外出采访，但由于我患目疾，动了手术，医嘱不能外出，不论乘飞机、火车或是汽车，都会使刚刚动了手术的眼睛受到震动，造成不良后果。静养了半年之后，尽管医生仍劝我继续静养，我还是外出工作了。

1991 年的夏日，我差不多在羁旅中度过，为的是进行大量的采访，以写好这部新的长篇。

先是从上海飞往成都，在那里访问了中共中央办公厅前副主任张耀祠。

① 列宁：《两个世界》，《列宁全集》第二十卷，人民出版社 1989 年版，第 16 页。

他曾为中华苏维埃共和国中央政府站岗，常常见到进出那里的中央政府主席毛泽东。后来他在毛泽东身边工作多年，成为中南海警卫部队的负责人。

接着坐火车在某一天的凌晨2时到达遵义。我来到遵义会议纪念馆，工作人员出于“职业习惯”，对我说红军占领遵义也是凌晨2时！在纪念馆参观、采访及查阅档案材料，我得到副馆长费侃如、田兴咏以及郑心棻的许多帮助。在遵义，我访问了老红军李小侠，她跟毛泽东、周恩来、邓颖超、康克清、李伯钊、贺子珍都熟悉。陈云在1935年秋写的《随军西行见闻录》中，便提及她：“尤有一事可记者，当红军在遵义成立革命委员会时，有一女学生名李小侠，年约二十，同情红军，在大会上演讲，后被举为革命委员之一。”我也访问了遵义会议会址的原主人——国民党柏辉章师长的胞弟柏锦章。

在贵阳，我见到了原国民党贵州省主席王家烈的老部下万式炯，他后来成为贵州省政协常委。万老先生是王家烈夫人万淑芬之侄。王家烈当师长时，万是团长，他很详尽地回忆了王家烈追堵红军的经过。

接着我前往北京，访问刘少奇的夫人王光美，张闻天的夫人刘英，王稼祥的夫人朱仲丽。有关共产国际的一些问题，我则请教了中国人民大学杨云若教授。

在气温高达40℃的日子里，我来到“火炉”南昌。中共江西省委党史办公室的马骏给我很多指点。接着，我在井冈山、红都瑞金采访，分别得到当地革命博物馆负责人朱本良、钟书棋以及李蕊珍、李春祥、黄仲芳等人的帮助，中共井冈山市委宣传部和中共瑞金县委宣传部给我提供了工作的方便。我一一实地访问毛泽东当年战斗过的地方，使我对这位伟人有了更深入的了解。

在采访中，我发觉，有些中共党史专家的研究有一定偏颇，即对所谓“反面人物”（其实只是一时犯了错误的人）不大加以研究：我几乎查不到一篇详细介绍博古、凯丰的文章；关于李德，因为他写了回忆录《中国纪事》，因而党史专家们对他比对博古、凯丰的研究稍微多一点。

我求助于博古的亲属。我寻访了博古的长女秦摩娅、女婿刘家农，又寻访了博古的小女儿秦吉玛、女婿李海渊，才使我对博古有了一些了解。我又访问了曾在博古手下工作多年的温济泽，他谈笑风生，向我说及博古的性格、形象、为人，使我对博古的了解深入了一步。

关于凯丰，更鲜为人知。在一份党史杂志上，我甚至查到一篇题为《王克全、何克全是一个人吗？》的文章。凯丰本名何克全，在中共六届五中全会上被选为中央政治局候补委员。好几部中共党史著作都把王、何两人混为一谈，以为“王克全即何克全”。这恰恰表明，凯丰长期以来处于“被遗忘的角落”。在南昌，一个闷热的夜晚，一个僻远的地方，我得以访问了凯丰的长女何裕清及女婿张慈瑞。不巧，偏遇停电，在烛光之下，听他们长谈凯丰，才使我详细了解了凯丰的身世。

在中共中央党校，我得到从事李德研究的周文琪的帮助。我访问了年事已高的当年李德的翻译王智涛，访问了亲自接李德进入中央苏区的中共福建省委前书记卓雄。李德的另一位翻译伍修权因病住院，我请他的亲属洪庐介绍了有关李德的情况。

还有三位“历史老人”向我讲述了自己亲历的故事：

一位是前已提及的张闻天的夫人刘英，那时已86岁，却有着极好的记忆力。早在江西中央苏区，刘英就认识毛泽东。在长征途中，她接替邓小平担任中央秘书长。刘英花了许多时间，向我讲述了毛泽东、朱德、周恩来、张闻天、博古、李德、聂荣臻、邓小平、刘伯承、任弼时、邓发……

另一位是古柏的夫人曾碧漪，也已86岁。当年，古柏担任过毛泽东秘书，于是曾碧漪也在毛泽东身边工作，与贺子珍、贺怡有着很深的友情。她向我讲述“邓、毛、谢、古”受打击的情形，讲述富田事变经过。这些半个多世纪前的重要往事，健在的当事人已所剩无几了。

还有一位是九旬老人郑超麟，他是当年八七会议的出席者，与中共早期的领导人陈独秀、瞿秋白、李立三都有过许多交往。

本来，我还计划访问陆定一、康克清，经电话联系，他们正因病住在医院，未能访问。另外，我经与任弼时女儿联系，计划访问任弼时的夫人陈琮英，但因她正在北戴河休养，不在北京，未能采访（数年后才得以采访）。我还曾与“刘伯承传记组”联系，计划访问刘伯承的夫人，但因路远未能实现。

当秋风秋雨吹打我书房的钢窗时，我开始埋头于写作。三四个月的广泛采访，为这次的创作打下了扎实的基础。

本书完成后，我沿着中国共产党发展史写下去，又写了一部《毛泽东与蒋介石》。这三本书，构成了“红色三部曲”：

《红色的起点》写的是“中国有了共产党”；

《历史选择了毛泽东》写的是“中国共产党有了领袖毛泽东”；

《毛泽东与蒋介石》写的是“毛泽东领导中国共产党和中国人民打败了蒋介石”。

用文学笔调去表现中国共产党的历史，是一种新的尝试，希望能得到社会各界的支持。

感谢中共党史界对本书的关注和宝贵意见，我对本书作了许多修改和补充，对有关史实作了订正。

2013 年 1 月，波兰马尔沙维克出版社出版了《历史选择了毛泽东》英文版 *HISTORY CHOSE MAO ZEDONG*。

同年，美国全球按需出版公司 Demand Global 出版了《历史选择了毛泽东》法文版 *L'HISTOIRE CHOISIT MAO ZEDONG*。

叶永烈

1991 年 12 月 26 日　初稿

1998 年 6 月 19 日　修改

2014 年 6 月 24 日　改定

2017 年 12 月 19 日　再改

目录
Contents

第一章　毛泽东之前

第二章　井冈风云

第三章　驰骋赣南

第四章　瑞金浮沉

第五章　艰难岁月

第六章　长征途中

第七章　遵义曙光

第八章　党的领袖

第一章 毛泽东之前

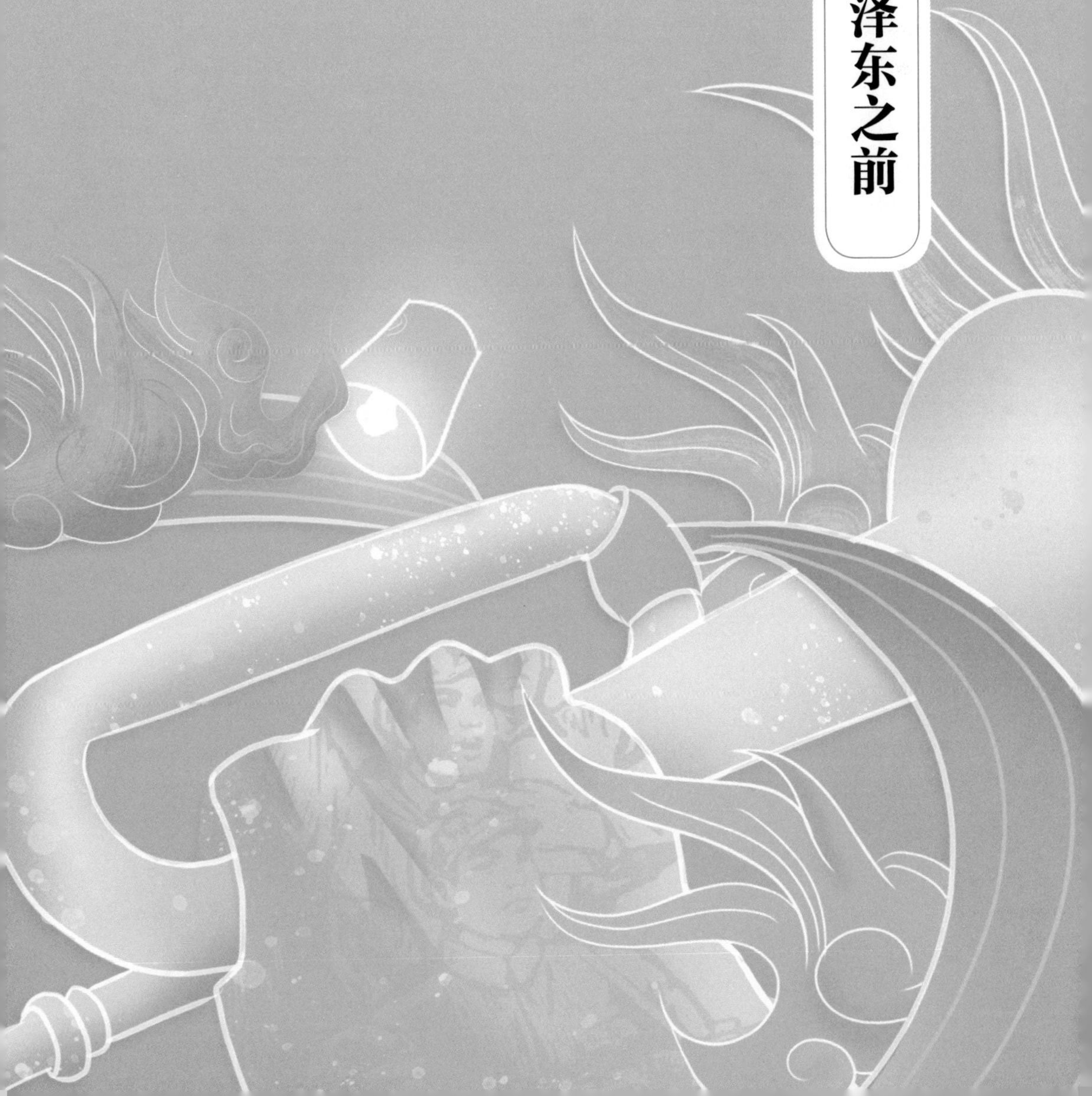

□ “赤色人物”从上海拥向武汉

像钟摆似的，长江中的轮船从上游到下游，又从下游回到上游，来来回回，终年不息。

1927 年 4 月 12 日这天，上海的大批乘客突然拥向码头，前往武汉的船票顿时成了抢手货，票价暴涨。10 天之后，从上海驶往武汉的几艘轮船，由于前后有两艘挂着“米”字旗的英国轮船护航，船票更是翻了几个“跟斗”，连统舱票都涨到 45 元一张，比当时普通职员一个月的薪水还高。

虽说如此，仍有许许多多的“生意人”把船票抢购一空，匆匆登上轮船，前往武汉。

这些“生意人”做着各式各样的“生意”，有的“买卖茶叶”，有的“开鱼行”，有的据称是“卖水果”，还有的说是“贩盐”的。

不过，这些“生意人”大都文质彬彬，很多人戴着圆形镜片眼镜。刚上船时，他们“黄牛角，水牛角，各归各”，似乎素不相识。

照例，轮船途经南京时，要靠岸上下客。这时，那些“生意人”人都躲进客舱，上床闷头睡觉。从码头上上来一批特殊人物，腰间鼓鼓囊囊，那不是钱包，是铁家伙——手枪。他们用锐利的目光扫视着旅客们，竭力想从中查出“红色人物”。可惜，那些“红色人物”脸不红、衣不红，跟普通旅客一模一样。

直到那些特殊人物下了船，轮船离开了南京码头，“生意人”们才渐渐活跃，踱上甲板，三三两两窃窃私语。也有个别的竟高谈政治，说出跟“生意人”身份毫不相干的话来……

这些“生意人”，其实是一些“红色人物”。据年已九旬的郑超麟（当时任中共中央宣传部秘书）回忆，光是跟他坐同一条船前往武汉的共产党重要人物便有陈绍禹（王明）、李立三、罗亦农（罗觉）、王荷波、陆定一……甚至连共产国际代表维经斯基也在这条船上。在此之前，中共中央总书记陈独秀已和汪精卫一起秘密乘长江轮船西行，由沪抵汉。

这么多的中国共产党人（还包括许多国民党左派人士）为什么“定向运动”，纷纷由上海奔赴武汉？

那是因为上海刀光剑影，笼罩着一片白色恐怖气氛……

上海，中国共产党的摇篮。六年前，1921 年 7 月，中共一大便在上海举行，因此，上海成了中共中央的所在地。大批中共高层人物，或明或暗，落脚在这座中国最大的工业城市。

中国共产党诞生后不久，决定联合中国国民党，携手共同反对军阀。

中国国民党也作出了友善的反应。1924 年 1 月，在广州召开的中国国民党第一次全国代表大会上，孙中山以总理身份担任主席，提出并确立了“联俄、联共、扶助农工”三大政策。从此，国共两党结为盟友，众多的中国共产党人以个人名义加入了中国国民党。李大钊、谭平山等中共党员当选为国民党中央委员，毛泽东、瞿秋白、张国焘等当选为国民党中央候补委员。

1925 年 3 月 12 日上午 9 时 30 分，孙中山因肝癌不治，长逝于北京。随后，国民党内二雄并立：汪精卫成为国民政府主席，蒋介石担任国民革命军总司令。

最初，蒋介石沿着孙中山“三大政策”的轨道运行。1925 年 9 月，当蒋介石作为东征军总指挥率领兵马从广州出发征讨军阀陈炯明时，他的东征军总政治部主任便是共产党人周恩来。而且，苏联顾问还帮助他制订了周密的东征作战计划……

此后国共两党又携手北伐。自从 1926 年 7 月 9 日国民革命军从广州出师北伐，一路势如破竹，才三个月工夫，便拿下了武汉。

武汉，辛亥革命的第一枪在这里打响。自从国民革命军占领武汉，这里便成了中国革命的中心。于是，国民政府迁都武汉。

蒋介石却把他的总司令部迁往南昌，并要国民政府迁往南昌，但遭到拒绝。共产党和国民党左派在武汉联合起来，跟南昌的蒋介石相对抗。

在上海，共产党有着颇好的群众基础。1927 年 3 月 21 日，在陈独秀、周恩来、罗亦农、赵世炎领导下，上海工人举行第三次武装起义，经过 30 个小时的激战，全歼北洋军阀部队 3000 余人和警察 2000 余人，占领了上海。共产党声势大振。

蒋介石闻讯急急进军上海，又迅即占领南京。

蒋介石把共产党领导下的工人纠察队视为眼中钉。

4 月 12 日凌晨 1 时，上海还在沉睡，一队队全副武装、臂缠“工”字符号的人马，看上去像工人纠察队，却突然袭击了上海闸北、南市、沪西、吴淞、虹口等区的工人纠察队队部，拉开了四一二反革命政变的序幕。

世上最危险的事，不是“盲人骑瞎马，夜半临深池”，却是原本的朋友突然翻脸，掉转了枪口。共产党人猝不及防，蒋介石血洗工人纠察队，血洗中国共产党。

于是，大批中国共产党人和国民党左派人士拥向码头，拥上轮船……

四一二反革命政变后的第六天，蒋介石在南京也建立了一个国民政府，跟武汉的国民政府唱起了对台戏。

于是，国民党一分为二：国民党右派集结在国民革命军总司令蒋介石麾下，拥护南京国民政府；国民党左派集结在国民党中央主席汪精卫的大旗下，拥戴武汉国民政府。

宁汉分庭抗礼，蒋介石和汪精卫各霸一方，加上北京张作霖为首的北洋军阀政府，中国一时间有着三个政府，唱起 20 世纪 20 年代的“三国演义”。

面对着错综复杂的政治局面，共产党人将何去何从？

□ 陈独秀的领袖地位动摇了

武汉的气氛，全然不同于上海。

“赤色人物”刚刚踏上武汉码头，便见到墙头到处贴着“打倒蒋介石”的标语。街上还贴着各式各样的声明、通电，痛骂蒋介石。

中共中央 4 月 20 日的声明，斥责蒋介石“业已变为国民革命公开的敌人，业已变为帝国主义的工具”。

由国民党左派邓演达、宋庆龄、何香凝等和共产党人恽代英、林伯渠、董必武等联名发表的《讨蒋通电》，咒责蒋介石为“民众之蟊贼”。

由毛泽东领导的全国农民协会，也发出《讨蒋通电》，振臂高呼：“此贼不除，革命群众无幸存之理，国民革命亦无成功之望。”

在武汉，蒋介石简直成了过街老鼠，人人喊打。

一时间，报界称武汉为“赤都武汉”。

从上海白色恐怖中逃奔出来的“赤色人物”来到“赤都”，顿时扬眉吐气。

就在四一二反革命政变后半个月—— 4 月 27 日——武昌第一小学变得热闹非凡，校长王觉新早早穿上笔挺的西装，站在校门口迎候贵客。

来的不是学生，也不是官员，而是一大群“赤色人物”。陈独秀来了，出席过中共一大的毛泽东、董必武、陈潭秋、张国焘来了，蔡和森、瞿秋白、罗章龙、罗亦农、邓中夏、任弼时、方志敏、项英、杨匏安、王荷波、向警予、恽代英、蔡畅、苏兆征等也来了。

此外，五辆黄包车鱼贯而入，车上坐着共产国际的三员“大将”和另外两个外国人：

共产国际首席代表、40 岁的印度人罗易，他在两个多月前受斯大林的指派前来中国。他在共产国际工作多年，担任颇高的职务——共产国际执行委员会委员、共产国际主席团候补委员。

共产国际代表、43 岁的俄国人鲍罗廷，来到中国已经四年，担任过孙中山的顾问，不论在中国国民党还是中国共产党内，都享有很高的威信。

共产国际代表、33 岁的维经斯基，则是一位“中国通”。1920 年 4 月，第一个受俄共（布）和共产国际远东书记处派遣，前来中国帮助建立中国共产党的便是他。

在共产国际的三位正式代表之后的那辆黄包车上，坐着一位年方 26 岁的俄国小伙子，名叫米夫。此人虽说年纪轻轻，却不可等闲视之。他在 24 岁时便出任莫斯科中山大学副校长。这所大学培训了大批中共干部，可以说是一所设立在莫斯科的中共党校。米夫是以“联共（布）宣传家代表团”成员的身份于 1927 年初来到中国的，先是到上海，然后去广州，再来到武汉。

在第五辆黄包车上，坐着俄国人罗卓夫斯基，他是赤色职工国际的代表。罗卓夫斯基是老资格的工运领袖，原是苏俄工会负责人。1921 年，当赤色职工国际在莫斯科成立时，他便当选为赤色职工国际中央执行委员会总书记。以后，在历次代表大会上，他一直被选为总书记，直至 1938 年赤色职工国际解散。

如此众多的“大人物”，会聚在武汉一所小学里，他们要干什么呢？

哦，主席台上高悬着留着络腮胡子的马克思和留着小胡子的列宁的画像。中共中央总书记陈独秀是大会的当然主席，他大声宣布：“中国共产党全国第五次代表大会现在开幕！”

六年前，当中共一大在上海召开时，极端秘密。那时，全国只有中共党员 50 多人。六年中，中共党员猛增了 1000 倍，达 5.79 万人。出席中共五大的代表有 80 多人。虽说规定了对外保密（这不过是指不在报上报道），但大会在“赤都”武汉几乎是公开举行的。主席台上，甚至还坐着国民党的代表徐谦、谭延闿以及孙中山之子孙科。他们是来向中共表示祝贺的。

在陈独秀致开幕词之后，共产国际三位代表一一讲话，徐谦代表国民党中央致贺词。接着是工会、学生会、共青团以及童子军代表致贺词。湖北的织布工人、京汉铁路二七大罢工的领袖之一项英，领着一队湖北工会纠察队入场，向大会表示祝贺。

大会的秘书长，是蔡畅之兄、毛泽东的密友蔡和森。

湖北代表团的主席，则是罗章龙。

开幕式十分热闹，陈独秀的脸上一直挂着笑容。可是，那笑容看起来有点儿不自然。

翌日，大会转入秘密状态，代表们前往汉口近郊的黄陂会馆开会。陈独秀手中拿着一大沓稿纸，代表中共中央作了长达五个小时的政治报告。从那一天起，直至 5 月 9 日大会闭幕，陈独秀的脸色一直是阴沉的。这位中共的建党领袖，受到了前所未有的猛烈批评。30 位代表在大会上发言，一致强烈地批判陈独秀，批判他的政治报告！

六年以来，陈独秀一直是中共领袖，虽说那称谓不时变化着：

陈独秀没有出席中共一大，却被一致推举为“中央局书记”，成为中共最早的最高领袖。

在 1922 年的中共二大上，中央局改称“中央执行委员会”，陈独秀当选为“中央执行委员会委员长”，依然是最高领袖。

在 1923 年的中共三大上，陈独秀连任中央执行委员会委员长。

1925 年初召开的中共四大，改设总书记，还是陈独秀当选。

这一回，陈独秀的领袖地位受到了猛烈的冲击，彻底动摇了。代表们对陈独秀的批评，归结起来，就是后来由大会通过的《政治形势与党的任务决议案》中一句结论性的话：“我们的党，只注意了反帝国主义反军阀斗争，而忽略了与资产阶级争取革命领导权的斗争。”

陈独秀的错误，被定为“右倾机会主义”——因为他在国共两党结成统一战线时，只求团结，不讲斗争，对蒋介石一味退让……

就在陈独秀的脸越拉越长的时候，一位 28 岁、戴着一副黑框圆形镜片近视眼镜的瘦弱青年，成为大会中最活跃的人物。他叫瞿秋白，忙着向代表们分发他在 1927 年 2 月写的小册子，书名颇怪，叫作《第三国际还是第零国际》（后来改名《中国革命中之争论问题》）。小册子批判的是“彭述之主义”。彭述之其人，在中共四大上经陈独秀一手提拔，当选为中共中央宣传部部长，成了陈独秀的心腹助手。瞿秋白的小册子批的是“彭述之主义”，其实矛头所向，乃陈独秀也！写这本小册子时，党内尚未公开批判陈独秀，碍着总书记的面子，瞿秋白便拿彭述之开刀。此前，瞿秋白称病，说自己肺病复发，其实他是躲了起来，埋头写这本小册子。如今，他在大会上分发这本小册子，无疑给了陈独秀重重一击。在小册子里，他批判了彭述之（也就是陈独秀）的 17 条错误。他尖锐指出，对于党的病症，“必须赶快施手术，暴露其病根”。

随着陈独秀在共产党内声望的急剧下降，瞿秋白的声望在日益上升。

这一天，黄陂会馆主席台上的马克思、列宁像从正中移到两侧，当中挂起了孙中山像。在一阵热烈的掌声中，在贴身警卫的簇拥下，一个西装革履、小分头油光发亮的人物登上主席台。此人便是国民党主席兼武汉国民政府主席汪精卫，他特地前来祝贺中共五大召开。陪同汪精卫一起登上主席台的，不是陈独秀，而是穿了一身中山装的瞿秋白。这一历史镜头似乎表明，瞿秋白即将取代陈独秀，成为中共领袖。

会场里还流传“小道消息”：“莫斯科有个决议，要撤换陈独秀！”据说，那是“庄文恭的弟弟韩白聘说的，他才从莫斯科回来，知道这个消息”（据郑超麟的回忆）。

不过，共产国际的代表们再三斟酌，还是建议仍由陈独秀担任总书记。这样，在中共五大上，陈独秀再度当选总书记——他连任了五届。这大抵是考虑到他毕竟是五四运动的“总司令”、《新青年》杂志的创办人、中国共产党的创建人，具有很大的社会影响。

中共五大选出了31人为中央执行委员，14人为候补中央执行委员。

在中央委员会上，选举陈独秀、蔡和森、周恩来、李立三、李维汉、瞿秋白、谭平山、张国焘为中央政治局委员，苏兆征、张太雷等为候补委员。

在八位中央政治局委员之中，又选出三人为中央政治局常委：陈独秀、张国焘、蔡和森。

瞿秋白没有进入常委之列！

毛泽东呢？他只是当选为候补中央执行委员，尚未显山露水……

□ 总书记“不光荣地结束”

中共五大之后，形势越发险峻——“赤都”武汉在日益转“黑”！中国共产党正在失去最后的立足点：

5月17日，唐生智手下第十四师师长夏斗寅叛变武汉政府，发表反共通电，说共产党“借口总理[1]容共，而喧宾夺主，以暴君政治扰乱我两湖”。显然，这是一颗信号弹，意味着武汉开始动荡。

紧接着，5月21日，唐生智手下第三十五军第三十三团团长许克祥在长沙叛变，屠杀共产党员。

6月10日，形势紧急，汪精卫去郑州和冯玉祥、唐生智举行秘密反共会谈。九天之后，冯玉祥则与蒋介石在徐州秘密会面。幕后的交易表明，汪精卫要和蒋介石携手反共、反苏，宁汉合流！

在如此危急的时刻，共产国际驻华首席代表罗易还对汪精卫坚信不疑：“汪精卫是国民党主要领导人中唯一努力同共产党保持友好关系的人。”

陈独秀也把“合作”的希望全部押在汪精卫身上。

汪精卫其人，也确实有点迷人的“革命”油彩：早年，他曾潜入北京，策划刺杀清朝摄政王载沣，事泄被捕，为他赢得英雄声望。接着，他追随于孙中山左右。孙中山病危之际，他代孙中山起草遗嘱。在蒋介石四一二反革命政变之后，他却“容共”，让武汉变成了“赤都”……

可是，汪精卫很快“变脸”了！他在《武汉分共之经过》中，十分形象地勾画出他自己当时的见解：“已经到了争船的时候了，已经到了争把舵的时候了。要将国民革命带往共产主义那条路去的，不能不将国民党变成共产党，否则只有消灭国民党之一法。要将国民革命带往三民主义那条路去的，不能不将共产党变做国民党，否则只有消灭共产党之法。正如一只船，有两个把舵的，有两个不同的方向。除了赶去一个，更无他法。”

6月17日，汪精卫的武汉国民党政府正式通知鲍罗廷，解除他的顾问合同。这是汪精卫决心实行“消灭共产党之法”迈出的第一步。

在这样的时候，陈独秀还在念念叨叨：共产党“必须采取让步政策，必须纠正过火行为”……

历史到了急转弯的时刻，陈独秀终于从车子上被甩了出去。

已经在中共五大上受到尖锐批判的陈独秀，此时更是不孚众望。他结束

① 指孙中山。

了他在中国共产党内的领袖生涯，“不视事”了！

经中共党史专家考证，作出这一决定的日子是7月12日。《中共党史大事年表》作了如下表述：

> 7月12日，根据共产国际执行委员会的指示，中共中央改组，由张国焘、李维汉、周恩来、李立三、张太雷组成临时中央常务委员会，陈独秀停职。①

从此，中共的第一任领袖陈独秀下台——虽然当时还只是“停职”，不是撤职。

新的临时中央常务委员会的五名常委之中，张国焘是两个多月前在中共五大上当选的，新增的是张太雷、李立三、周恩来和李维汉四人。

奇怪的是，五常委之中，依然没有瞿秋白——虽然他当时大有取代陈独秀的趋势。

五常委没有明确以谁为首。

与陈独秀同时被停职的，还有他的得力助手彭述之。

中共临时中央常委会诞生的翌日，便发表了与陈独秀退让政策明显不同的《对政局宣言》，揭露了汪精卫武汉国民政府“已在公开准备政变，以反对中国人民绝大多数的利益及孙中山先生之根本主义与政策”，宣布“决定撤回参加国民政府的共产党员”。

在中共《对政局宣言》发表的次日，孙中山的夫人宋庆龄发表声明，脱离国民政府，谴责蒋、汪：“他们不再是孙中山的真实信徒；党也就不再是革命的党，而不过是这个或那个军阀的工具而已。”

当天夜里，汪精卫下达了“分共”密令。

第二天（7月15日）武汉一片腥风血雨。“宁可枉杀千人，不可使一人漏网。”大批的共产党人倒在血泊之中。

---

① 中共中央党史研究室编：《中共党史大事年表》，人民出版社1987年版，第57页。

“赤都”武汉顿时变成了“白都”！

“四一二”和“七一五”，从此被作为不祥的数字，载入中国现代史史册。

瞿秋白崭露头角

七一五反革命政变之后，中国共产党完全转入了地下秘密活动。

陈独秀拒绝赴苏，他躲在武昌一个偏僻的工人住宅区里。和他住在一起的，只有他的私人秘书黄文容。已“不视事”的陈独秀，不再参与中共中央的工作。

中共中央临时常委会在7月18日作出重要决定：在南昌组织武装起义！

于是，7月20日，五常委之一的李立三和谭平山、恽代英、邓中夏、叶挺来到江西九江。26日，另一常委周恩来在陈赓陪同下到达九江。紧接着，常委张国焘也来到这里。这么一来，五常委之中，三常委前往江西，忙于组织南昌起义。

蔡和森在汉口医院养病，留在武汉秘密活动的常委是李维汉和张太雷。那时候，李维汉用的是化名“罗迈”。

行踪最为奇特的是瞿秋白。7月12日，他出席了由鲍罗廷主持的那次临时政治局会议，鲍罗廷所宣布的新的五常委之中没有他。当天夜里，他就从武汉消失了！

瞿秋白到哪里去了呢？

在长江的轮船上，出现了瞿秋白瘦削的身影。他的身边，正坐着鲍罗廷！

据云，鲍罗廷要去庐山“休养”，瞿秋白和他同往。一路上，他俩用俄语低声地交谈着。

鲍罗廷的心境是复杂的：他作为共产国际代表来华四年，曾在中国共产党内受到普遍的尊敬；他又曾和孙中山密切合作，出任国民政府顾问，在国民党内也享有很高声誉。可是，蒋介石四一二反革命政变之后发出的通缉令，要捉拿两名“首犯”，一名是陈独秀，另一名便是他；汪精卫如今也解除了他的顾问合同，并要缉捕他；最令他痛心的是，共产国际鉴于蒋、汪的反叛，以及中共的危机，把责任都归咎于他。在这样三重的压力之下，他本想卸任回国，无奈他的妻子范娅在北京落到军阀张作霖手中，被押作人质。总算在7月12日这天，他接到北京来电，范娅已获释，来到苏联驻华大使馆。这样，他回国之心已定。他想在回国之前找个安静的地方，跟中共领导人细细商议下一步的工作计划。

于是，他选中了庐山作为“休养”之地。

至于他为什么撇开新当选的五位中共政治局常委，偏偏只带瞿秋白一人上山，乃是一个历史之谜。

显然，熟知中共内情的这位“老鲍”，已选中瞿秋白接替陈独秀，在离华之前，要把领导担子移交给瞿秋白。

山下风云变幻，而在云遮雾障的庐山，“老鲍”跟瞿秋白彻夜长谈，研究着中共下一步的暴动计划，以及中共新的战略方针和工作原则。

鲍、瞿密谈持续了一个多星期，7月21日，他俩从庐山悄然返回武汉。当天，鲍罗廷便宣布增加一名中央政治局常委，这位新常委就是瞿秋白。

虽说鲍罗廷没有明确指定六常委中以谁为首，但实际上他安排了新常委瞿秋白主持中共中央工作，瞿秋白可谓“后来居上”。从此，瞿秋白成为中共的第二任领袖，虽然他当时的名义只是中共中央政治局常委。

这位28岁的常州人，是中共的后起之秀。他在21岁时（1920年）作为北京《晨报》的记者前往苏俄，日渐受到红色影响。他见过列宁。后来，经同乡张太雷介绍，他于1922年加入中国共产党。

其实他的本名并不叫瞿秋白。在中国共产党人之中，他的笔名、化名恐怕是最多的，多达100来个！“秋白”原是他的笔名。他有时叫“维它”，用“瞿”的谐音化名“屈维它”，也用过“陶畏巨”等笔名、化名。

他在苏俄还化名“斯特拉霍夫”。这也难怪，因为他是记者出身，文章满天飞，又长期在秘密状态下工作，不得不“打一枪”换一个名字。

如今，他的传世之名叫“瞿秋白”。这个名字很容易使人误以为他生于秋天，联想到“月落乌啼霜满天”。其实他出生于新年之初——1899 年 1 月 29 日。一般的新生儿头顶只有一个发旋，他却有两个，于是刚生下便得了个奶名“阿双”。父亲瞿世玮喜欢咬文嚼字，给他取名“瞿艭”，以纪念他头上那两个发旋。“艭”是冷僻的汉字，小船之意，与“舸”（大船）相对应。

他长大了，嫌“艭”字过分冷僻，自己改名“瞿爽”“瞿霜”，依然是“双”字音。不过“爽”“霜”都与秋天紧相连，所谓“秋高气爽”，所谓“万类霜天竞自由”。他由此衍义，取了笔名“秋白”。

瞿秋白聪颖机敏，又擅长文笔。他在苏俄采访时写下大量报道，还写出了《赤都心史》等著作，在中国产生了广泛影响。1923 年初他回国之后，很快成了中共一支笔，成为中共中央三家机关刊物《新青年》《向导》和《前锋》的主要撰稿人。1923 年他出席中共三大，主持起草了党纲；1924 年出席国民党第一次全国代表大会，又参与大会宣言的起草。

瞿秋白在中共担任的职务逐年上升：刚回国时，担任由中共主办的上海大学教务长兼社会学系主任；1925 年，在中共四大上当选中央委员；中共五大时进入中央政治局。

瞿秋白被选中接替陈独秀，可能基于这两点原因：

第一，他在苏俄三年，出席过共产国际大会，跟共产国际关系不错。当时，中国共产党是共产国际的支部，受共产国际领导。因此，能否成为中共领袖，在当时首先要得到共产国际的信任和支持。

第二，他写过反对彭述之主义的小册子，明确表达了反对陈独秀的立场。共产国际否定了陈独秀，起用作为陈独秀的反对派的他也就不奇怪了。

就在鲍罗廷和瞿秋白回到武汉的第三日——7 月 23 日，共产国际派出的新的代表秘密抵达武汉。当天夜里，新任代表便和以瞿秋白为首的中共中央新政治局常委们通宵长谈……紧接着，7 月 27 日，原先的共产国际三位代表奉调回去。

鲍罗廷回去后的命运是很不幸的。中国共产党在大革命中失败的责任归结到了他的头上。斯大林拒见他，他被安排在莫斯科外文出版社工作。1949年鲍罗廷被捕，据说是有“特务”嫌疑。1951年5月29日，67岁的他惨死于流放地——西伯利亚伊尔库茨克。直至斯大林死后的1956年，苏共才为他恢复了名誉。

罗易回去后，由于参加反对派活动，于1929年被共产国际开除。他从苏联返回祖国印度，于1954年1月25日病逝。

三人之中唯有维经斯基还算不错，未遭厄运，回到苏联先后从事农业、工会、教育工作，成了教授，1953年病逝于莫斯科。

共产国际新代表带来莫斯科的指令，并与瞿秋白等中共中央新政治局常委决定召开紧急会议，贯彻新的指令……

□ “火炉”里的紧急会议

8月的武汉三镇，热得如同火炉，即使一动不动躺在那里，全身的皮肤也会像漏水了似的，汗水不住地汩汩而出。就连树上的知了也懒得叫唤了。

在汉口的俄租界，一幢西式公寓的二楼，29个中国人却不顾蒸笼般的闷热，聚集在一个房间里，侧耳倾听着一个俄国人的长篇讲话。大约是因为骤然增加了那么多的人，屋里方凳、圆凳、长板凳相杂，显然是临时从别的房间里搬过来的。

那个讲话的俄国人，皮肤格外白净，29岁。他便是共产国际新派来的代表，他自我介绍说名叫“尼古拉”。

其实，他的本名叫维萨里昂·罗明纳兹。1926年，他当选为共产国际主席团成员。奉共产国际紧急指派，他千里迢迢、星夜兼程，赶到“火炉”武汉，接替罗易、鲍罗廷和维经斯基。他的身份是共产国际全权代表。这“全权”两字，表明他非同小可。

罗明纳兹的两侧，坐着另两个外国人，是和他一起抵达武汉的。

他的一侧是一个德国小伙子，25 岁，名叫纽曼。纽曼是德国共产党党员，23 岁即出任德共驻共产国际的代表。虽说年纪轻轻，却有着“暴动专家”之誉，因为他曾成功地领导过德国工人暴动。据云，派这位“暴动专家”前来中国，是考虑到中共正需要组织暴动——南昌暴动、广州暴动……

罗明纳兹的另一侧，是一位俄国女人，名叫洛蜀莫娃。她是罗明纳兹的助手。

罗明纳兹手中拿着厚厚一沓俄文稿，一边念稿子，一边不时离开文稿“发挥”几句。担任翻译的是瞿秋白。此时，他的手中也拿着一沓厚厚的纸头——他事先把罗明纳兹的俄文稿译成了中文。当罗明纳兹离开稿子“发挥”几句时，他的目光也离开中文稿补译几句。

瞿秋白扮演的不仅仅是翻译的角色。罗明纳兹的报告长达 3 万多字，是瞿秋白参与起草的。这个报告，是“罗明纳兹—瞿秋白”的登台宣言，从此正式取代了“鲍罗廷—陈独秀”在中共的领导地位。

会议是在极度匆忙、万分紧急的情况下秘密召开的。会议最初定于 1927 年 7 月 28 日召开，可由于外省代表们来不及赶到武汉，先推迟到 8 月 3 日，仍然来不及。再等下去不行了。这样，当外地代表来了一部分之后，就决定在 8 月 7 日开会。会议议程非常紧凑，从早到晚，开了一天就结束了。

这次会议，由于代表不齐，无法叫“中共中央全会”，也不是“中共中央政治局会议”，于是称“中共中央紧急会议”。由于是在 8 月 7 日这天开的，史称“八七会议”。

六常委中的张国焘、周恩来、李立三在南昌前线，未出席会议，留在武汉的三常委瞿秋白、李维汉、张太雷，以及病中的蔡和森出席了会议。

大会的主席是一位大高个子，31 岁，湖南口音，他便是常委李维汉。当年，李维汉是毛泽东发起的新民学会的会员，后来留学法国，在那里加入“旅欧少年共产党”（中国社会主义青年团旅欧支部前身）。1922 年底李维汉回国，由毛泽东和蔡和森做介绍人，加入中国共产党。李维汉跟毛泽东、蔡和森很早便认识，他在湖南省立第一师范学校第二部求学时，毛泽东、蔡和森则在第一部读书。李维汉在1923年出任中共湘区委员会（后来的中共湖南省委）书记，在中共四大上当选中央委员，在中共五大上当选中央政治局委员。

八七会议的透明度要比中共一大高得多，因为当年会议的详尽记录现今保存在中央档案馆里，查阅会议的原始记录便能得知会议的真实情况。

会议的出席者有：

中央委员：李维汉、瞿秋白、张太雷、邓中夏、任弼时、苏兆征、顾顺章、罗亦农、陈乔年、蔡和森。

中央候补委员：李震瀛、陆沉、毛泽东。

中央监察委员：杨匏安、王荷波。

共青团代表：李子芬、杨善南、陆定一。

湖南代表：彭公达。

湖北代表：郑超麟。

军委代表：王一飞。

中央秘书：邓小平。

共产国际代表：罗米那兹①，以及纽曼、洛蜀莫娃。②

在原始记录上，李维汉的开场白说明了这次会议的任务是批判机会主义倾向并改组中央。

李维汉开宗明义，指出大会的任务在于纠正“错得太远”的中国共产党的“指导机关”，即以陈独秀为首的前一任领导机关。

已经“不视事”的陈独秀，仍是名义上的党的总书记，仍是中央委员、

① 即罗明纳兹。

② 中共中央文献研究室、中央档案馆编：《建党以来重要文献选编（一九二一—一九四九）》第四册，中央文献出版社2011年版，第385页。

政治局委员，虽在汉口，却不能出席会议——虽然这次会议是为了纠正他的错误而召开的。

在李维汉讲话之后，共产国际代表罗明纳兹致辞：

> 在未开始报告之先，我以国际名义向大家致一敬礼。此敬礼非平常的敬礼。国际要中国共产党集此会的原因是因中国共产党的指导错得太远了，不召集此会来纠正则 C.P.[①] 将不成其为 C.P. 了。现在中国共产党的错误已经很深了，非召集此会不可。过去的错误是在指导机关，国际对于群众方面的英勇的行为仍是非常满意的。[②]

罗明纳兹的长篇报告，经大会讨论，后来稍作修改，以《中国共产党中央执行委员会告全党党员书》发出。报告批判了陈独秀的右倾机会主义，扭转了中国共产党的“指导错误”，结束了陈独秀路线。

会议记录上写着，罗明纳兹报告结束之后，“休息半小时吃饭”，然后继续开会，讨论报告。

引人瞩目的是，第一个发言者是“东”，即毛泽东。原始记录上，毛泽东的发言约为 1000 字。

毛泽东的话，保持着他幽默辛辣的风格。他是这样批判陈独秀在国共合作上的右倾错误的：

> 当时大家的根本观念都以为国民党是人家的，不知它是一架空房子等人去住。其后像新姑娘上花轿一样勉强挪到此空房子去了，但始终无当此房子主人的决心。我认为这是一大错误。[③]

---

① C.P.，共产党英文开头的两个字母。

② 中共中央文献研究室、中央档案馆编：《建党以来重要文献选编（一九二一——一九四九）》第四册，中央文献出版社 2011 年版，第 386 页。

③《毛泽东文集》第一卷，人民出版社 1993 年版，第 46 页。

毛泽东的发言，有一段话极为重要，那便是他的著名的“枪杆子里面出政权”的见解。记录原文如下：

> 对军事方面，从前我们骂中山专做军事运动，我们则恰恰相反，不做军事运动专做民众运动，蒋、唐[①]都是拿枪杆子起的，我们独不管。现在虽已注意，但仍无坚决的概念。比如秋收暴动非军事不可，此次会议应重视此问题，新政治局的常委要更加坚强起来注意此问题。[②]

当时的毛泽东在中共党内的地位尚未显要，然而他的这段话大有“众人皆醉吾独醒”的意味，超过了他的同时代人。

其实，毛泽东在一个多月前（7月4日）的中央政治局扩大会议上，已经说过类似的意见：“不保存武力，则将来一到事变，我们即无办法。”他主张“上山”，预料“上山可造成军事势力的基础”。

毛泽东是这么说的，也是这么做的。后来他走的便是“枪杆子里面出政权”之路、“上山”之路。

□ 瞿秋白取代了陈独秀

中国在大动荡，中共在大动荡，中共领导层也在大动荡之中。

中共中央政治局在频繁地改选、变动着：1927年5月9日中共五大闭幕时选过一回，选出政治局委员八人，常委三人；才两个来月，7月12日，又

① 蒋，指蒋介石。唐，指唐生智。
②《毛泽东文集》第一卷，人民出版社1993年版，第47页。

一次换班、改组，确定了新的五常委；而这一次，还不到一个月，再一次换班、改组。

共产国际全权代表罗明纳兹在八七会议上这么说："此会为'紧急讨论会'。此会虽无权改组中央，但有权选举临时中央局。"

罗明纳兹带来莫斯科新的指令，认为前任中共领袖陈独秀之所以犯右倾错误，在于知识分子的"动摇性"，因此必须增加中共领导层的工人成分。

罗明纳兹指出：

> 我们可以说上海工人领袖的意识比中央的意识高百倍，他们的理论比中央的理论正确得多。工人阶级的经济斗争，无论何人都不及由工人出身的人来领导得正确。①

罗明纳兹的意见，受到许多中共代表的赞同。

邓中夏指出：

> 我们党的书生气概也非常之重，因此，中央自然要犹豫动摇，发生机会主义了……自然工人同志不能如知识分子那样开口数万言。但我们要知道上海工人的政治意识比中央要高百倍。②

罗亦农指出：

> 湖南代表及其他同志说：要将群众意识来作党的指导和要吸收

① 中共中央文献研究室、中央档案馆编：《建党以来重要文献选编（一九二一—一九四九）》第四册，中央文献出版社 2011 年版，第 391 页。

② 中共中央文献研究室、中央档案馆编：《建党以来重要文献选编（一九二一—一九四九）》第四册，中央文献出版社 2011 年版，第 393 页。

工人来作领导这是很对的。[①]

任弼时说得更直截了当：

现在党要改变过去的错误原则，要实行，非有新的领导机关不可，并须吸引下级作实际工作的工人同志来作领导。老头子可去莫。[②]

任弼时所说的“老头子”，指的是陈独秀；“去莫”，也就是去莫斯科。

这样，工人出身的工人领袖们一下子备受重视，被列入中共新领导班子候选名单。

其中有 42 岁的苏兆征。他是广东香山县淇澳岛（今属珠海市）人，从小在海轮上做工，道地的海员工人出身。1921 年 1 月，他领导了香港海员大罢工，同年 3 月，创立中华海员联合总会，1925 年加入中国共产党，1926 年出任中华全国总工会委员长，在中共五大上当选中央政治局委员。

另一名受到青睐的是 23 岁的湖北人顾顺章。他原本是南洋兄弟烟草公司的事务员，也算是工人出身。他曾留学德国，回国后加入中国共产党，在上海工人第三次武装起义时担任工人纠察队总指挥，在中共五大上当选中央委员。

还有一名受到垂青的是 47 岁的湖北汉川人向忠发。论出身，此人“根子正”，是“标准”的工人。他青年时期先在汉阳兵工厂当学徒，后来做过水手、码头工人。他 1922 年加入中国共产党，被派到湖北省工会工作，担任汉冶萍总工会副委员长。此后，他历任武汉工人纠察队总指挥、武汉工会委员长、中华全国总工会执委会委员。他当选过中共三大、四大、五大代表，并在中共五大当选中央委员。

① 中共中央文献研究室、中央档案馆编：《建党以来重要文献选编（一九二一—一九四九）》第四册，中央文献出版社 2011 年版，第 396 页。
② 中共中央文献研究室、中央档案馆编：《建党以来重要文献选编（一九二一—一九四九）》第四册，中央文献出版社 2011 年版，第 396 页。

于是，罗明纳兹拿出事先拟好的政治局委员候选人名单。他念道："提议政治局委员七人，候补委员七人。正式委员七人——张国焘、瞿秋白、苏兆征、李维汉、任弼时、罗亦农、邓中夏；候补委员七人——李立三、周恩来、彭湃、张太雷、顾顺章、向忠发、蔡和森。"

经过投票选举，产生的新的政治局委员名单，跟预拟的人选颇多差别。

根据会议记录，最后的名单连同得票数如下：

正式委员

1. 兆（苏兆征）20 票；2. 忠（向忠发）20 票；3. 秋（瞿秋白）19 票；4. 亦（罗亦农）18 票；5. 顺（顾顺章）17 票；6. 荷（王荷波）17 票；7. 维（李维汉）17 票；8. 湃（彭湃）16 票；9. 弼（任弼时）14 票。

候补委员

1. 中（邓中夏）13 票；2. 恩（周恩来）12 票；3. 东（毛泽东）12 票；4. 达（彭公达）11 票；5. 大（张太雷）11 票；6. 特（张国焘）9 票；7. 立（李立三）7 票。[①]

票数颇为耐人寻味。由于共产国际全权代表强调了工人成分，苏兆征、向忠发一下子得了全票（邓小平作为中央秘书没有参加投票，所以实际参加选举的是 20 人），超过了瞿秋白。

7 月 12 日产生的五常委中的四位——周恩来、张太雷、张国焘、李立三——票数居末，全成了候补委员！

毛泽东得票数与周恩来相同，并列第 11 位。

① 中共中央文献研究室、中央档案馆编：《建党以来重要文献选编（一九二一—一九四九）》第四册，中央文献出版社 2011 年版，第 406 页。

按得票数，中央的新领袖当是苏兆征或向忠发。

对此，罗明纳兹作了如下说明：

> 至于指导[①]成分问题，大家的要求是选出工人同志来作领导。但有一困难，此会无权改选中央[②]。还有一层，选出此等人还须得从事调查一下是否他能执行此新政策。[③]

这样，在8月9日召开的中央政治局会议上，确定了三常委为中共新领袖。这三常委是瞿秋白、苏兆征、李维汉。名义上三人都是常委，实际上以瞿秋白为首。

从5月9日中共五大闭幕到8月9日，正好三个月。从三个月来常委名单的三变，足见中共领导核心层的大变动：

5月9日，三常委是陈独秀、张国焘、蔡和森；

7月12日，五常委是张国焘、李维汉、李立三、周恩来、张太雷（7月21日增加瞿秋白）；

8月9日，三常委是瞿秋白、苏兆征、李维汉。

八七会议结束了陈独秀右倾路线，诚如毛泽东后来所言："1927年8月7日党中央的紧急会议反对了政治上的右倾机会主义，使党大进了一步。"[④]

---

① 指导，即领导。

② 此处的"中央"指总书记。

③ 中共中央文献研究室、中央档案馆编：《建党以来重要文献选编（一九二一—一九四九）》第四册，中央文献出版社2011年版，第398页。

④《毛泽东选集》第二卷，人民出版社1991年版，第548页。

中共由右向“左”偏航

矫枉容易过正。瞿秋白取代陈独秀成为中国共产党的舵手，由右向“左”偏航。

作为三常委之一的李维汉，晚年写下《回忆与研究》一书，很深刻地道出当年批右出“左”的原因：

> 由于对国民党屠杀政策的仇恨和对陈独秀投降主义的愤怒而加强起来的革命急性病，使党内的“左”倾情绪很快地发展起来。[①]

> 除了这种“‘左’倾情绪”外，还有一个认识问题，即所谓“左”比右好。“‘左’是站着斗，右是跪着降”，当时在党内（一定范围内）已经形成了舆论。而“左”倾情绪和“左”倾认识（理智）结合起来，就成为盲动主义发展的动力……于是，盲动主义代替了投降主义。[②]

瞿秋白上台之后，深感共产党在武汉的基础太差，便于 1927 年 9 月底和郑超麟一起坐轮船返回上海。从此，中共中央也随瞿秋白迁回上海。

四一二反革命政变的阴影依然浓重地笼罩着上海，处处谈“共”色变，密探的眼睛，日夜在那里“扫描”，巴不得盯住每一个“赤色人物”。

全国中共党员锐减，从中共五大时近 6 万人，直线下降到 1 万多人。

心急似火的瞿秋白却这样深信不疑：“在较短期内，新的革命高涨将取代革命的暂时失败。”

瞿秋白要在中国点起暴动之火。他的头脑在膨胀、在发热，急于求胜的

① 李维汉：《回忆与研究》上册，中共党史资料出版社 1986 年版，第 177 页。
② 李维汉：《回忆与研究》上册，中共党史资料出版社 1986 年版，第 231 页。

情绪在迅速滋长。

1927年11月9日至10日，瞿秋白在上海召集了中央临时政治局扩大会议，全面贯彻自己的“左”倾路线。

会议作出《中国现状与共产党的任务决议案》，强调了“暴动”的重要性：

> 城市工人暴动的发动是非常之重要；轻视城市工人，仅仅当做一种响应农民的力量，是很错误的；党的责任是努力领导工人日常斗争，发展广大群众的革命高涨，组织暴动，领导他们到武装暴动，使暴动的城市能成为自发的农民暴动的中心及指导者。城市工人的暴动是革命的胜利在巨大暴动内得以巩固而发展的先决条件。[①]

这样，瞿秋白把全党的工作中心转移到组织和领导工人举行城市暴动上去了。

当然，最激烈地主张暴动的，是共产国际新任全权代表罗明纳兹。难怪他来华时带来了德国的“暴动专家”纽曼。

这次扩大会议，增选了两名政治局常委，即罗亦农和周恩来，使三常委增至五常委。这样，周恩来又重新进入了常委之列。

以瞿秋白为首的中共新中央，向各地党组织发出了一系列要求组织暴动的指令，但暴动都一一痛遭失败：

武汉暴动——原定11月13日上午8时武汉三镇工人实施总罢工，举行暴动，进攻友益街，结果因响应者寥寥而作罢。

长沙暴动——12月10日晚7时，湖南省委组织200人的敢死队举行暴动，企图占领长沙。敌人连夜调来一个师，迅速把暴动镇压下去了。

广州起义——12月11日凌晨，在张太雷、叶挺、叶剑英、周文雍、恽代英、聂荣臻领导下，举行广州暴动。暴动的翌日，中共中央政治局候补委员张太雷当场牺牲，暴动也宣告失败。

---

① 中央档案馆编：《中共中央文件选集》第三册，中共中央党校出版社1989年版，第457页。

此外，上海暴动、北方顺直暴动，也都惨遭败北。

暴动的一次次惨败，使新上台的中共领袖瞿秋白威信扫地，陷入了困境。看来，他在领袖的座椅上席不暇暖，就得另易他人了……

谁将替换瞿秋白呢？

一个出乎意料的机遇，使一个并不具备领袖才华的人物成了中共的总书记！

那是八七会议结束后不久，共产国际忽然发来通知：苏联的十月革命纪念日即将到来。1927 年的十月革命节非同往常，乃是十年大庆，各国共产党都派了代表团赴苏，中国共产党也不例外。为了表示对工农干部的重视，中共此次所派的是“中国工农代表团”。由谁率领呢？自然应当派工农出身的干部。

最合适的人选，应是苏兆征。他是政治局常委，又是工人出身。不巧，他正生病，不能远行。于是，选中了向忠发。在八七会议上，他跟苏兆征一样，都得了全票。

历史把机遇给了向忠发。他和李震瀛于 1927 年 10 月来到了莫斯科，这是他头一回出国，有机会直接接触共产国际的高层领导。这时，共产国际恰巧在物色工人出身的中共高级干部，以担任中共的领袖。此时出现的向忠发正适合共产国际的需要！

这样，当向忠发和李震瀛在参加了十月革命十周年庆祝盛典之后，共产国际为了加以培养，又派他们前往德国和比利时，出席了“反对帝国主义大同盟”理事会扩大会议。向忠发在会上作了中国革命和反对帝国主义运动的报告，并与德国共产党、比利时共产党领导人举行了会谈。另外，他还参加了“反对帝国主义大同盟”领导之下的“反对中国白色委员会”。共产国际的着意培养，使向忠发大长见识。

就在向忠发和李震瀛结束欧洲之行时，他们又应邀前往莫斯科，出席重要的会议——1928 年 2 月 9 日至 25 日，共产国际执委第九次全会在那里举行。斯大林和布哈林出席会议，着重讨论了中国革命问题。

那时，共产国际内部对于中国革命有两派不同的意见：一派是瞿秋白的

“后台”罗明纳兹，他认为中国革命已经到了“中国共产党立即行动夺取政权，实现一省数省乃至全国胜利的时候了”！他主张不断地在中国组织暴动。瞿秋白忠实地执行了这位共产国际驻华全权代表的指示。另一派则以米夫为首，他激烈地批评罗明纳兹关于中国革命性质和中国社会性质的分析。米夫在《中国革命的争论问题》一文中批评罗明纳兹：“中国资产阶级不算做一种政治力量，这样他就犯了一个错误，轻视中国目前革命斗争的一切困难。”[①]罗明纳兹反唇相讥，嘲笑米夫“右倾”。

瞿秋白组织的一系列暴动的失败，特别是广州暴动的失败，使罗明纳兹面临被“查办”的危险。虽然他在1927年底回到莫斯科后还一再鼓吹他的主张。

斯大林和共产国际执行委员会政治书记处第一书记布哈林否定了罗明纳兹，批评了他的极左主张。

斯大林、布哈林会见了向忠发、李震瀛，以联共代表团和中共代表团的名义，联合起草了《关于中国问题的决议案》，由共产国际执委第九次全会通过。这个决议案否定了罗明纳兹对于中国革命的“左”的主张。

这件事抬高了向忠发的声望。因为跟斯大林、布哈林共同起草关于中国革命的文件，在当时可是一件了不起的事。

□ 向忠发当上总书记

上海天蟾舞台，坐落在最繁华的市中心，是个热闹的所在，看戏的、演戏的，终日进进出出。

在紧挨天蟾舞台的两间房子里，中共中央建立了秘密机关。来自莫斯科

① 中共中央机关刊物《布尔塞维克》第一卷第四期。

的秘密文件，通过地下交通线传到这里。

就在这个时候，中共失去了一位重要的人物——罗亦农。他在八七会议上当选政治局委员时，得票数仅比瞿秋白少一票。

罗亦农虽说也非常年轻，却比瞿秋白冷静。在“暴动热”之中，作为中共长江局书记的他阻止进行武汉暴动，明确指出：“目前绝非继续暴动时期。”

据罗亦农之子罗西北[①]告诉笔者，罗亦农是在上海被叛徒何芝华出卖的。当时，蒋介石悬赏5万大洋，捉拿“匪首”罗亦农。在上海法租界“坐机关”的何芝华看中了这笔巨赏，打算用这笔赏金出国，便出卖了罗亦农。1928年4月15日，罗亦农在上海被捕，6天之后即死于刑场。

罗亦农本是中共很有作为的年轻领袖，很可惜英年早逝。

就在罗亦农就义一星期后（4月28日），中共政治局三常委瞿秋白、李维汉、周恩来，以及邓中夏、项英聚集在上海天蟾舞台后的小屋里。他们逐字逐句研读了由斯大林、布哈林、向忠发、李震瀛共同起草的《关于中国问题的决议案》后，立即感到，莫斯科的指令，批评了罗明纳兹—瞿秋白的“左”倾盲动错误。

从现存的中共中央第十二次政治局会议（1928年4月28日）记录上，可以见到这样的反响：“国际决议显然同（11月）扩大会议决议有几点不同！”

“国际决议”指出：“中国工农广大的革命运动之第一个浪潮……已经过去。”眼下，中共应“准备革命之新的浪潮之高潮”，“党的工作之中心，是在争取千百万的工农群众”。

共产国际的决议，明确地反对无准备无组织的城乡暴动。

这就是说，那一系列头脑发热的“暴动”计划，应紧急刹车！

瞿秋白意识到自己犯了严重错误。

5月9日，中共中央在国内指定李维汉、任弼时、罗登贤三人临时主持留守工作。

对于中国共产党来说，六大在国外召开，是特殊的例外：一大、二大、

① 罗西北曾为全国政协委员，笔者于1991年7月2日在北京采访了他。

四大在上海召开，三大在广州召开，五大在武汉召开。由于当时国内一片白色恐怖，所以六大不得不在当时的“红色堡垒”苏联召开。100多名中共代表陆续来到苏联。

中共六大自1928年6月18日至7月11日，在莫斯科郊区兹维尼果德镇银光别墅（原先的一座贵族庄园）开了差不多一个月。由于制止了“左”倾盲动主义，这时的中共党员增至4万多人。

6月12日，斯大林接见了中共主要负责人。斯大林的谈话为中共六大定下了基调，即批判瞿秋白的“左”倾盲动错误——一年前的中共五大，则是批判陈独秀的右倾机会主义错误。

陈独秀和瞿秋白都是知识分子，一个右，一个“左”，被视为知识分子的“动摇性”。共产国际再一次强调，必须由工人成分的人物担当中共领袖。最终共产国际选中了向忠发。除了向忠发是位老工人，还由于他率领中国工农代表团跟共产国际，跟斯大林、布哈林有了密切的接触。于是向忠发顺利当选为中共中央总书记。

中共六大选出的政治局委员有向忠发、苏兆征、项英、周恩来、蔡和森、瞿秋白、张国焘。前五人为常委。这样，瞿秋白被排除在常委之外。

政治局候补委员为李立三、关向应、罗登贤、彭湃、杨殷、徐锡根、卢福坦。

斯大林批评说，中共不能是瞿秋白、张国焘等几个“大知识分子”起领导作用，应当更多地选拔工人到中央来。于是，中共六大选出的中央委员和候补委员36人（其中中央委员23人，候补中央委员13人）中，有21人是工人。连恽代英、刘少奇这样的知识分子干部都未能入选。

共产国际也意识到自身工作中的失误，因为中共领袖的错误，很大程度上是由于共产国际派往中国的代表犯了错误，诚如陈独秀之右倾跟罗易、鲍罗廷的右倾大有关系，而瞿秋白的“左”倾很大程度上是由于罗明纳兹的“左”倾。

这样，共产国际作出了新的决定，即由中国共产党派两个代表到莫斯科，共产国际通过这两个代表与中国共产党进行联系。

经过研究，把瞿秋白、张国焘这两位“大知识分子”留在莫斯科，作为中共驻共产国际的代表。这样，已被排除在政治局常委之外的瞿秋白结束了他中共党内第一把手的政治生涯。

后来，共产国际依然会派出代表前来中国。不过，共产国际声称，代表不再对中共起领导作用，而是起联系人和传达者的作用。

□ 李立三日渐掌握实权

这天，上海来了一个30来岁、湖南口音的古董商，租了房子，落脚做生意。

他自称名唤“萧柏山”。这位古董商仿佛是个戏迷，常往天蟾舞台跑。

在中共中央的秘密机关里，这位“古董商”变得非常忙碌，不断地向全党发出指示，大有总书记的派头。

这位“萧柏山”，便是李立三。

这是一种颇为奇特的现象：尽管中共六大选出了向忠发当总书记，可是，中共的实权却操在李立三手中。李立三既不是政治局常委，也不是政治局委员，只是政治局候补委员。

那时的中国共产党非常年轻，没有成熟的领袖人物。李立三成为中共实际上的领袖，其实就跟向忠发忽然成为中共总书记一样有他的机遇。

中共六大之后的第六天，共产国际六大在莫斯科开幕，而且一开就开了两个月。周恩来、苏兆征、项英三常委留在莫斯科开会。另两位常委向忠发和蔡和森，再加上李立三，先行回国，主持中央工作。

于是，在1928年9月2日，向、蔡、李三人回到了上海。

向忠发其人，理论水平低，工作能力也差，不具备当领袖的才能，仅仗着老工人的身份才被捧上总书记的位子。因此他只是名义上的总书记。

最初，掌握中共领导实权的是蔡和森，他是政治局常委兼中央宣传部部长。

蔡和森具备领袖之才，他跟罗亦农一样，本来很有希望成为中共新一代的领袖。1918年，他和毛泽东共同发起新民学会。翌年，他留学法国，猛看猛译法文版马克思著作，很快领悟到马克思主义真髓。1920年9月16日，他在写给毛泽东的长信中清楚地阐述了中国必须建立共产党："我认为首先要组织党——共产党。因为它是革命运动的发动者、宣传者、先锋队、作战部。以中国现在的情形看来，须先组织它……"他的马克思主义理论水平高于他同时代的许多人。

蔡和森于1921年底加入中共，在中共二大至六大上均当选中央委员；在五大成为政治局委员，在六大则进入政治局常委，还兼任中央宣传部部长。他的一支笔，写下了大量宣传马克思主义的文章。

蔡和森回到上海才十来天，却因顺直省委的一些问题牵涉他，要他向中央常委检查错误。加上气喘病发作，他不得不离开中央机关去养病。不久，他被指责为右倾，被撤销了政治局常委、政治局委员及中央宣传部部长的职务。1929年1月，他被调往莫斯科，参加中共驻共产国际代表团的工作。

蔡和森犯了"错误"，李立三便取而代之。1928年11月20日，李立三取代了蔡和森的地位，被增补为中共中央政治局委员、常委兼中央宣传部部长。这样，中共中央政治局五常委改为向忠发、周恩来、苏兆征、李立三、项英。其中苏兆征于1929年2月才从苏联回国，但回来的当月就病逝了。

李立三是个趣事颇多的人物。

他曾是毛泽东的"半个朋友"。那是1915年夏秋之间，正在长沙湖南第一师范学校读书的毛泽东，化名"二十八画生"（"毛泽东"三字繁体汉字笔画正好28画）张贴《征友启事》，欲求志同道合之友。第一个响应的是从浏阳来长沙读书的罗璈阶（后来叫罗章龙）。

那时，李立三叫李隆郅，从醴陵来到长沙上中学，认识罗章龙。于是，罗章龙便把李立三介绍给了毛泽东。

毛泽东后来这样忆及往事：

我这时感到心情舒畅，需要结交一些亲密的同伴，有一天我就在长沙一家报纸上登了一个广告，邀请有志于爱国工作的青年和我联系。我指明要结交能刻苦耐劳、意志坚定、随时准备为国捐躯的青年。我从这个广告得到的回答一共有三个半人。一个回答来自罗章龙，他后来参加了共产党，接着又转向了。两个回答来自后来变成极端反动的青年。“半”个回答来自一个没有明白表示意见的青年，名叫李立三。李立三听了我说的话之后，没有提出任何具体建议就走了。我们的友谊始终没有发展起来。[①]

据李立三说，他当时“没有明白表示意见”，是因为他才16岁，又刚从小县城来到长沙，见识少，一下子答不上毛泽东的提问，所以只成了毛泽东的“半个朋友”。

李立三加入中共之后，从事工运。1922年，他领导了安源路矿工人大罢工，1923年任中共武汉区委书记，翌年任中共上海区委执委会书记。1925年他在上海一家工厂参加选举，因“李隆郅”三字笔画太多，工人不易写，刘少奇建议他改名。正巧迎面站着三个工人，刘少奇说：“就叫李三立吧！”他思索了一下说：“叫李立三吧！”从此他便以“李立三”这个名字传世。同年，他任上海总工会委员长，赴苏出席赤色职工国际大会。1927年，李立三任中共中央工人部部长，全国总工会驻汉办事处主任，然后又兼任中共湖北区委书记。那时，向忠发是他的部下。后来，他参加了南昌起义，旋即又任中共广东省委书记。

李立三在蔡和森遭贬之后当即取而代之。不过，1928年11月上旬，周恩来从苏联回到上海，李立三在党内的威望不及周恩来，中共的领导工作实际上由周恩来主持，而李立三则成为周恩来的副手，向忠发不过是名义上的领袖。向忠发、周恩来、李立三成了当时中共的“三驾马车”。

1930年3月3日的中共中央政治局会议记录上，出现一行奇特的暗语：

---

① ［美］埃德加·斯诺：《西行漫记》，生活·读书·新知三联书店1979年版，第122—123页。

冠生病入院。决：准假两月。

“冠”是何人？周恩来的化名！周恩来生了什么病，要入院休病假两个月？原来，“病”是他去苏联的暗语。也就是说，政治局批准周恩来赴苏两个月，向共产国际汇报工作。

周恩来一走，李立三便成了中共的主持人。李立三是个性情急躁的人，由他掌舵，一下子把中共推向了“左”的航线。

李立三火暴的脾气是颇为“著名”的。1921年冬，他和100多位留法勤工俭学的学生被法国政府遣送回国。轮船在海上悠悠而进，为了打发时光，学生们举行围棋赛。四川队推出了陈毅，湖南队推出了李立三。李立三急于求胜，被陈毅抓住了弱处，一举击败。李立三一气，把棋子连同棋盘一起甩进了大海！[①]此事一直在中共党内传为笑谈，因为当时在场的许多留法学生后来都加入了中国共产党。

当他跟朋友聚谈，别人说及军阀之腐败和凶暴，他每每在一侧大声呼喊“打倒”“推翻”“杀掉”。

他恨不得把旧世界用一个早上推翻掉。正因为这样，他的同志们都熟知他的火急的脾气、激进冒险，竟为活着的他开过两次追悼会。一次是在安源，谣传罢工失败，李立三去刺杀军阀赵恒惕未遂而牺牲，同志们很快信以为真，周恩来主持了他的追悼会！又一次，他参加南昌起义，传说他跟敌人拼杀，血染战场，于是，同志们又为他开了追悼会，主持人依然是周恩来！

在批判了陈独秀的“跪着降”之后，李立三越发激动起来，日渐“左”倾。

那个年月，“左”是流行病，共产国际也“左”。好在周恩来毕竟稳健，经验远比李立三丰富，李立三的“左”病常受周恩来约束。诚如李维汉所言：“恩来走后，立三更加独断专行，政策越来越‘左’。有关中国革命的重大问题的决策，往往由他个人决定，党的政治生活处于极不正常的状态。”[②]

① 参见唐纯良：《李立三传》，黑龙江人民出版社1989年版，第26页。

② 李维汉：《回忆与研究》上册，中共党史资料出版社1986年版，第304页。

周恩来刚走，李立三便发表《准备建立革命政权与无产阶级的领导》一文，鼓吹道：乡村是统治阶级的四肢，城市才是它的头脑与心腹，单只斩断了它的四肢，而没有斩断它的头脑，炸裂它的心腹，还不能置它于死命。要达到此目的，就要靠工人阶级最后的激烈的武装暴动。

李立三下令迎接“红五月”，各地中共组织要举行工人总罢工、总示威。5 月 1 日是国际劳动节，那天，光是上海便组织了 1 万多人拥上南京路游行，结果使许多人被捕。可是，李立三却以为“中国革命的高潮已经到来”，他声称：“现在的革命好比干柴，一根火柴就可以点燃，准备武装暴动的时候到了！”

李立三重蹈瞿秋白的覆辙，又一次在中国掀起“左”的浪潮。他的“登峰造极”之作，是那篇《新的革命高潮与一省或几省首先胜利》。这个文件由中共中央政治局于 1930 年 6 月 11 日通过，后来被称为“立三路线”的“纲领性文件”。

向忠发对李立三言听计从，支持他的暴动计划。有了总书记的支持，李立三也就“名正言顺”地动用中共中央的名义，对各地下达暴动计划，并着手组织武昌、南京及上海总同盟罢工。

李立三甚至异想天开，要把苏联西伯利亚的 10 万华工武装起来，投入战斗。甚至要求“蒙古在中国暴动胜利时，应在政治上立即发表宣言，与中国苏维埃政权联合，承认蒙古是中国苏维埃联邦之一，紧接着大批出兵进攻北方”。

李立三这一系列“左”倾暴动计划，又一次使中共蒙受了惨重损失。

常言道：吃一堑，长一智。犯过“左”倾盲动错误的瞿秋白，此时的头脑倒是清醒的。

当他在莫斯科读到李立三的《新的革命高潮与一省或几省首先胜利》时，当即说了一句一针见血的话：“李立三发痴了！”

□ 瞿秋白的复出和再度挨批

莫斯科车站，两名中国男子匆匆踏上了西去的列车。他俩急于回国，照理是应当乘东去的列车，但他俩却一反往日的路线，取道德国而行。

两名中国男子，一个叫“斯特拉霍夫”，一个叫“伍豪”，他们就是瞿秋白和周恩来。他们心急如焚要赶回去，制止李立三的“左”倾冒险错误。

一接到李立三的《新的革命高潮与一省或几省首先胜利》，不光是他俩着急，共产国际执委会也着急了，于是起草了《关于中国问题的决议案》。

由于这份决议是在 1930 年 7 月 23 日作出的，因此又称“七月决议”。

他俩带着“七月决议”，踏上归程。

为了避免意外，在德国，周恩来先走一步，于 8 月 19 日回到上海。8 月 26 日，瞿秋白也来到他阔别两年多的上海。

瞿秋白和周恩来给头脑正热的李立三带来了清凉剂——共产国际执委会的“七月决议”。中共来了个急刹车，结束了“立三路线”。

紧接着，9 月 24 日至 28 日，中共召开六届三中全会，贯彻共产国际“七月决议”精神。

会议是由瞿秋白主持的。关于这一点，列席会议的聂荣臻（他当时在中共特科工作，负责会场的保卫工作）回忆道：

> 恩来是这次全会的实际主持人，但他很谦虚，总是把秋白推到前台，让他主持会议，作报告，发表结论性意见。因此，三中全会使瞿秋白同志成为党中央实际上的主要领导人。恩来这种没有个人私心的谦让精神，令人钦佩。[①]

在会上作《中央政治局工作报告》的是“特生”，即向忠发。他承认，

---

①《不尽的思念》，中央文献出版社 1987 年版，第 18 页。

中央政治局“犯了‘左’的个别冒险倾向的错误”。这“个别”两字，自然是为他自己掩饰。

“少山”传达了共产国际“七月决议”。“少山”即周恩来。

“之夫”作了大会结论。“之夫”即瞿秋白，取义于“杨之华之夫”。

“柏山”承认“策略上有‘左’倾冒险主义倾向……我是应当负更多的责任”。“柏山”即李立三。

会议选举的政治局委员，保持原有的阵势，只是补选关向应代替已去世的苏兆征。七位政治局委员是向忠发、周恩来、瞿秋白、项英、李立三、关向应、张国焘。

政治局三常委改成了向忠发、周恩来、瞿秋白。① 也就是原先的“三驾马车”中的李立三，换成了瞿秋白。

瞿秋白复出了，有了错误的教训，又有了两年的冷静反思，比过去显得成熟很多。不过，大抵由于瞿秋白有过类似于李立三的“左”倾经历，他对李立三的批评是温和的，只是说他“犯有‘左’的冒险主义倾向的错误”，而不是说他犯了路线错误。对李立三的处理也是温和的，只是撤销他的常委职务，仍保留政治局委员职务。

大会结束不久，共产国际远东局给中共中央政治局写信，肯定了中共六届三中全会：“柏山同志在他的自我批评中显明地正确地指出了自己的错误，它的来源及其对于这些错误的责任。”信中还斥责了“共产主义的叛徒”和“党内的右倾分子”，称他们“总是竭力地利用政治局和柏山同志的这些错误，来进攻党的整个路线，把党的路线拿来和国际的路线对立”。可是，风云变幻。1930 年 10 月共产国际从莫斯科发出新的指令，突然升高了批判李立三的调子，等于在政治上宣判了李立三的“死刑”：

在中国革命最重要的时机，曾经有两个在原则上根本不同的政

① 众多的文献上均这样记载，但金冲及主编的《周恩来传》称三常委为向忠发、周恩来、徐锡根。

治路线彼此对立着。立三同志的路线，就是反国际的政治路线。

这条路线的结果，就是消极，就是失败，就是极危险的冒险。（是站在）反马克思主义、反列宁主义、反共产国际的立场上，产生了他的敌视布尔什维克主义和敌视共产国际的行为。

这封题为《共产国际执委给中共中央关于立三路线问题的信》也就是著名的共产国际“十月来信”，它经过秘密交通线传递，中共中央于 11 月 16 日收到。瞿秋白看了信，全身发凉。他敏感地意识到，这封信将会带来一场政治风暴，因为他在收到信之前就已风闻，有人在说瞿秋白“庇护”李立三，六届三中全会是搞“调和”。

对李立三批判的升级，意味着他将面临新的批判……

按照那时的“惯例”，犯了错误的中共高级领导人，要前往莫斯科作检查。陈独秀是如此，只不过他坚决拒绝了；瞿秋白是如此，蔡和森也是如此，如今，轮到了李立三。

共产国际的“七月决议”就已经要求李立三到莫斯科作检查，瞿秋白以“工作需要”为理由，请共产国际准许李立三“暂不去国际”。

当共产国际“十月来信”一到，李立三再也无法拖延了。那时，他的妻子正临产。他深知共产国际不会轻饶他，此行不知何日能归，他的妻子又从事地下工作，将来很难照料孩子，于是他写下条子，把未出生的孩子嘱托给一个老工人。1930 年 12 月 5 日，他怀着沉重的心情，踏上远途。

李立三这一去，在苏联竟待了 15 年！他甚至被押上军事法庭，投入监狱……

对李立三批判的升级，马上把回国不久的瞿秋白也牵涉了进去。

风暴来得很迅猛：就在共产国际“十月来信”送抵上海中共中央秘密机关的翌日（11 月 17 日），一封措辞激烈的信便送达中共中央政治局。此信是由两人联名写的。那是两个小伙子，连中央委员都不是，却领导了中共党内推倒瞿秋白的运动。此后，他俩竟夺得了中共中央的领导权，成为中共新的领袖。

这两名年轻人，一个名唤陈韶玉（陈绍禹），另一个叫秦邦宪。后来，他们以他们的化名——王明和博古——载入中国共产党历史。

王明成为中共新领袖

历史经过时间的沉淀，才慢慢变得透明起来。

共产国际在“十月来信”中突然提高了批判李立三的调子，那是因为他们得知，李立三分别在8月1日、3日，说了一些对共产国际甚为不逊的话：“共产国际不了解中国革命的实际情形”“对共产国际的忠实不等于对中国革命的忠实”“等占领武汉之后，就可以用另外的方式去和共产国际说话了”……那时，共产国际和中国共产党是上下级关系，是领导和被领导的关系，岂容李立三如此“目无领导”，所以共产国际认为李立三的话是那些反对共产国际的“‘左’、右叛徒所爱用的”，于是立即升高了对李立三批判的调门。

至于此事后来涉及瞿秋白，也“事出有因”：那是因为瞿秋白在担任中国共产党驻共产国际代表团团长时，曾与米夫有过矛盾，导致在1930年春被撤掉团长之职，并被派回国。不料，瞿秋白回国之后，由于周恩来的谦让，反而使他成为中共领袖，这完全违反了共产国际和米夫本来的意愿。用当时共产国际领导库西宁的话来说，瞿秋白在中国反而得到了“奖赏”！

米夫绝对不允许瞿秋白成为中共负责人，他指责瞿秋白“包庇”李立三，犯了“调和主义”错误……

看来，瞿秋白的地位已岌岌可危，谁将取而代之？

王明此时显得异常忙碌。他几度给中共中央写信，要求坚决为他平反——须知，他如今已成了反对“立三路线”的“英雄”！他以未来的中共领袖自命，正在忙着起草他上台后的政治纲领——《为中共更加布尔塞维克化而斗争》（初名《两条路线》）。

就个人私事而言，王明也忙得够呛。他在莫斯科中山大学时苦苦追求的女同学孟庆树总算回国，正好也被分配在上海工作。不料，她在 1930 年 7 月 30 日突然被捕，关押在龙华。

好不容易，孟庆树在同年 11 月 22 日出狱。“刚出班房进洞房”，翌日，她便与王明结婚了。

当然，最使王明兴奋的是来自莫斯科的消息，他的“后台老板”米夫即将动身来沪，主持召开中共六届四中全会，对中共的领导班子进行大调整。

王明不失时机地抛出了他赶写的那本小册子《为中共更加布尔塞维克化而斗争》，其中以近 3 万字的篇幅批判“维它”，亦即瞿秋白。王明说，是到了“根本改造党的领导”的时候了，并明确地要瞿秋白下台。

日日盼，夜夜盼，王明盼望着米夫早日来到上海。米夫却姗姗来迟，原来他“公私兼顾”，顺道到欧洲整容，使他那鹰钩鼻得以美化，不那么讨人嫌了。

1930 年 12 月 10 日，米夫容光焕发地出现在上海。这是他第二次来到上海，如今，他的身份是共产国际代表。虽然中共六大之后，共产国际曾决定，共产国际来华代表只起联系人和传达者的作用，可是米夫却不然，他仗着自己是共产国际东方部副部长，俨然以上级自居，他要指挥一切！

米夫一到上海，便采取了一系列新的措施：

12 月 14 日，在中共中央政治局会议上，传达了共产国际执委会的指示，提出召开中共六届四中全会。

12 月 26 日，根据他的指令，任命王明为中共江南省委书记。这是王明头一回在中共党内担任重要职务。江南省委是在中共六届三中全会之后设立的，管辖浙江、安徽、江苏三省，是中共地方组织中最为重要的一个。

就在任命王明新职的同时，博古被任命为团中央宣传部部长。

米夫简直成了中共的“太上皇”，他的包办弄权超过了他的任何一位前任：会议还没有召开，他越俎代庖，事先起草好了《中共（六届）四中全会决议案》，并以共产国际远东局的名义，拟好了新的政治局委员、候补委员以及候补中央委员名单！

令人不可思议的是，会议的出席者 37 人中，有 14 人不是中央委员（包括王明），所以会议改称“扩大的四中全会”①。

1931 年 1 月 7 日上午 8 时半，在上海武定路修德坊 6 号，召开了中共六届四中全会。米夫深知有许多人反对王明，为了使反对者措手不及，他来了个突然袭击。罗章龙说：“我和一些中委是在会前 20 分钟才接到开会通知的。”② 有的人来到会场，还不知道要开什么会！

这次会议的基调，是否定三个多月前召开的中共六届三中全会。这是一次非常短暂的中共中央全会，只开了一天——准确地讲，是 15 小时，即从上午 8 时半至晚上 11 时半。③ 因为“在四中全会之前，远东局与中共中央共同致信国际，保证扩大的四中全会安全地举行，因此今晚 10 时半钟必须结束”④。但是，由于发言的人很多，会议不得不比预计的结束时间延迟了一小时。

会议依然由中共中央总书记向忠发代表中央政治局作报告——六届三中全会的政治局报告也是此人作的，就连半年多以前中共中央政治局通过的李立三起草的《新的革命高潮与一省或几省首先胜利》，也是此人主持的。反正支持李立三“左”倾冒险错误是他，支持瞿秋白是他，此刻倒瞿也是他，半年之中变了三次！凭借着工人出身的金字招牌，他仿佛成了不倒翁。

向忠发特别强调必须尊重共产国际代表：“中央政治局对于共产国际代表的不尊重的态度，是不可容许的。”⑤

30 多人在会上发言，进行了激烈的争论。代表发言限制在 15 分钟之内，但是许多人的发言超过了限定的时间。

共产国际的代表参加了会议，并在会议结束的时候作了结论式的长篇发言。中共六届四中全会的会议记录，现存于中央档案馆。共产国际代表的发

① 据 1931 年 2 月 22 日《中共中央致共产国际执行委员会电——报告四中全会经过》记载，出席会议的“中央委员 22 人，非中央委员 15 人”。

② 据 1998 年 1 月 18 日罗章龙之孙女罗星元寄给笔者的罗章龙生前回忆笔录。

③ 据罗章龙称是在上午 11 时半结束，只开了 3 小时。

④ 中央档案馆编：《中共中央文件选集》第七册，中共中央党校出版社 1991 年版，第 28 页。

⑤ 中央档案馆编：《中共中央文件选集》第七册，中共中央党校出版社 1991 年版，第 10 页。

言记录也完整地保存着，但是记录上只写着《共产国际代表在四中全会上的结论》，并未写明共产国际代表是谁。

不论出席中共六届四中全会的共产国际代表是谁，体现的都是米夫的意见，这是无疑的。

据记录，共产国际代表在会上作结论时，这么谈及向忠发和周恩来：

> 忠发、锡根、向应、温裕成他们是工人同志，他们虽有错误，我们现在决不让他们滚蛋，要在工作中教育他们，看他们是否在工作中纠正自己的错误。
>
> 恩来同志自然应该打他的屁股，但也不是要他滚蛋，而是在工作中纠正他，看他是否在工作中改正他的错误。

这样，向忠发因是“工人同志”，仍保留了总书记的职务；周恩来在“打他的屁股”之后，也算是留了下来。至于李立三和瞿秋白，那当然毫无疑问要“滚蛋”。

中共的新领袖应该是谁？会议的幕后操纵者米夫早已圈定——王明！

米夫的“改造”方案，终于在大会上亮相：

> 立三、秋白、罗迈三同志退出政治局。
>
> 陈郁、弼时、韶玉、少奇、王克全五同志加入政治局。
>
> 中央委员会亦退出了罗迈、贺昌两同志，而补选了韩麟（连）会、沈先定、徐畏三、王尽仁、黄苏、陈韶玉、沈泽民、夏曦、曾炳春九同志，内中五个是工人同志，中央政治局成分中，十六人中十人是工人出身。[①]

也就是说，原先中共的主要领导李立三、瞿秋白、李维汉退出了政治局，

①《中共中央总书记向忠发给共产国际的报告》（1931 年 2 月 22 日）。

李维汉连中央委员都没保住。

米夫拟定的中共中央政治局名单如下：

政治局委员九人：向忠发、项英、徐锡根、张国焘、陈郁、周恩来、卢福坦、任弼时、陈绍禹。

候补政治局委员七人：罗登贤、关向应、王克全、刘少奇、温裕成、毛泽东、顾顺章。

名单刚一宣布，全场哗然。

此时突然杀出一彪人马，坚决反对米夫所拟的名单。反对者不是瞿秋白，却是罗章龙！罗章龙所代表的不只是他一个人，而是一群人。他们居然当众念了另一份也是事先拟好的政治局名单，与米夫针锋相对，分庭抗礼。这样的对抗局面，使会场变得一片混乱。

为首者罗章龙，颇有资历：当年，第一个响应“二十八画生”（毛泽东）的《征友启事》的就是他。那时他是湖南省第一联合县立中学的学生。后来，他参加了新民学会。中学毕业后，罗章龙进入北京大学，成为五四运动的积极参加者、北京大学马克思学说研究会成员。1920 年，他参加了北京共产主义小组，成为最早的中共党员之一。不久，他担任中国劳动组合书记部北方分部主任。在中共三大上，他当选为中央委员。

罗章龙也激烈地反对李立三“左”倾冒险错误，反对六届三中全会以后以瞿秋白为首的中央。他曾指责“（六届）三中全会及其后的补充决议是立三主义的变本加厉”，坚决要求“立即停止中央政治局的职权，由国际代表领导组织临时中央机关，速即召集紧急会议，正式宣布废除三中全会的不正确决议及因此而产生的补选”。

罗章龙他们好不容易盼来了共产国际代表米夫，却想不到米夫并未看中他们，而是选中了王明。这样，在六届四中全会上，罗章龙和他的支持者与米夫、王明发生了正面冲突。

罗章龙一派的史文彬站起来，宣读了一张补充中央委员名单：刘成章、吴雨铭、李震瀛、袁乃祥、孟宪章。

显然，罗章龙要与王明争夺中共中央的领导权——尽管他们反对李立三、反对瞿秋白是一致的。

两派的斗争白热化。罗章龙扬言要退出会场，以示抗议米夫操纵会议。共产国际远东局代表艾伯特高叫：“应当安静地解决问题，捣乱会场是不许可的。”

解决问题的办法，当然只有投票表决。

这时，有人提出了一个重要问题：“什么人有表决权？”

照理，中央委员会会议只有中央委员才有表决权。然而，出席会议的许多代表并非中央委员，却强烈要求拥有表决权。如果不同意这些非中央委员拥有表决权，会议会吵得更厉害。于是艾伯特决定：“参加会议的都有表决权。”

表决的结果，当然是胳膊拧不过大腿，米夫提出的名单得到了多数票。罗章龙一派失败了！

王明，刚在 12 天前成为中共江南省委代理书记，此时一下跃升为中共中央政治局委员！

中共六届四中全会开了一天，在吵闹声中结束。

罗章龙并不想就此罢休，他联合何孟雄、徐锡根、陈郁、王克全、王凤飞、史文彬、李震瀛、韩连会、唐宏锦、余飞、徐畏三、张金保、袁乃祥等，召开“反对四中全会代表团”会议，成立了“非常委员会”。

会上，通过了罗章龙起草的《力争紧急会议反对四中全会的报告大纲》，推举了罗章龙、徐锡根、王克全、何孟雄、王凤飞成立“临时中央干事会”。

后来，罗章龙走上了成立“第二中央”“第二省委”“第二区委”“第二工会党团”之路，进行分裂活动。周恩来出面找他谈话，无效。

1931 年 1 月 27 日，中共中央政治局通过《关于开除罗章龙中央委员及党籍的决议案》。

此后，罗章龙在湖北、湖南等地大学任教授。新中国成立后，他任全国政协委员、中国革命博物馆顾问，生活在北京。笔者曾两度访问过他，当时他虽年已九旬，但记忆力仍然很好。

罗章龙曾风趣地对笔者说：“毛泽东在中共九大上扳着手指头历数党内的‘机会主义头子’：第一个是陈独秀，第二个是瞿秋白，第三个是李立三，第四个是我……其实，说来也有‘缘分’，陈独秀有个‘独’字，‘一’的意思；瞿秋白的瞿字有‘双’目，也就是‘二’；李立三有个‘三’；我呢，那‘罗’字头上顶着个‘四’！”

六届四中全会之后，瞿秋白离开了中共中央领导岗位。他在《多余的话》中，曾以沉重的笔触，写下这样一段悲怆无比的话：“我第二次回国是 1930 年 8 月中旬，到 1931 年 1 月 7 日，我就离开了中央政治局领导机关，这期间只有半年不到的时间。可是这半年对于我几乎比 50 年还长！人的精力已经像完全用尽了似的。我告了长假休养医病——事实上从此脱离了政治舞台。”

1931 年 1 月 10 日，中共中央政治局开会，决定向忠发、周恩来、张国焘三人为常委。此时，张国焘和妻子杨子烈尚在从莫斯科返回上海的途中，至 1 月中旬才到达上海。王明虽未进入常委，但这颗“新星”在米夫的支持下已掌握了中共中央的实权。

论资历，作为中共一大出席者的张国焘，本来不把王明放在眼里。在莫斯科时，张国焘还曾跟王明闹过矛盾。而此时，张国焘见王明踌躇满志，便在党内刊物《实话》第 13 期上发表文章，吹嘘起王明来：“陈绍禹同志等是坚持执行国际和党的路线的最好同志……我们党内还存在着许多小资产阶级无原则性的派别成见……他们或明或暗地反对所谓的陈绍禹派，这是借反对所谓陈绍禹派为名，反对党和国际却是实。”字里行间，透露出当时的“陈绍禹派”即“王明派”是何等的得意，何等的不可一世。

“铲共专家”诱使顾顺章叛变

在陈独秀 1927 年 7 月 12 日“不视事”之后，至毛泽东 1943 年 3 月 20 日担任中共中央政治局主席兼中央书记处书记之前，漫长的 16 年间，虽然曾更换过许多中共领袖，但正儿八经有着领袖职务的只有向忠发——他在中共六大上当选为总书记。

生死考验是最为严峻的。向忠发被捕之时，马上跪了下来，这才将他的本性暴露无遗……

向忠发被捕的起因，是顾顺章被捕。也是由于片面强调工人出身，顾顺章被选为中共中央政治局候补委员。

关于顾顺章，瞿秋白的夫人杨之华曾这样生动地描述过：

> 顾顺章的特点：
>
> 1. 人矮，精干，多计谋，滑头，勇敢，变戏法的技术很高明（引者注：顾顺章本名顾凤鸣，上海吴淞人，入过青帮，过去耍过魔术，在上海多次演出）。
>
> 2. 不多说话，他不曾对同志说过自己的履历和社会关系。
>
> 3. 平日不看文件，开会不常说话。
>
> 4. 生活浪漫（引者注：顾顺章吃喝嫖赌，还抽大烟）。[①]

顾顺章是1931年4月中旬由上海护送张国焘、陈昌浩前往鄂豫皖苏区后，于4月24日在武汉被国民党中统特务逮捕的。

关于顾顺章的被捕经过，有着各种各样的传说。

据聂荣臻回忆：“4月，顾顺章由鄂豫皖返回，路过武汉时，竟登台表演魔术，被叛徒发现逮捕。”[②]当时，聂荣臻和顾顺章同在中共中央特科工作。不过，顾顺章被捕时，聂荣臻不在武汉，显然，他是间接听说的，是从当时中共特科方面得到的信息。

国民党中统的当事人是蔡孟坚。蔡孟坚是当时中统驻武汉特派员，公开的职务是国民党武汉警备司令部稽查处副处长，时年24岁。这位“铲共专

① 杜宁（杨之华）：《叛徒顾顺章叛变的经过和教训》，1938年11月28日写于苏联。载《党的文献》1991年第3期。

②《聂荣臻回忆录》上册，战士出版社1983年版，第126页。

家”先是化装成渔人进入中共控制的洪湖地区，拍了许多侦察照片。1931 年春，他又接连在武汉破坏了中共湖北省委和中共长江局机关，逮捕了两个机关的负责人。中共湖北省委书记被杀害，而中共长江局负责人尤崇新则叛变。

蔡孟坚这位“铲共专家”，正忙着搜捕中共长江局的一些成员。他要尤崇新把帽子压得低低的，在武汉街头搜寻着。正在这时，顾顺章撞在了蔡孟坚手里。

顾顺章行经汉口江汉关附近轮渡码头时，遇上了一位帽子压得低低的人。见到顾顺章，那人把帽子摘下来一挥，大喊“抓住他”“抓住他”。中统特务们当即一拥而上，逮住了顾顺章。

蔡孟坚得知抓住的是一条“大鱼”，大喜过望，亲自劝降顾顺章。起初，顾顺章沉默以对。

当蔡孟坚点明了顾顺章的身份——中共中央政治局候补委员、特科负责人——而且晓以利害之后，顾顺章开口了。顾顺章卖身求荣，道出了中共重要机密：“中央调查科①主任徐恩曾的私人秘书钱壮飞是中共地下党员！”顾顺章此言使蔡孟坚大惊。

顾顺章迅即被用船押往南京。就在顾顺章到达南京前，钱壮飞截获电报，立即跳上开往上海的列车。

钱壮飞来到上海，飞速向中共中央报告了顾顺章叛变的消息。由于顾顺章在特科工作，知道许多中共高级领导人的住址。

聂荣臻回忆道：

> 我得到情报后，急忙赶到恩来同志家里，不巧，他出去了，我就告诉邓大姐，顾顺章叛变了，你们要赶快搬家。
>
> 当时情况是非常严重的，必须赶在敌人动手之前，采取妥善措施。恩来同志亲自领导了这一工作。把中央所有的办事机关进行了

---

① 即国民党中统局前身。

转移，所有与顾顺章熟悉的领导同志都搬了家，所有与顾顺章有联系的关系都切断。两三天里面，我们紧张极了，夜以继日地战斗，终于把一切该做的工作都做完了。等敌人动手的时候，我们都已转移，结果，他们一一扑空，什么也没有捞着。①

周恩来及时转移了，瞿秋白及时转移了，原设在天蟾舞台旁苦心经营了几年的中共中央秘密机关也从此再不能使用。

遭难的是恽代英。恽代英被捕后，关押在南京江东门外“中央军人监狱”②（以《恽代英》③一文考证较准确，认为关在南京“中央军人监狱”），化名“王作林”，未被识破。顾顺章告密，说出“王作林”即恽代英。恽代英系黄埔军校第四期政治教官，黄埔军校同学录上登载着他的照片。经查对，“王作林”果真是恽代英。劝降失败，恽代英被押往刑场，于 1931 年 4 月 29 日中午枪决，年仅 36 岁！

关于顾顺章叛变，还有另一种说法，即他在被捕前已准备叛变。最早见于文献的，是杜宁（杨之华）在 1938 年 11 月 28 日所写的那篇《叛徒顾顺章叛变的经过和教训》，其中提及中共中央获知顾顺章叛变之后，当即派人查抄顾顺章在上海的家：“在他老婆房间内被我们抄了一个顾顺章亲手写给蒋介石的一封未发出的信。内容大概说‘如果蒋介石相信他，他可以把共产党、第三党、取消派等的各种组织关系——自中央到支部，一概交给蒋介石……’因此，他的叛党动机不在被捕之后，而在被捕之前。但此信尚未寄出，料他经过了一个动摇的时期。”④

顾顺章叛变之后，急于向国民党邀功。他无法带人追捕周恩来、瞿秋白，便设计侦查向忠发。虽说向忠发当时接到中共中央紧急通知，也转移了住处，

①《聂荣臻回忆录》上册，战士出版社 1983 年版，第 126—127 页。
② 据《聂荣臻回忆录》称是苏州监狱，《中统内幕》一书称是“上海提篮桥狱中”。
③ 中共党史人物研究会编：《中共党史人物传》第五卷，陕西人民出版社 1982 年版，第 1 页。
④ 杜宁（杨之华）：《叛徒顾顺章叛变的经过和教训》，1938 年 11 月 28 日写于苏联。载《党的文献》1991 年第 3 期。

但是顾顺章仍下功夫追踪这位总书记。

□ 卢福坦想当总书记

王明手中的权力不断膨胀。总书记向忠发挂名不干事，直至被捕、叛变。照理，王明取向忠发而代之早已不成问题，可是，此时王明却在另打主意——溜！他不愿待在上海，筹划着重回莫斯科。

那时接二连三的人头落地使王明心惊胆战。在敌人刺刀下的上海干秘密工作，毕竟时时刻刻都存在着丧生的危险。

除了顾顺章、向忠发落入敌人之手外，1931 年 1 月 17 日及 18 日，国民党上海市党部、上海市公安局、英租界闸北捕房突然大规模出动警力，密捕了共产党干部 30 多人，其中有 10 位是中共省、市委书记，包括何孟雄、林育南等，也包括作家李求实、柔石、冯铿、胡也频、殷夫等。2 月 7 日，其中的 24 人饮弹于上海龙华刑场！

这一系列惊心动魄的事件，使王明丧魂落魄，他和妻子孟庆树躲进了上海郊区的疗养院，惶惶不可终日。

向忠发之死，造成中共中央总书记职位空缺。谁来出任中共中央新的总书记呢？

六届四中全会确定的三位中共中央政治局常委中，向忠发已死，张国焘去了鄂豫皖苏区，留在上海的只有周恩来。

留在上海的中共中央政治局委员，除周恩来外，只有王明和卢福坦。

看来，新的总书记要在周恩来、王明和卢福坦三人中选择。

最合适的人选当然是周恩来。周恩来有很高的马克思主义理论水平，又富有组织才华，在党内具有很高的威信。可是他向来谦逊。六届三中全会本应由他主持，他却把瞿秋白推了上去。显然，此时此际，他不会出任总书记，更何况他早已觉察到王明咄咄逼人、野心勃勃。

最可能的人选，自然是王明。虽说此时米夫已经返回苏联，但米夫扶植王明上台之意在六届四中全会上表露无遗，王明本人也早想成为总书记。不过，当上总书记，务必要留在国内主持党的工作。向忠发被捕才三天就毙命——而且他跪在地上向敌人求饶也无济于事，这不能不使王明顾虑重重。何况他有过被捕的经历，尝过铁窗的滋味。此外，曾营救他出狱的赤色职工国际驻上海代表、瑞士人牛兰也在向忠发被捕前一周入狱。

这么一来，周恩来不想当，王明不敢当，剩下的人选便是卢福坦了。

卢福坦知名度不高，现今的读者很少听说过这一名字。他当时在中共党内并不起眼，以致在中共六大的中央委员名单上，他被写成了“鲁福坦”。

此时，卢福坦却十分“勇敢”，明确表示想当总书记。

卢福坦是何等人物？他是山东淄博人，工人出身，1926 年加入中国共产党，1927 年担任中共青岛市委书记、山东省委书记。1928 年，他作为山东省代表到莫斯科出席中共六大，正遇上共产国际过分强调工人成分的契机，于是他不仅被选为中央委员，而且成为政治局候补委员，进入了中共高层。在中共六届四中全会上，他成了政治局委员。

王明跟卢福坦没有很深的关系，不愿让此人出任总书记。他早已选好了接班人——博古。

博古曾跟王明一起在莫斯科中山大学留学，同为“二十八个半布尔什维克”中的人物，回国后一起反对过“立三路线”，一起反对过瞿秋白……博古成了王明最亲密、最可信任的伙伴。

不过，即便在米夫、王明控制的中共六届四中全会上，博古也未能进入中央委员之列。

博古的党内地位比卢福坦要低得多，一下子使博古成为总书记，显然不孚众望。王明的最后抉择是让总书记一职空缺，而指定博古负总的责任。这样，一旦他有机会从苏联回国，便可担任总书记。

由王明提出，经共产国际东方部批准，新的中共中央临时政治局由六人组成，即博古、张闻天、卢福坦、李竹声、康生、陈云。其中常委三人，即博古、张闻天、卢福坦，由博古负总责。

这么一来，不是中共中央委员的博古和张闻天，一下子被擢为中共中央临时政治局的常委，而且排名于原来的政治局委员卢福坦之前！

就这样，中国共产党权力进行了移交——交给了博古，而不是交给“想当总书记的卢福坦”。

张闻天后来的自述以及周恩来后来的谈话，不仅说明了他们当时如何“婉拒”了卢福坦想当总书记的要求，而且说明了从 1931 年 6 月中共中央总书记向忠发被捕、叛变后，中共中央“无总书记”“不设总书记”的情况。

直至 1956 年 9 月 28 日，中共八届一中全会才重新设立了总书记。

也就是说，从 1931 年 6 月至 1956 年 9 月这 25 年零 3 个月的漫长岁月，中共中央“无总书记”，“不设总书记”。

1931 年 10 月 18 日，随着黄浦江上一艘日本轮船汽笛长鸣，徐徐起航，王明和他的妻子孟庆树，以及吴克坚、卢镜如，离开了上海。

王明于同年 11 月 7 日十月革命节那天赶到莫斯科，出任中国共产党驻共产国际代表。

从此，他在那安全的“红色保险箱”里，和米夫一起遥控着中国共产党。

就在王明离沪一个月后，周恩来奉中共中央之命，前往江西中央苏区。他的使命和中共中央派张国焘前往鄂豫皖苏区一样，是为了加强那里的领导工作。周恩来取道汕头，沿着一条秘密交通线进入江西。他一上船，一个绰号叫“小广东”的地下交通员便跟他接上了头。

死了向忠发，走了王明、张国焘、周恩来，留在上海的中共临时中央便由博古负总责，张闻天和卢福坦成为他的副手。

后来，博古于 1933 年 1 月 19 日进入江西中央苏区，张闻天比他早几天到达那里，留在上海的中共临时中央便由卢福坦负总责。

卢福坦出任中共临时中央负总责的时间非常短暂，只有三个多月。因为在 1933 年 4 月（也有人说是 2 月，如中统特务庄祖方的回忆），他就落进了国民党中统特务手中。

根据卢福坦在中共党内的历史和地位，其意志应该是比较坚定的，可是在劝降特务和他谈话之后，他很快表示愿意自首，并为中统上海区对中共江苏省委的连续破坏提供了很多情报，成为可耻的叛徒特务。

卢福坦这么快就叛变，连中统特务也感到意外。

由于卢福坦提供了线索，位于上海北四川路天潼路的中共江苏省委处于中统特务的监视之中。两个不满18岁的中统特务蒋某和吴某在马路上踢皮球，故意把皮球踢进三楼的房间中。

借口进屋捡皮球，他们侦查了中共江苏省委机关，紧接着便来了一个大搜捕……

卢福坦叛变后，居然摇身一变，加入了国民党中统特务组织，担任中统徐州特区行动股股长、上海区情报行动股股长。

上海解放后，卢福坦被捕，1969年被处决。①

□ 24岁的博古出任中共中央负总责

博古出任中共中央负总责时，年仅24岁，被人笑称为“中共中央的小伙子”。

连博古本人也觉得自己太年轻，资历太浅，难孚众望。但王明劝导他：“24岁不小了，米夫当莫斯科中山大学副校长还不是24岁！”

听王明这么一说，博古心定了。

博古是绿豆芽式的青年，高而瘦，头发硬，竖立在头顶，而两鬓的头发却被剃掉，所以他的“博古式”发型颇怪，像一顶黑色的法兰西帽压在头顶。博古近视，戴一副圆镜片眼镜，皮肤白皙，文弱书生模样。不过，博古是一

① 1969年11月，由北京派人到上海监狱，持中央政治局常委康生亲笔签字和公安部部长谢富治批准的处决命令，处决了79岁高龄、关押了近20年的卢福坦。——编者注

位天生的宣传鼓动家，他的演讲声音响亮，配上大幅度的手势，富有煽动力。虽说听得出南方口音，但他的普通话在那个年代算是不错的。

博古是个热情、直率、头脑聪颖的人。

博古是个化名，很多人以为是取义于“博古通今”，其实真正的含义却是“上帝”！

博古怎么会是“上帝”呢？那是他到莫斯科中山大学学习时，按照校方的规定，每个人都要取一个俄文名字。他取的名字音译为“博古诺夫”。回国后，他以“博古”为化名。

博古原名秦邦宪，乳名长林，字则民。他的父亲秦肇煌是清朝秀才，在宣统年间当过浙江温州地方审判庭刑事庭庭长。博古是长子。母亲朱氏是续弦。他属“邦”字辈，弟弟叫秦邦礼，妹妹叫秦邦范。

最初，他在无锡的“秦氏公学”就学，14 岁时进入苏州省立第二工业专门学校，便开始从事政治活动。他参加了“锡社”，并成为“锡社”苏州支部的负责人。18 岁时，他加入中国国民党。1925 年 5 月，正患肺病的他参加五卅运动，并加入中国共产主义青年团。这时，他已是政治活动的活跃分子。这年 7 月，他负责编辑《无锡评论》，陆定一也是编辑部的成员。这年 9 月，博古考入上海大学社会系。这所大学原名“东南高等师范专科学校”，并不起眼。1922 年 10 月，国民党元老于右任出任校长，改校名为“上海大学”，国共合作办校，大批共产党人在该校执教。1923 年 4 月，中共党员邓中夏出任该校教务长，瞿秋白、恽代英、萧楚女、张太雷、李达、陈望道、施存统、沈雁冰等中共党员担任教员。

这样，上海大学成了培养共产党干部的学校。该校建有中共组织，博古入学不久便加入了中国共产党，并结识了许多著名的共产党人。

1926 年 10 月，博古突然被淞沪警察厅逮捕，但因查不到什么证据，第二天获释。不久，中共党组织决定派他前往莫斯科学习。于是，博古进入了莫斯科中山大学，成了米夫的学生，成了王明的同学，成了“二十八个半布尔什维克”之一。在莫斯科的四年留学生涯，为他后来成为中共中央负总责打下了基础。

博古只在上海大学学习了一年，在莫斯科中山大学学习了四年，没有多少实际工作的经验。

这样一位“嘴上没毛”的小伙子，出于王明小宗派的需要，才被推上了中共新领袖的地位。

政党的成熟，首先要有成熟的领袖。此时中国共产党才“10岁”，还是一个幼年的党。

纵观中国共产党的“领袖史”，可以看到，自从1927年7月12日陈独秀“不视事”起，至1931年10月18日博古上台，频繁地在更换领袖，简直像走马灯一般：陈独秀、瞿秋白、向忠发、李立三、瞿秋白、王明、博古。在这中间，曾经一度主持过中共中央工作的还有周恩来、蔡和森和李维汉。

另外，曾经角逐中共领袖而未能如愿的有罗章龙和卢福坦。

历史在沉思，历史也在选择。领袖是政党的旗帜，领袖是政党的舵手。

频繁更换着的中共领袖，缺乏威信、缺乏经验、缺乏影响，因而也就无法保持党内的稳定。

1927年四一二反革命政变之后的中国，风高浪急，错综复杂，把好中共之舵并非易事。何况，舵手还需听命于共产国际的指令。

当博古上台掌舵之时，他的前任已使中共经历了一右二“左”的曲折：陈独秀的右倾机会主义错误，瞿秋白的“左”倾盲动错误，李立三的“左”倾冒险错误。

王明握别博古之际，作过如此嘱咐：万事都得请示共产国际，决不可擅自行动，更不得听信他人。

博古有个绰号叫“黑面木偶”，含义是双重的：不光是因为他身材瘦长而动作僵硬的形象如同木偶，还因为他受到坐镇莫斯科的米夫和王明的“遥控”。

自身缺乏经验，又得听命于“遥控”，博古这位新“舵手”的命运可想而知。

历史是一面筛子，正在筛选着、筛选着……

第二章　井冈风云

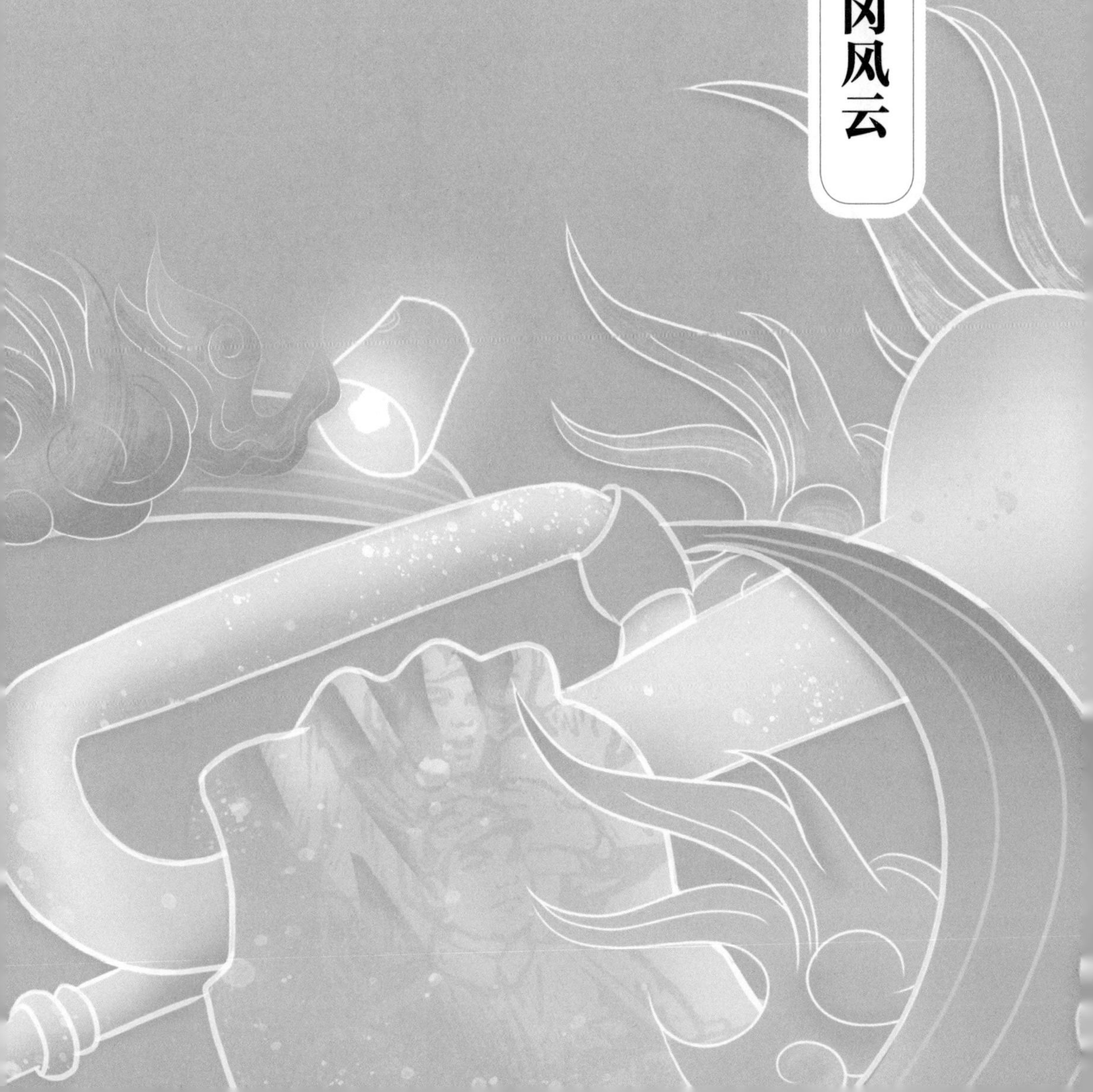

□ 历史老人并未偏爱毛泽东

花开两朵，各表一枝。

那位在八七会议上，说出“须知政权是由枪杆子中取得的”的醒世名言的毛泽东，从此便在中共中央消失了。

此后在上海、在莫斯科那一次又一次中共中央会议上，在激烈的争夺中央领导权的斗争中，不见毛泽东的身影。

历数毛泽东在中共早期的党内地位，可以发觉历史老人并未偏爱毛泽东。他时浮时沉，未曾担任显要之职（除中共三大外）：

1921 年 7 月，他出席中共一大，是 13 位代表之一，在大会上担任记录。

1922 年 7 月，中共二大在上海召开时，他也正在上海，照理他必定出席。可是，他“忘记了开会的地点，又找不到任何同志”[①]，竟失之交臂。

1923 年 6 月，中共三大在广州召开时，毛泽东一下子跃居要职。他不仅成为 9 名中央执行委员会委员之一，而且成为 5 名中央局成员（相当于后来的政治局委员）中的一个。他又兼任中央执行委员会秘书，在党内的地位很高。

可是，在 1925 年 1 月的中共四大上，毛泽东连中央候补执行委员也未选上。当时的中央执行委员会设委员 9 人，候补委员 5 人。

1927 年 4 月底至 5 月初在武汉召开的中共五大，设中央委员 31 人，候补委员 14 人。毛泽东先是作为候补代表出席大会，只有发言权，没有选举权。最后他被选为候补中央委员。

毛泽东在 1956 年 9 月 10 日中共八大预备会议第二次全体会议上回忆往事，说过一段颇为风趣的话：

第一次代表大会[②]我到了。第二次代表大会没有到。第三次代表

① [美] 埃德加·斯诺:《西行漫记》，生活·读书·新知三联书店 1979 年版，第 134 页。
② 指中共一大。

大会是在广州开的，又到了，被选为中央委员。第四次代表大会又没有到，丢了中央委员。大概我这个人逢双不吉利。第五次代表大会到了，当候补代表，也很好，被选为候补中央委员。[①]

在八七会议上，事先拟定的政治局委员、候补委员候选人名单上并没有毛泽东，后来是蔡和森提议，应当补入毛泽东。

会议的原始记录如下：

和[②]：要求不加入自己。因：1.过去错误；2.已决定去湖南，正式名单去张加入东、沉、达[③]。因要吸收新的分子。

东：我现在担任土匪工作不能加入。

迈[④]：赞成加入东取消自己。

东：不同意迈的提议，自己非外面去工作不可。

沉：主东加入，沉、达都不加入。

达：不能担任此工作。

顺[⑤]：自己适宜做下层工作，不要挂一虚名。

秋[⑥]：现在不是法律问题是工作问题、事实的问题，大家不能如此。

经大会表决，毛泽东被选为政治局候补委员。

毛泽东推辞的原因是："我现在担任土匪工作不能加入。"

毛泽东所说的"担任土匪工作"，其实是指他正担负着改造土匪的工作。

---

①《毛泽东文集》第七卷，人民出版社 1999 年版，第 104—105 页。

②"和"即蔡和森。

③"张"即张国焘，"东"即毛泽东，"沉"为陆沉，"达"为彭公达。

④"迈"即罗迈，亦即李维汉。

⑤"顺"即顾顺章。

⑥"秋"即瞿秋白。

在八七会议之后，毛泽东远离中央，不再出席中央会议。他在党内的地位，依然浮沉无定。

在 1928 年 6 月至 7 月召开的中共六大上，毛泽东当选为中央委员，失去了政治局候补委员之职。

在 1930 年 9 月的中共六届三中全会上，毛泽东又成为政治局候补委员，排名于政治局候补委员末位，次于顾顺章。

在王明上台的中共六届四中全会上，毛泽东仍为政治局候补委员，只是跟顾顺章换了一下顺序，顾顺章居末位，他为倒数第二。此次设政治局委员 9 人、候补委员 7 人，因此毛泽东在党内排名第 15 位。

然而，当历史淘汰了王明、博古时，却选择了这位在中共中央政治局中近乎末座的毛泽东——此是后话。

八七会议之后，毛泽东究竟走过了怎样的道路?

◻ 农民运动的“王”差一点被处死

八七会议制订了“四省秋暴计划”，亦即粤、湘、鄂、赣四省秋收起义计划。选择秋收起义，是考虑到那时农民结束农忙，可以离开土地；选择粤、湘、鄂、赣四省，是考虑到中共在这四省的基础较好。毛泽东奉中共中央之命前往湖南，发动秋收起义。

毛泽东是农民的儿子，熟悉农村，擅长领导农民运动。瞿秋白便曾这么称赞过，中国有两个“农民运动的王”，那就是彭湃和毛泽东。

毛泽东说过，中国四万万人口之中，农民占了三万万两千万以上，亦即占 80% 以上，所以中国革命一定要依靠农民、发动农民。1926 年，他在广州主持了广州农民运动讲习所。

1926 年底，毛泽东回到故乡湖南考察农民运动。翌年 2 月中旬，他在武汉给中共中央写出了那篇著名的《湖南农民运动考察报告》。

八七会议时，彭湃在南昌起义前线，不久前往故乡广东海丰，组织海陆丰农民暴动。于是，农民运动的两个“王”一个在湖南，一个在广东，开足马力干了起来。

毛泽东是在 1927 年 8 月 12 日离开武汉，作为中央特派员来到长沙的。

8 月 18 日，在长沙市郊沈家大屋，毛泽东出席了中共湖南省委会议，担任省委委员、常委。

会议详细制订了湖南的秋收起义计划。

毛泽东为了组织秋收起义，在湖南四处奔走。他从长沙来到了株洲，又从株洲前往安源。安源是煤矿工人集中之处，他要发动工人参加暴动。9 月 5 日，他在安源写给中共湖南省委的信中说：“约定 11 日安源发动，18 日进攻长沙。”[①] 这时的他，受“领袖同志”瞿秋白的影响，也想进攻大城市。

就在毛泽东从安源前往铜鼓县的途中，他落入了敌军手中，这是毛泽东漫长的一生中唯一的一次被捕。被捕后他差一点儿被处死！倘若不是他逃出了险境，中国的现代史和中共党史要另写了！

后来，毛泽东面对美国记者埃德加·斯诺，如此饶有兴味地叙述他当时的“历险记”：

> 那时候，国民党的恐怖达到顶点，好几百共产党嫌疑分子被枪杀。那些民团奉命把我押到民团总部去处死。但是我从一个同志那里借了几十块钱，打算贿赂押送的人释放我。普通的士兵都是雇佣兵，我遭到枪决，于他们并没有特别的好处，他们同意释放我，可是负责的队长不允许。于是我决定逃跑。但是直到离民团总部大约 200 码的地方，我才得到了机会。我在那地方挣脱出来，跑到田野里去。[②]

①《彭公达同志关于湖南秋暴经过的报告》，《中央政治通讯》1927 年第 12 期。

②［美］埃德加·斯诺：《西行漫记》，生活·读书·新知三联书店 1979 年版，第 141 页。

所幸毛泽东遇上的是民团，不是国民党特务。这次死里逃生后，毛泽东在湖南发动了秋收起义……

□ 秋收起义总指挥卢德铭捐躯沙场

军叫工农革命，旗号镰刀斧头。修铜①一带不停留，要向平浏②直进。

地主重重压迫，农民个个同仇。秋收时节暮云愁，霹雳一声暴动。

毛泽东在 1927 年写的这首词《西江月·秋收起义》，勾勒了湖南秋收起义的情景。

对于毛泽东来说，秋收起义是他第一次实践他“枪杆子里面出政权”的理论。不过，毛泽东自知光依靠农民的长矛、梭镖是难以“出政权”的。

毛泽东要寻找“枪杆子”，要寻找“一两团兵力”，正巧，一支正规军正驻扎在江西和湖南交界不远处的修水县。这支正规军是一个警卫团，团长居然是中共党员！于是毛泽东穿过湖南和江西的边界，朝江西修水进发，才在半途发生了前述那番“历险记”……

这个团自武汉来，原本是守卫武汉国民政府的警卫团，可谓精兵，隶属于国民革命军第二方面军总指挥部。中共指派了叶挺独立团的一位团参谋长出任警卫团团长。这位团参谋长既是黄埔军校第二期毕业生，又是中共党员，名唤卢德铭。卢德铭成了警卫团团长，便使这个团处于中共领导之下。

① 修铜即修水、铜鼓，均系江西省县名，后来作者改为“匡庐”。
② 平浏即平江、浏阳，均系湖南省县名，后来作者改为“潇湘”。

中共在南昌发动八一起义时，卢德铭奉命率部开赴南昌，参加起义。当他们从武汉东下到达黄石时，得知起义部队已退出南昌，而九江又被张发奎部队控制，只得率部来到鄂湘赣三省交界处“三不管”的修水县暂且栖驻。这支精兵，马上被正在寻觅“枪杆子”的毛泽东看中。

于是，22岁的卢德铭被任命为秋收起义总指挥，毛泽东则任前敌委员会书记。卢德铭成了毛泽东最初的战友。

1927年9月9日，作为秋收起义总指挥，卢德铭在江西修水县渣津宣布：“现在我们起义了！”他领导的警卫团成为起义部队的第一团。

第二团由安源工人和醴陵农民组成。

第三团由平江、浏阳农民义勇军组成。

第四团是经过改编的夏斗寅残部。

宣布秋收起义时，毛泽东正在江西铜鼓县城萧家祠第三团团部。

秋收起义最初的行动计划是攻取长沙：第一团、第四团打平江，第二团、第三团打浏阳，然后分两路包抄长沙。

第一团、第四团在朝平江县城进军途中，第四团突然哗变，袭击第一团，使进攻平江的计划受挫。

第二团、第三团先克醴陵县城，才占领了两天，不得不在强敌面前退出。部队改取浏阳县城，不料占领后陷入重围。

两路兵马均出师失利，攻打长沙无望，起义部队遂退至浏阳文家市。

9月19日夜，文家市的里仁学校里像开了锅似的。各路兵马的首脑人物齐聚于那儿，前敌委员会会议在书记毛泽东主持下召开，讨论的主题是“向何处去”。

虽说从9月9日至19日不过10天光景，但毛泽东的头脑已变得冷静。原先他受“领袖同志”瞿秋白的影响，以为“中国客观上早已到了1917年”，而“秋暴”的受挫，使他清醒地意识到长沙“啃不动”，连醴陵、浏阳这样的县城都“吃不了”。毛泽东审时度势，知道绝不可与强敌硬拼。他在会上提出向“萍乡方向退却”，以求避开强敌的锋芒，保存自己的实力。

长沙城内有9000敌军驻守，攻长沙势必败北。

一些头脑发热的人依然在会上嚷嚷："进攻长沙！进攻长沙！"

一时间，两种意见针锋相对。

总指挥卢德铭是位精明聪颖的人，他认为毛泽东的话在理，投了赞成票。卢德铭在军队里威信甚高，他倒向毛泽东，使进攻长沙的主张遭到会议的否定。

翌日，这支打着"中国工农革命军"旗号的队伍，朝江西萍乡方向前进。

9 月 23 日清晨，当部队从萍乡东侧的芦溪镇出发不久，突然枪声如同炒豆般在四周响起。

原来，那是江西军阀朱培德部队的一个特务营和一个保安团布下了伏击圈，当毛泽东、卢德铭率部进入伏击圈时，敌军指挥官一声口令，伏兵倾巢而出。

在激战中，总指挥卢德铭饮弹而亡，毛泽东痛失他最初的得力战友。

毛泽东幸免于难，且战且走，带领着受惊的队伍绕开萍乡南进……

毛泽东要把队伍带向何方？

□ 当革命的"山大王"

毛泽东胸有成竹：他要把部队带上井冈山！

井冈山在中国众多的大山之中不算出众，可是，在当时的中国，却是具有特殊战略意义的大山。毛泽东选中了井冈山，不能不说是天才的选择。

井冈山位于罗霄山脉的中段，山高林密，翠竹长青，山泉淙淙，地势险峻。它处于两省四县的交界处，两省即湖南、江西，四县即遂川、永新、宁冈、酃县[①]。在军阀割据的年月，交界处最容易求得生存。何况那儿离长沙、

① 酃县于战国时开始设立，1994 年改名为炎陵县。——编者注

武汉、南昌都远，乃穷乡僻壤的所在。

井冈山最大的优势，在于易守难攻。在崇山峻岭之中，唯有通过五个险峻的哨口方可上山。守住了哨口，也就守住了大山，可谓“一夫当关，万夫莫开”。何况井冈山四周那时没有公路，要想调兵遣将前来攻山，辎重难行，只得靠两条腿和轻武器。

毛泽东深知当时湘、赣军阀各自为政，他带领兵马朝井冈山进发时，故意走“S”形路线，时而进湖南，时而回江西，在两省交界的夹缝之中钻行，甩掉了尾追的敌军。

秋收起义开始时，4 个团有 2000 多人，一个师的兵力。几次失利后，损失了 1000 多人。毛泽东率部向井冈山前进时，一路上又有不少人开小差。一位营长派人去追逃兵，毛泽东知道了，马上阻止道：“强扭的瓜不甜。他们要走，让他们走。我相信总有一部分人不走，跟我们走到底！”毛泽东甚至提出，给走的士兵发路费，以使他们能够平安回到家乡。

一位名叫陈三崽的贫苦农民说，家有老母，必须回去照料。离开部队时，他领到 5 元路费。可是，他走了才一天，却又回来了。毛泽东见到他问道：“你怎么又回来啦？”陈三崽诉说了自己离开部队后的遭遇，说是半路上遇见国民党部队，不仅抄走了那 5 元路费，而且还把他当壮丁抓去当兵。陈三崽说：“我不回家了，家乡也是国民党的天下。我就是回到老家，也无法侍奉老母，也会被抓壮丁。我想来想去，还是回自己的部队！”毛泽东表扬了陈三崽。许多思乡之心甚切的士兵听了陈三崽的话，也打消了回家的念头。

9 月 29 日，毛泽东带领队伍来到江西永新县三湾村，仔细清点了一下人数，尚剩 700 多人。这 700 多人是经历大浪淘沙之后的精兵，那些意志不坚定者早已在半途散去。

这支 700 多人的队伍，成了毛泽东毕生事业的最初基础，成了燎原之火最初的星火。

秋收起义部队到了三湾镇，毛泽东手下只剩一个团的兵力，遂缩编为团，称“中国工农革命军第一军第一师第一团”，团长为陈浩，党代表何挺颖。第一团下辖两个营及特务连、军官连、卫生队和辎重队。

在三湾改编时，毛泽东确定了一项重要原则，即“党指挥枪”，把军队置于中国共产党的绝对领导之下。他在每一个连队设立党支部，设党代表。当时 10 个连队的党代表有 7 人是大学生。毛泽东曾说：“红军所以艰难奋战而不溃散，‘支部建在连上’是一个重要原因。”[①]

□ 收编“绿林”袁文才

毛泽东完成“三湾改编”之后，1927年10月3日，率部到达宁冈县古城。宁冈县就在井冈山下，再跨一步，就可以进入井冈山了。

此时，一道棘手的难题摆在毛泽东面前：井冈山上下有两股土匪，怎么办？

只有两种方法，一是力取，二是智取。很多人主张力取。这两股土匪加在一起，不过百把人，几十条枪，倘若用武力解决，轻而易举。

毛泽东此时表现出了他的过人之处，他力主智取文攻。毛泽东少时熟读《水浒传》，同情劫富济贫的绿林好汉，在他看来，这些“山大王”可以引作同盟军。再说，那两股土匪是本地人，消灭了他们，也就埋下了仇恨的种子，使工农革命军在井冈山难以立足。

毛泽东初显他的统战才略……

那两股土匪，头目分别为袁文才和王佐。袁文才驻扎在山下的宁冈茅坪，王佐则在山上的井冈山茨坪，山下山上互相呼应，唇齿相依。袁、王二人结为拜把兄弟。

袁文才其人，29 岁，宁冈茅坪马源坑人。他幼时念过私塾，有点文化。

①《毛泽东选集》第一卷，人民出版社 1991 年版，第 65—66 页。

毛泽东来到宁冈古城，一位特殊的人物前来求见。此人穿着一身西装，只是未系领带。在这样的山沟沟里，此等装扮的人物极为鲜见。他年仅22岁，本地人，名唤龙超清。此人乃富家子弟，两年前，他在南昌加入了中国社会主义青年团，不久转为中共党员。北伐开始时，他受中共派遣回乡发动群众，迎接北伐，而他回乡的公开身份却是国民党特派员。他回到宁冈后，担任中共宁冈支部书记。

龙超清跟袁文才有旧，两人曾结拜生死之交。1926 年 9 月，龙超清策动袁文才在宁冈举行暴动，任命袁文才为“宁冈县农民自卫军总指挥”，并吸收袁文才加入了中国共产党。

毛泽东率部抵达宁冈，自然使龙超清欢天喜地。经过这位穿西装的青年介绍，毛泽东得知袁文才原是中共党员，觉得收编他的部队也就容易得多。

龙超清说，袁文才眼下最缺的是枪，毛泽东当即慷慨答应送 108 支枪给袁文才。

龙超清把喜讯转告袁文才。“投之以桃，报之以李”，向来讲义气的袁文才答应送给毛泽东的部队 600 块大洋。

如此这般，“山大王”袁文才投靠了毛泽东，毛泽东的“文攻”取得了第一步胜利。

袁文才主动请求毛泽东派中共党员前去训练他的部队，于是毛泽东派出了徐彦刚、游雪程、陈伯钧前往袁部。

几个月后，袁文才部队接受改编，加入了中国工农革命军。

不过，收编另一个“山大王”王佐，则要比收编袁文才曲折多了……

□ 毛泽东智服王佐，进军井冈山

王佐跟袁文才同庚，也是 29 岁。他身材不高，白净面孔，是井冈山附近遂川下庄人，裁缝出身。

王佐识字不多，但身手不凡。据云，他骑在奔驰的马上，一枪射去，可击中跑动的野鸡。有一回，他突然遭围，操起一根竹竿一撑，跃身上了屋脊，一个跟斗翻了过去，便不见了踪影。他曾跟拳师王冬文学过几年武功，所以论武艺有两下子。

袁文才比王佐活跃。袁文才加入了中国共产党，参加种种社会活动。王佐不然，蹲在井冈山上守老窝，轻易不下山。

毛泽东的部队在山下安营扎寨的消息飞快地传到山上，王佐头一回听说中国工农革命军，不知道这是什么样的军队——这也难怪，中国工农革命军打出这个旗号也不过个把月。

毛泽东不急于上山，他要先做通“山大王”王佐的思想工作。

“把兄弟”袁文才派人上山，向王佐诉说了毛泽东的队伍专跟土豪劣绅作对，跟他们一样是“劫富济贫”的。听说毛泽东给了袁文才 108 支枪，王佐颇为震惊，因为他在井冈山上那么多年，也只弄到 60 来支枪，何况这些枪好多是土枪。他手下的兵，两个人摊不到一支枪。毛泽东既然把那么多的枪给了袁文才，这就清楚地表明，中国工农革命军不会“吃”掉他们。

1927 年 10 月 24 日，当毛泽东率部来到井冈山西侧的荆竹山，一个穿长袍、戴礼帽、个子不高自称朱持柳的人便前来拜谒。原来，此人是王佐派来的代表，专程来迎接毛泽东上山。

毛泽东在荆竹山村的大道旁集合队伍，向战士们介绍了王佐派来的代表朱持柳，并宣布队伍马上随他上山。毛泽东特别强调，上山以后要搞好和山上群众的关系，搞好和王佐部队的关系，并特地制定了“三大纪律”：

第一，行动听指挥。

第二，不拿老百姓一个红薯。

第三，打土豪要归公。

中国人民解放军的“三大纪律”，最初便是这么来的。

在朱持柳的带领下，毛泽东率部队上山。山道如羊肠，在密林中蜿蜒。渐渐地，山势越发陡峭。

井冈山，果真是个据险易守的所在。

王佐和毛泽东约定在双马石见面。所谓双马石，是两块天然巨石，一上一下叠在一起，成为井冈山奇景之一。双马石乃井冈山五大哨口中的一个，那里山势格外陡峭，山林茂密。王佐已在那里布好队伍，以防不测。

毛泽东似乎早已料到王佐的心思，未到双马石，便下令部队停止前进。他只带随从数人前往双马石，跟王佐会面。

王佐见毛泽东“单刀赴会”，也就放下心来，下了哨口，跟毛泽东见面。

毛泽东极善言辞，向王佐说明了中国工农革命军是老百姓的子弟兵，是土豪劣绅的死对头，共产党是穷苦百姓的救星……经毛泽东这么一番宣传，王佐心中明白了许多。

三天之后，在王佐亲自带领下，毛泽东率部队进入井冈山的中心茨坪。从此，毛泽东在军阀各霸一方的中国，找到了一块可以立稳脚跟的地方，这个地方虽说是在大山深处，却使这支部队得以生存、发展、壮大，成了中国革命的火种。

王佐见毛泽东的部队纪律严明，稍感放心。不过，他却一直怀着戒心，因为毛泽东的部队远比他的部队强大，随时可以“吃”掉他。

毛泽东知道王佐的心思，于是让王佐部队保持他的独立性，表明自己从未有“吞并”之意。毛泽东非常看重搞好和王佐的关系，因为只有稳住这位“山大王”，中国工农革命军才能在井冈山有稳固的根基。

毛泽东在山上安顿毕，11 月初便下山去了。在他看来，光是有了井冈山还不行，还要在井冈山四周扩大红色区域。山下军务正忙。11 月中旬，毛泽东的部队攻取了茶陵县城，在那里建立了“茶陵县工农兵政府”，由谭震林任主席。茶陵红色政权的建立，震动四方。12 月下旬，国民党军队围攻茶陵，在激战中陈浩叛变。陈浩是中国工农革命军第一师第一团团长。毛泽东火速赶去，处决了陈浩……

毛泽东人在山下，心在山上，生怕王佐有变。一旦王佐转向，后院起火，那就不堪设想。于是，在 1928 年初，毛泽东把手下一员得力干将何长工派往王佐部队，去做王佐的工作。

1928 年 2 月上旬，袁文才和王佐的两支队伍接受改编，成为“中国工农革命军第一军第一师第二团”，团长为袁文才，副团长为王佐，何长工为党代表。

毛泽东成功地改造了袁、王，体现了他很高的策略和才智。从此，他率领的革命队伍在井冈山的根基稳固了，兵力也扩大了。

□ 朱德和毛泽东胜利会师

毛泽东一直在关注着那支南昌起义部队，企望着跟那支部队会合。无奈，大山阻隔了信息，双方都不知对方在哪里……

1927 年 11 月中旬，在离井冈山不远的湖南茶陵县坑口镇，来了一个 22 岁的军人。此人穿一身整齐的国民党军官制服，向驻守在那里的靖卫团亮出了“国民革命军”证件。证件上写着他的身份——国民革命军第十六军副官，姓名叫“谭泽”。

靖卫团团长罗克绍得知此事，立即设宴款待这位年轻的副官。在跟罗克绍边吃边聊之中，谭泽得知附近驻扎着袁文才的一个连队。

谭泽悄然来到那个连队，见到连队战士游雪程，这才说了实话。原来，他是毛泽东的小弟弟，名叫毛泽覃，“谭泽”是他的化名。

游雪程一端详，果真，这青年的面目酷似毛泽东，便送他去见毛泽东。

坑口镇在茶陵县和宁冈县交界之处。毛泽覃进入宁冈县，见到了分别几个月的大哥毛泽东。

兄弟相见，说及别后情形，真是各有一番历险记。

这一回，毛泽覃奉朱德之命，前来找寻毛泽东，期望着两军能够会师，合力征战——这正是毛泽东日夜期盼的。兄弟相会，倍加欢愉。

据毛泽覃说，南昌起义之后，起义部队在 8 月 3 日便离开南昌南下。当时的目的是想南下广东，认为广东的革命基础好，想在那里站稳脚跟，再徐图北伐。一路南下，一路激战。攻打瑞金时，陈赓负了重伤。各路军阀夹击起义军。在这最困难的时候，起义军领袖之一的贺龙，在瑞金宣誓加入中国共产党……

在激战之中，起义军被迫分成几路。由周恩来、贺龙、叶挺、刘伯承等率第二十军及第十一军第二十四师直下潮汕。朱德、陈毅则率第十一军第二十五师于 10 月 2 日在汀江、梅江、梅潭河三河汇流处的三河坝，跟国民党钱大钧部队激战三天三夜，不得不转往湖南南部。毛泽覃随朱德部队前进。

朱德在湘南听说毛泽东领导了秋收起义，极想跟毛泽东取得联系。无奈兵荒马乱，不知毛泽东在何方，朱德部队只好且战且走。

11 月初，朱德部队在赣南崇义上堡整训时，忽闻毛泽东部队就在附近。

激动万分的陈毅自告奋勇，化装成老百姓，前往侦探虚实。到了那里一看，果真是中国工农革命军，有一营兵力！原来，那是秋收起义时的第三营，由营长张子清、副营长伍中豪率领。不过，他们在战斗中被敌人冲散，失去了与毛泽东的联系，驻扎在那里。张子清、伍中豪率第三营加入了朱德部队。这下子，朱德更有信心寻找毛泽东了，于是派出了“特使”——毛泽东的弟弟毛泽覃。

毛泽覃的到来，使毛泽东详细知道了朱德部队的情况，万分欢喜。

其实，就在毛泽覃到来之前，毛泽东也派出了自己的“特使”前去寻找朱德。

毛泽东的“特使”，便是何长工。

何长工是 1927 年 10 月上旬出发的，毛泽东交给他的使命是先到长沙向中共湖南省委汇报，再去寻找朱德部队。

何长工刚刚出发，便在井冈山西侧的湖南酃县沔渡被民团抓了起来。民团要杀他，何长工谎称自己是从毛泽东部队开小差出来的。民团相信了，放了他。但何长工却不走。民团团长贾威觉得奇怪：“我放你走，你还不走？”

何长工说道：“我是想到长沙找哥哥去，可是一路上你们的关卡多得很，我过了你这一关，过不了下一关。求求团长，给我开个路条吧！”那个团长果真给他开了路条。于是，何长工一路绿灯，来到了长沙。

何长工在长沙向中共湖南省委作了汇报之后，拿到56块银圆作为路费，来到了广州，由广州来到韶关。

后来，何长工这样回忆他在韶关的奇遇：

> 几个月的奔波，身上脏得很，（我）一下车住下旅馆，就忙着去洗澡。韶关驻扎着云南军阀范石生的（第）十六军。恰好有几个军官和我在一起洗澡，水汽蒙蒙的，谁也看不清谁。只听他们在谈论：“王楷的队伍到犁铺头了。听说他原来叫朱德，是范军长的老同学。”另一个说：“同学是同学，可是那是一支暴徒集中的部队。我们对他有严密的戒备。”这个无意中听到的消息，真使我兴奋极了，踏破铁鞋无觅处，得来全不费工夫。南昌起义保留下（来）的部队，原来在这里！我匆忙洗完澡，结了账，看看钟，已经是下半夜一点了。（我）心急如火，顾不得天黑路远，马上离开韶关向西北走去。[①]

这一回，手上没有路条，何长工特意穿起西装，外面套一件呢大衣，脚下一双皮鞋，一副绅士派头。从韶关到犁铺头有40多里路，何长工连夜赶去，在一片昏黑之中步行。他在部队待过，知道部队行动如闪电，所以他一则是兴奋，一则是要及时赶上。五更时分，万籁俱寂，一路上唯闻脚下皮鞋在当当作响。

赶到犁铺头，遇见哨兵，何长工被带到司令部。巧上加巧，一进门，他便看见了熟人，大声喊道：“老蔡！”

原来，接待他的，是曾与他一起在洞庭湖做过秘密工作的蔡协民。这下子，不必费任何口舌自我介绍，蔡协民马上带他见到了朱德和参谋长王尔琢。

① 何长工：《伟大的会师》，《历史研究》1977年第3期。

当何长工跟陈毅见面时，两人拥抱起来，因为他俩在法国勤工俭学时就认识，想不到在此地重逢。

这么一来，朱德这儿来了毛泽东派的“特使”何长工，毛泽东那儿去了朱德派的“特使”毛泽覃。双方互通音讯，会师的日子渐渐来临。

这一天——1928 年 4 月 28 日，终于到来。

那时，朱德的部队已经抵达宁冈县砻市，来到龙江书院。

毛泽东在这一天率工农革命军第一师第一团回到了宁冈砻市，安顿在刘德胜药店。他一放下行李，就在何长工的陪同下朝龙江书院走去。

听说毛泽东来了，朱德和陈毅赶紧来到龙江书院大门口。远远地，何长工就告诉毛泽东：“站在最前面的那位，就是朱德同志，左边是陈毅同志。”

毛泽东走过来了，跟朱德久久地、久久地握手。这是毛泽东跟朱德的第一次见面。这是历史性的会面，从此，朱德一直都是毛泽东的亲密战友，直至 1976 年两人相隔两个来月相继去世，保持了长达将近半个世纪的友谊。

毛泽东也和 27 岁的陈毅紧紧握手。

双方握手之后，带着各自的部下步入龙江书院，登上三楼文星阁。在文星阁，毛泽东说：“过几天就是‘五四’，我们开个大会，庆贺一下。”

朱德当即赞同。

5 月 4 日那天，砻市河东的广场上，红旗招展，鞭炮齐鸣，人头攒动，热闹非凡。毛泽东、朱德两支部队，加上方圆几十里赶来庆贺的人们，1 万多人聚集在那里。对于那个山区小镇来说，这是空前的盛会。

大会的主席台是临时搭建的。就地取材，农民搬来一只只禾桶（打稻时用的大木桶），再铺上门板，很快搭成主席台。上午 10 时，在万众欢呼声中，毛泽东、朱德等登上了主席台。那天，毛泽东佩了一支匣子枪，很神气地出现在主席台上。不过，他只佩了一天枪，这一辈子也只这天佩着枪。这位“枪杆子里面出政权”的提出者，却不愿身上挂着枪。

大会的主持人是何长工，执行主席为陈毅。

陈毅当众宣布了重要决定，即毛泽东、朱德两支队伍合并，改编成“中国工农革命军第四军”，下辖三个师、九个团。第四军的领导成员为——

军长：朱德。

党代表：毛泽东。

参谋长：王尔琢。

三个师的领导为——

第十师师长：朱德（兼）。

第十一师师长：张子清（因负伤，由毛泽东代）。

第十二师师长：陈毅。

所用番号“第四军”“第十师”之类，为的是虚张声势。敌人听说了“第四军”，以为起码有“第一军”“第二军”和“第三军”。师亦如此，团亦如此。九个团，从“第二十八团”至“第三十六团”。光是凭这“第四军第十二师第三十六团”的番号，也够吓唬人的。

朱德部队中，参加过南昌起义的精兵有1500多人。后来转战各地，特别是在湘南发动暴动，队伍壮大到8000多人，这时加上毛泽东的队伍，一下子达到1万多人，声势大多了。自从毛泽东担任军党代表，人们就称他“党代表”或“毛党代表”。

朱德在大会上作了演说，称这次会师是中国革命的新起点。他说：“我们为会师而高兴，可是敌人却在那里难过。那么，就让敌人难过吧，我们不能照顾他们的情绪，我们将来还要彻底消灭他们呢！”

毛泽东上台演说时，依然保持他那幽默风趣的风格，使全场不时爆发出笑声。据何长工回忆，毛泽东当时说了这么一段话：

现在我们虽然在数量上、装备上不如敌人，但是我们有马列主义，有群众的支持，不怕打不败敌人。敌人并没有孙悟空的本事，即使有孙悟空的本事，我们也有办法对付他们，因为我们有如来佛的本事。他们总逃不出如来佛的手掌！我们要善于找敌人的弱点，然后集中兵力专打这一部分。十个指头有长短，荷花出水有高低，敌人也是有弱有强，兵力分布也难保没有不周到的地方。我们抓住敌人的弱点，狠狠地打一顿；打胜了，立刻分散躲到敌人背后去玩“捉迷藏”。这样，我们就能掌握主动权，把敌人放到我们手心里玩。①

“打败江西两只羊”

朱毛会师，江西震动，南京震动。

1928 年 5 月 2 日，蒋介石电令湘粤赣三省政府，“克日会剿朱毛”。

三省政府接蒋介石命令，未敢怠慢：湖南派出李朝芳率一师兵马，向成杰率一师兵马；粤军由范石生、胡凤璋各率一师；江西呢，派出了“两只羊”，即杨如轩、杨池生这两“杨”，各率一师兵马，参加“会剿”。其中，江西的“两只羊”成了毛泽东反“会剿”的重点。

毛泽东提出，对湘军、粤军采取守势，对赣军采取攻势。

杨如轩率部扑向井冈山北端的永新县城，红军来了个“敌进我退”，把县城让给了他。当时，杨如轩手下有四个团。红军放弃了县城，且战且退，诱使杨如轩的两个团出城追赶，越追越远，城里只剩下两个团。

这时，红军主力急行军，逼近永新县城西面的澧田。杨如轩听到报告，以为是从湖南败退的红军，派出一个团（第七十九团）迎战。这样，县城里只剩一个团。

杨如轩很得意，坐在县城里听留声机，以为红军不堪一击。

这时有人报告，西边的红军在向县城进军。杨如轩摆摆手说：“没有事，我已经派了一个团去了！”

过了一会儿，又有人前来报告，说在城西发现红军。杨如轩听留声机正出神，把报告的人骂了一通。

① 何长工：《伟大的会师》，《历史研究》1977 年第 3 期。

于是，下边的人不敢再报告。红军越来越近，开始进攻县城。直至一颗流弹打到师部的屋脊上，杨如轩这才大吃一惊，扔下留声机连忙逃命。

原来，杨如轩派往浬田的第七十九团跟红军主力一交战，才一个小时就被消灭掉了，团长毙命。红军急速朝县城推进。

杨如轩在卫兵的簇拥下来到城门口，那里挤满了逃跑的士兵和县城里的土豪们。杨如轩急不可耐，从城墙上往下跳，受了伤……

“一只羊”被打得如此狼狈，抱头鼠窜，红军传为笑谈。

杨如轩带领残兵败将，联合另一只“羊”——杨池生，决心与红军再决雌雄。

“两只羊”再次朝永新县城扑来，红军还是“敌进我退”，放弃了永新县城。

朱德亲自指挥战斗。红军又一次且战且退，敌军出城追击。红军退至龙源口，利用有利地形反击，激战一天，全歼敌军一个团，击溃两个团。红军乘胜追击，又重新夺回永新县城。在激战中，杨池生负了重伤。

从此，“两只羊”一蹶不振。杨如轩被调往南京，到参议院中当参议去了；杨池生则到吉安养伤，后来也调往南京军事委员会当中将参议。

“两只羊”的惨败，使毛泽东的游击战术在红军中得到了拥护。

红军打败了赣军，湘军和粤军也就望而生畏，不战而退，蒋介石发动的对井冈山的第一次“会剿”，就这样收场了。

□ “钦差大臣”瞎指挥

“不费红军三分力，打败江西两只羊。欢快！欢快！真畅！真畅！”胜利的歌声在井冈山传唱，歌声和笑声交织在一起。

就在这时，两个“生意人”从安源出发，昼伏夜行，朝井冈山方向进发。

他们都是20岁上下的小伙子，绕过一道道哨卡，冒着生命危险，去井冈山做“生意”。

从安源到井冈山，半途有一个莲花县，那是最难通过的一关。他俩好不容易过了这道关，便分道而行，一个去永新县，一个去宁冈县。毛泽东正在永新，红军的大本营则在宁冈，两处都是做“生意”的重要去处。

那个朝永新进发的“生意人”只有21岁。1928年6月30日黄昏时分，他到达永新城里，找到了毛泽东。他扯开衣服上的补丁，取出一卷纸。那纸看上去是白的，一经涂上药水，字就出现了。

毛泽东皱着眉头看了一遍。那是中共湖南省委在6月26日发出的两封指示信。

原来，那两位“生意人”是奉中共湖南省委之命而来的。前往永新的是“省巡视员杜同志”，亦即杜修经；前往宁冈的，便是新任特委书记杨开明。

毛泽东最怕省委乱指挥，最怕“钦差大臣”满天飞。3月间，那位“钦差大臣”周鲁使他吃够了苦头，成了党外“民主人士”；此刻，又来了“钦差大臣”，要他“立即向湘南发展”，而且规定“泽东同志须随军出发”。

毛泽东看罢省委指示信，双眉紧锁。他已得到情报，打垮“江西两只羊”之后，敌人正在准备报复，发动第二次“会剿”，此刻怎能把主力调往湘南呢？在省委看来，调兵去湘南，简直“像喝米汤那样容易”，所以后来毛泽东在给中央的信中，称之“诚乎其为喝米汤的省委也”！

面对这“喝米汤的省委”，毛泽东自有主意。当天晚上，毛泽东召集了红四军军委、湘赣边界特委、永新县委的联席会议，传达了中共湖南省委的意见，并说明这个指示“不适宜”。朱德、陈毅、宛希先、刘真都赞同毛泽东的意见，一下子就使天平倾斜，几乎无人支持中共湖南省委的指示。就连巡视员杜修经本人也不得不最后在会上表示，省委指示“不适宜”。

这样，毛泽东便以联席会议的名义，否定了“喝米汤的省委”的意见。

会毕，毛泽东吩咐警卫员去买草纸。警卫员买来后，毛泽东用药水在草纸上写了密信。

那信是1928年7月4日给中共湖南省委写的。毛泽东写道：

> 湘省敌人非常强硬，实厚力强，不似赣敌易攻，赣敌被我连败四次，其胆已裂且受我释放俘虏影响，军心大摇……故为避免硬战计，此时不宜向湘省冲击，反会更深入了敌人的重围，恐招全军覆灭之祸……①

毛泽东在信中还写及，红军离开了井冈山，在湘南会“虎落平阳被犬欺”。

信末的落款是“特委、军委”。

发走了密信，毛泽东松了一口气，离开永新县城，到 50 里外的永新田溪乡去做巩固根据地的工作。

过了些日子，忽然传来惊人的消息：第二十八团、第二十九团离开井冈山，在朝湖南酃县进发，看样子要进军湘南！

毛泽东急忙写了长达三页的信劝阻，交给江华（当时名叫黄琳）即刻送去。

江华一天一夜跑了 120 里，赶上了西进的队伍，送上毛泽东的信，要求他们返回宁冈。

但是无济于事。江华回来报告说，这两个团还是朝湘南去了！

湘南之战，红军败得十分惨痛：

第二十九团几乎全团覆灭，只剩下团长胡少海、党代表龚楚等百余人，并入了第二十八团。不少第二十九团士兵自由行动，跑回家乡宜章，遭到厄运。

第二十八团第二营营长袁崇全率部叛变投敌，使该团丢失了 1/3 的兵力。

红四军参谋长兼第二十八团团长王尔琢听说袁崇全叛变，带着一个排追去。追到第二营驻扎的镇子，已是黄昏时分。王尔琢一路奔跑，一路高声大喊：“不要打枪！不要打枪！我是你们的王团长，来叫你们回去的！”第二营的兵士都熟悉团长的声音，一听团长来了，都不再射击。

①《中共湘赣边特委和红四军军委给湖南省委的报告》（1928 年 7 月 4 日），《井冈山革命根据地》上册，中共党史资料出版社 1987 年版，第 149 页。

营长袁崇全正在打麻将，听说王尔琢要召士兵们回红军，提起两支驳壳枪冲了出去，双枪齐鸣，王尔琢猝不及防，当即倒在血泊里。

王尔琢在红四军中是重要人物，竟死于叛徒之手！他死的时候留着长发，因为他自南昌起义时就不理发，说是直至革命胜利才理发。然而，他再也看不到胜利之日了。

湘南之战，两个团之中丢了一个团，反了一个营，死了军参谋长，真的被毛泽东言中："虎落平阳被犬欺！""恐招全军覆灭之祸！"这次失败史称"八月失败"。

工农革命军第四军在改称红军第四军时进行了缩编，取消师的建制，九个团缩编为四个团，即第二十八团、第二十九团、第三十一团、第三十二团。湘南去了两个团，等于去了一半的兵力。尤其是其中的第二十八团，乃是南昌起义部队的正规军。

得悉红军主力前往湘南，敌军顿时活跃，调集了 11 个团猛攻永新县城。毛泽东手下只有一个团——第三十一团——在那里苦战着。

得知湘南大败，毛泽东对"喝米汤的省委"愤懑至极。为了挽回败局，他留下袁文才、王佐守山，自己率第三十一团第三营前往湘南，迎还红军主力。

毛泽东一走，敌军猛扑，永新、莲花、宁冈三县城都落入敌军之手，连井冈山都危在旦夕……

□ "黄洋界上炮声隆"

1928 年 8 月 30 日，是决定井冈山红色根据地生死存亡的日子。

在一口气占领了井冈山北麓的永新、莲花、宁冈三座县城之后，探知井冈山空虚，湘赣两省"会剿"部队联手，调集了四个团，黑压压地从北面朝井冈山拥来。

消息传来，第三十一团第一营的两个连于8月29日急行军上山，守卫井冈山。

井冈山有五大哨口，即黄洋界、八面山、双马石、朱砂冲、桐木岭。敌军集结在黄洋界哨口下面。这样，红军把黄洋界之外的四个哨口交给王佐部队把守，把第三十一团第一营那两个连调到黄洋界。

黄洋界海拔1343米，两山夹峙，中间只有一条羊肠小道。正面，山岩陡峭。站在黄洋界，一眼可以望见山脚下的小村庄。四个团的敌军正聚集在哨口下，而上面的红军只有两个连！

第三十一团团长朱云卿和党代表何挺颖亲自在哨口指挥。朱云卿才21岁，何挺颖23岁，一个是黄埔军校第三期毕业生，一个在上海大学受过培训。

红军的弹药很少，每人才三到五发子弹。朱云卿和何挺颖一商量，想出几条妙计：

第一，动员山上军民，每人至少削20枚竹钉。这种竹钉，本是当地人用来打野兽的。井冈山翠竹遍野，当地人把竹子削成尖尖的竹钉，用火烤过，用陈尿泡过，又锋利又有毒，野兽踩上受伤后，脚会流脓腐烂。在黄洋界上山的20里山路上撒满这种竹钉，就是一道特殊的防线。

第二，把山上的树木砍下来，堆在路口，设置障碍，又是一道防线。

第三，在必经之路上挖了壕沟，又是一道障碍。

第四，加固哨口已有的工事。

第五，动员男女老少上黄洋界，作为“疑兵”，战斗时听口令，或者在铁桶里放鞭炮，冒充机枪声，或者呐喊“冲呀”“杀呀”，以壮声势，使敌人摸不透山上到底有多少兵。

如此布置停当，红军便“恭候”在黄洋界哨口。

8月的天气，平原上如同火炉，井冈山上却如深秋。8月30日清晨，云雾弥漫。待旭日升起，云散雾消，便看见山下的羊肠小道上，蠕动着一连串黑点。敌兵开始向山上发起进攻了。

小道只容得单人独行，敌兵以长蛇阵前进，一边往上面走，一边乒乒乓乓放枪。

山上却沉默着，朱云卿在等待着敌军进入射程范围。子弹太少，一颗要当两颗用。他把第一连布置在阵地上，第三连后备待命。

敌军在机枪掩护下前进。

终于进入射程范围，朱云卿这才喊了一声“打”。枪声和鞭炮声混合在一起，敌人弄不清楚山上到底有多少兵。

敌军不断地逼近，一次又一次发起冲击。从上午打到中午，又打到下午，始终突破不了防守。

红军的枪声变得稀少，子弹已所剩无几，只得不断往下滚石头。

在这关键的时候，连长谭希同、班长刘荣辉和贺敏学等人，把一门迫击炮扛了上来。

这门迫击炮有毛病，本来放在茨坪的军械所修理。战斗急用，也就不管三七二十一，扛上了黄洋界。

这门炮，一共只有三发炮弹。

下午4时光景，架好了炮。第一发，哑炮。第二发，还是打不响。只剩最后一发炮弹了。

突然，山上一声巨响，迫击炮“发言”了！炮弹不偏不倚，竟命中敌军指挥所。

山上一片欢呼，红军冲杀声响成一片；山下乱作一团，敌军仓皇夺路逃跑。

当夜色笼罩井冈山，红军将士已饿得肚子咕咕叫，因为这一天只在清早雾散前吃过一顿早饭。敌军逃跑后，他们未敢撤离阵地，生怕敌军夜袭。

翌日雾消，山下竟空无人影——敌军已连夜撤退了！

敌军撤退的原因，全然在于那一声炮响。他们知道，红军的四个团中，只有战斗力最强的第二十八团才有炮，那一声炮响，表明第二十八团已经赶到山上，还是赶紧溜吧！

在千钧一发之际，井冈山总算保住了。

之后不久，毛泽东终于在桂东县城与朱德再度会合，决定重返井冈山。毛泽东把杜修经、龚楚留在当地，组成湘南特委。

1928年9月13日，红军攻克遂川县城，当场击毙了叛变的营长袁崇全。

“八月失败”使红四军蒙受了沉重的损失。毛泽东后来在给中央的报告中，透露了他对杜修经这位“钦差大臣”的恼怒：“希望你们派人来，但不要派不懂事的学生娃子像杜修经这样的人来。”

□ 彭德怀率红五军上井冈山

1928年12月14日，宁冈新城西门外人声鼎沸，万众欢呼，重现了半年前5月4日在宁冈砻市河东广场出现过的热闹场面。上一回是庆祝朱、毛部队会师，这一回则是庆贺红四军和红五军会师。会场上高悬这样的对联：在新城，演新戏，欢迎新同志，打倒新军阀；趁红光，到红军，高举红旗帜，创造红世界。

在红四军成立时，为了虚张声势才取了个“四”，现在怎么忽地冒出了个红五军呢？

原来，五个月前（7月22日），彭德怀和滕代远在湖南东北部、汨罗江畔的平江县举行起义，成立了“中国工农红军第五军”，彭德怀为军长，滕代远任党代表。

彭德怀、滕代远率红五军700余人，于12月10日跟毛泽东、朱德的红四军会师。对于井冈山来说，这是大喜事。于是，两军决定在14日召开会师庆贺大会。

主席台也是临时搭建的。当毛泽东、朱德、彭德怀、滕代远登上主席台时，欢声雷动。

穿一身灰布军装，头戴缀着红五星的帽子，脚穿一双黑布鞋，毛泽东显得很精神。毛泽东的讲话，总是那样形象、生动，很容易叫人听进去。他说：“工农兵兄弟三个，工人是大哥，农民是二哥，兵士是三哥。工农兵占总人口的 85% 以上，地主、资本家是少数，掌权的军阀也是少数。多数人打少数人，谁能打得赢啊？当然是多数人打得赢！三个人打一个人，谁能打得赢啊？当然是三个人打得赢！所以工农兵联合起来，就能打遍天下！……”

毛泽东的话如此通俗，那些刚刚放下锄头、穿起军装的农民们都能听得懂。

彭德怀的一脸黑胡子今天算是刮干净了，头发也剃得光光的。他说得很谦逊：“井冈山革命根据地是毛党代表、朱军长领导红四军建立起来的，我们红五军到井冈山来，要好好地学习红四军的宝贵经验！”

彭德怀还曾这样说及自己“对毛润之的敬仰”：

> 当时，我个人认识到，为什么要以井冈山为旗帜、为榜样呢？这个旗帜是具体的，不是抽象的；是实际的，不是空洞的。南昌起义、秋收起义是失败了，都留存了一小部分力量，在井冈山会合，形成了当时的朱毛红军，成为红军旗帜，不仅有号召作用，而且要在红军发展中成为统帅，使全军有头。在打土豪、分田地、建设根据地的问题上，我在 1927 年冬、1928 年春就注意井冈山……产生了对毛润之的敬仰。[①]

彭德怀说的是心里话。确实，没有根据地，红军就成了水上的浮萍，漂来漂去，没有着落。毛泽东的成功之处，在于依托大山，建立起井冈山根据地，落地生根，所以各路起义兵马都朝井冈山投奔。

1928 年 7 月 18 日下午 4 时，彭德怀收到来自长沙的密电：“南华安”特委负责人在长沙被捕，供出了党的机密，情状万分紧急……

这时，彭德怀的团正驻守平江县。中共湖南省委的特派员滕代远前来巡视，于是，彭德怀和滕代远等密商起义，以免被一网打尽。

1928 年 7 月 22 日，彭德怀动手了！那天上午 10 时，他召集营、连、排

①《彭德怀自述》，人民出版社 1981 年版，第 112 页。

军官会议，宣布起义，当场逮捕了一批不服从的军官。11 时半，他的部队颈上都挂起了红带子，向县政府发起进攻。下午 2 时，全城就掌握在彭德怀部队手中。

翌日，黄公略率国民革命军独立第五师第三团第三营前来平江，加入彭德怀起义部队。黄公略前来彭德怀处，正在谈论他的部队起义经过，却传来消息说第三营反叛了！

24 日，“中国工农红军第五军”在平江宣告成立。彭德怀任军长，滕代远为党代表，邓萍为参谋长，下辖 3 个团，后改为 5 个纵队，约 2000 人。

平江起义之后，国民党调集 10 多个团“会剿”红五军。彭德怀采用“打圈子战术”，跟这 10 多个团周旋了两个多月，终于决定留 3 个纵队在原地打游击，率两个纵队 700 多人南下，跟朱、毛部队会合。

就这样，井冈山又增加了一支队伍。至此，5 支队伍先后会师井冈山。这 5 支队伍是：秋收起义队伍，南昌起义队伍，广州起义队伍，湘南暴动队伍，平江起义队伍。井冈山日益兴旺起来。

会师之后，毛泽东让彭德怀率红五军上井冈山。因为红五军一路苦战，亟待休整。

□ 毛泽东提出“围魏救赵”之计

原本很不起眼的井冈山，越来越成为全中国注目的地方，关于“朱毛红军”的消息，连篇累牍见诸国民党统治区的报刊。

在彭德怀上井冈山之后，第三次“会剿”紧锣密鼓布置了起来。

1929 年元旦，湘赣“剿共”总指挥部在江西萍乡宣告正式成立，何键任代总指挥，金汉鼎为副总指挥。

何键的总指挥之前，有一个“代”字，即“临时”之意，而总指挥仍为鲁涤平。

这个“剿共”总指挥部宣告成立后，那四个旅六个团对井冈山的包围圈猛然收紧了。

一场恶战已经迫在眉睫！

虽说井冈山易守难攻，不过上万红军全都撤到山上去，给养成了问题。再说，井冈山眼下滴水成冰，除了红五军穿着棉军装（因为他们原先是国民革命军，发了棉军装），红四军绝大部分还在穿单衣呢！袁文才请人专门给毛泽东做了一身棉衣。毛泽东却没有穿，送给伤病员了……

就在这时，忽然从上海送来一批白衬衫。天寒地冻，送白衬衫来干什么呢？

白衬衫用药水一刷，上面就会出现密密麻麻的字！

原来，这是1928年6月18日至7月11日在莫斯科召开的中共六大所通过的一系列文件。衬衫上的文件还写明了新的中央委员会名单，在新选的23位中共中央委员中，毛泽东名列其中。不过，政治局委员及候补委员名单中，依然没有毛泽东。这表明毛泽东在中共中央依然没有取得他应有的地位，1927年11月中共中央临时政治局扩大会议作出的撤销毛泽东政治局候补委员的决定还在起作用。从衬衫上得知，向忠发成了中共中央新的总书记。

1929年1月4日，一个重要的会议在宁冈县柏露村一座大房子里召开了，史称“柏露会议”。

会议由毛泽东主持，出席者有前敌委员会、中共湘赣边界党和团的特委、中共红四军和红五军军委、中共湘赣边界各县县委领导人以及部队团以上干部，囊括井冈山的头头脑脑们，共60多人。会议开了四天之久，这在战事频繁的当时是少有的“长会”。

毛泽东作为井冈山上唯一的中共中央委员，传达了“衬衫文件”。他在传达其中一份文件时，见袁文才、王佐在座，故意打了“埋伏”，删去了其中一段不予传达。至于他为何打“埋伏”，后文将述及。可惜，被他删去的那一段不知通过什么途径被袁文才知道了，以至于引发出一场人头落地的悲剧……此是后话。

在传达了中共六大文件之后，会议的紧急议题，便是如何对付那几万敌军正在收紧的包围圈。局势空前严峻，“直捣井冈山老巢、活捉朱毛”之声，已经侧耳可闻！

在这生死存亡的关头，毛泽东又一次出人意料地建议：留一部分人守山，另一部分人主动出击。

主动出击可以把包围井冈山的敌人吸引过去。此计名唤“围魏救赵”，毛泽东对这类典故烂熟于胸。

毛泽东此时在井冈山的威信颇高，因为人们从“八月失败”中认识到毛泽东决策的正确。毛泽东的“围魏救赵”之计受到了大家的赞同。

谁留？谁走？

留下袁文才部队，留下王佐部队，这是理所当然的。这两支部队是“坐地虎”，守山最合适。当然，光靠他们还难以抵抗强敌，毛泽东决定留红五军守山。据云，作出这样的决定的原因之一，是考虑到红五军有棉军装，受得了山上的严寒。

谁走？朱、毛率红四军主力 3600 人出击！

显然，守山的处境是极度危险的。红五军的一部分干部力主红五军打回平江老家去，跟那里的三个纵队会合，以摆脱险境。

这时，面对生死考验，彭德怀、滕代远从大局出发，说服了自己的部下，挑起守山的重任。

彭德怀知道这是一个严重而又危险的任务。在敌军合围攻击下，有被全部消灭的危险。但是，他和滕代远为了照顾全局，帮助红四军摆脱当时面临的困难，自愿地接受红四军前委的决定，并且准备作必要的牺牲，坚决地执行了红四军前委的决定。

□ 井冈山在风雪中陷落

井冈山上风雪迷漫，一片银白世界。

1929 年 1 月 14 日，冒着刺骨的寒风，一支身穿单衣的队伍——红四军第二十八团、第三十一团和军部特务营、独立团——3600 多人携 1100 支枪，在毛泽东、朱德率领下，告别了井冈山。

他们一路南下，经过遂川，朝江西的南端，赣、湘、粤三省交界的大余县进发。在毛泽东的心目中，大余县成了“魏国”。他要利用进攻大余县，吸引包围井冈山之敌南下，以求“围魏救赵”。

主力红军下山才两天，1 月 16 日，井冈山吃紧了，敌军把井冈山围得水泄不通。彭德怀如此形容当时的形势：

> 进攻井冈山之敌，全部兵力大约是十二至十四个团。每团平均以二千人计，当在二万四千至二万八千人之间。我以七、八百人对上述敌军兵力，敌优我劣，是三十、四十倍之比。[1]

倘若在平川，彭德怀部队须臾之间便会被踏平。所幸井冈山乃天然屏障，敌军虽众，无奈兵力无法展开。五个哨口之下的五条小路，挤满黑压压的敌军。毕竟双方力量悬殊，井冈山已岌岌可危。

1929 年 1 月 23 日，毛泽东、朱德率主力部队虽然攻占了大余县城。但是不久敌军追兵即到，突围战时，红军损失巨大，因而没有达到在井冈山外围调动敌人的预期目的。正在攻山的敌军不仅没有解除对井冈山的围困，而且攻势更加猛烈了。

敌军组织了 1000 人的敢死队，每个哨口 200 名，要拼死往上冲。

1 月 26 日，敌军经过 10 天的准备、部署，以 2 万多人之众，向井冈山发

① 《彭德怀自述》，人民出版社 1981 年版，第 117 页。

起了凌厉的总攻击。

主攻的方向是黄洋界、八面山和白银湖。据参加过战斗的李聚奎（后来成为中国人民解放军上将）回忆，一时间，山下的机枪声此起彼伏，听上去像煮稀饭似的，“扑噜扑噜”没个完。

大雪不住地下着，炒米（不是炒面）和着雪块，红军权且充饥。雪地里，红军的身影变得很醒目。敌军调来了大炮，猛烈地轰击着。八面山的工事是就地砍下树木建造的，子弹把木头打得千疮百孔，再用炮一轰，工事就垮了。只有十几个红军战士跑出了工事，其余的全被压在里面。

没有工事怎么办？再搬来树枝，搬来桌子，搬来门板，铺上棉被，浇上了水。经一夜冰冻，建成了新的工事，红军战士借此继续战斗。

黄洋界成了两军争夺的焦点。上一回，靠着一声炮响，吓得敌军宵遁。这一回攻黄洋界的是湘军，他们知道红军主力已经下山，于是放胆一个劲儿猛攻。

1 月 29 日清早，天空仍是一片浓重的铅灰色。正在黄洋界哨口迎着料峭晨风放哨的号兵田长江（后来成为中国人民解放军武汉军区副政委），从前哨到后山去洗脸、吃饭，忽听得背后雪地里传来嚓嚓声。回头一望，见好多人正朝这边蹑手蹑脚走来。

“口令！”田长江大声喝道。

对方没有回答。田长江知道不好，“叭叭”放了两枪，立即就地卧倒，呼叫同伴。正迷迷糊糊、似睡非睡的红军战士马上闻警而动，奔上各自的战斗岗位。

就在这时，山下的枪声乒乒乓乓地响了起来。大批敌军的敢死队向黄洋界发起冲锋，而山后爬上来的那支队伍，也疯狂朝红军阵地射击，使红军腹背受敌，处于夹击之中。

山后怎么会突然杀出一彪国民党军队？

原来，这一回敌军攻黄洋界，已经有了经验。他们得知，附近村庄里住着一个名叫陈开恩的农民，此人常常上山捕蛇、抓石蛙（一种山地青蛙）、采中草药，以此赚钱，所以对井冈山的山山岭岭了如指掌。国民党军官把

200 枚亮锃锃的银圆放在陈开恩面前，他顿时眼花缭乱，当即答应他们的要求：为国民党军的敢死队带路，从黄洋界侧面一条鲜为人知的秘径上山。这条秘径是陈开恩采中草药时发现的。

这样，昼伏夜出，夜里借着雪地的反光，陈开恩带着那支敢死队在密林中穿行，在绝壁上登攀。花了两天两夜，他们悄然爬上了黄洋界后山！

那支敢死队在出发前，已与山下国民党军大部队约定，鸣枪为号。一旦山上枪响，山下便发起总攻击。田长江“叭叭”两枪，山下敌军一听，以为是总攻讯号，便大举进攻。

上下夹击，顿时使守卫在黄洋界哨口阵地的 200 名红军陷入绝境！大部分红军战死在阵地上，负责指挥的红五军第一大队队长、28 岁的李灿带领 40 多个幸存者钻进了老林。敌军随后紧追。前面便是悬崖，摆在红军战士面前的只有两条路：要么举手投降，要么跳崖。

李灿对战士们说：“我们坚决不当俘虏，大家跟着我跳下去！”

李灿带头，第一个跳了下去。借助于树木的阻挡和厚厚的积雪，李灿居然没有摔伤！

李灿的成功，鼓舞了战士们，大家纷纷往下跳。

李灿带着这 40 多人，居然杀下了山！他的勇敢精神得到了嘉奖，翌年被任命为红八军军长。1931 年他因病被送往上海医治，由于叛徒告密，在上海被捕。他在悬崖前没有投降，被捕后理所当然也不会投降。他被押上了刑场，献出了年轻的生命。

田长江在打了两枪发出紧急讯号之后，一路疾奔，奔向茨坪，向彭德怀报告。

彭德怀连忙调集人员，包括红军学校的学员 80 多人，机关干部几十人，加上警卫人员，准备冲向黄洋界，夺回失守的阵地。

彭德怀集合了队伍，正要出发，又传来了不幸的消息：由于黄洋界失守，敌军又攻下了八面山阵地和白银湖阵地。

再向黄洋界反攻已经很艰难，井冈山已经守不住了。

在这岌岌可危的关头，彭德怀把从各处溃退的部队以及后方勤杂人员集合起来，冒死突围下山。

这时，数万敌军正在沿五条上山的小道冲上来，红军已经无法从五条小路中的任何一条下山。

没有路，闯出一条来！彭德怀选择了井冈山主峰腹部悬崖峭壁处，在猎人和野兽爬行过的小道上艰难异常地率领部队突围。前面由身强力壮的战士开道，勤杂人员、机关干部居中，后卫也是一批精干的战士。就在敌军簇拥着冲上山时，这支六七百人的队伍在彭德怀的统率下，在密林峭壁间攀行了一天一夜，总算冲出了敌军的第一层包围圈。

突围后的第三天，彭德怀部队被敌军发觉，受到三面围攻。红军又累又饿，奋力再突围，终于逃出死神的魔爪……

在井冈山小井村有一座红光医院，那是红军自己动手兴建的。那里的120多名红军伤病员无法随彭德怀突围，全部被捕。他们被集中在医院旁的一块稻田里，机枪"嗒嗒嗒"响起，稻田中的水变成一片殷红，120多人全都倒在了血泊之中！

井冈山上浓烟四起，大批的民房被付之一炬。"挨户团"在挨户搜查，山上笼罩着一片恐怖气氛，多少人头在那几天落地……

□ "红军舞龙头，白军耍龙尾"

毛泽东、朱德率主力红军下山两天后（1月16日），何键便向"南京国民政府主席蒋"发出密电，称毛泽东、朱德、彭德怀、黄公略部，有武装者约4000人，徒手者约500人，妇女约百人，离开井冈山向大汾方向转移。据此，他下令第一路李文彬部侧击红四军，第五路刘士毅部抄近路推进到桥头圩，进行堵截。

朱毛红军的动向，何键清清楚楚，就连下山的红军主力人数，何键得到的情报也大体是准确的。

朱毛红军下山，吸引了敌军五路兵马中的两路，即第一路李文彬部队和第五路刘士毅部队。

但是，大部分敌军仍在围攻井冈山，并不撤离，毛泽东的“围魏救赵”计没有完全奏效，只是起了使敌军分兵的作用——毕竟敌军力量过强，有其他足够的兵力追击朱毛红军，用不着把围攻井冈山的部队撤下去追击。

1929 年 1 月 20 日，朱毛红军与李文彬部队打了一仗，失利。1 月 23 日，朱毛红军占领了大余县城之后，李文彬和刘士毅的部队就围了上来。红军突围时，打得好艰难。毛泽东率红四军下山时，原想把围山之敌调开后，兜一个圈子，重回井冈山。此时，回山之路已被李、刘部队堵死，红军只能向江西的最南端突围。这样，部队离井冈山就越来越远了。

江华在回忆这段往事时说：

下山的意图原是想打破敌人的“会剿”，一部分人守山，一部分人出击，从外面调动敌人，结果适得其反，在大余打了一个败仗，一打败就回不来了，只能转向三南（全南、龙南、定南）进军。所以，毛泽东同志常讲，要慎重初战，初战不胜，一打败仗，两头不好。在大余这一仗没打好，调动不了敌人，从而井冈山也没有联系了。[①]

朱毛红军欲回井冈山不能，只得向南、向南。李文彬和刘士毅在后边紧追不舍。毛泽东为了甩掉尾追之敌，在 2 月 3 日挥师朝福建西部武平县前进。毛泽东使出了“打圈子”战术，由闽西北上，再东进，向江西瑞金进发。毛泽东且战且走，观察着地形，寻找着有利的战机。他惦记着井冈山。关山阻隔，他直至此时仍不知井冈山早已陷落！

红四军转战赣南颇为困难，连向导都找不到。由于国民党的宣传，老百

① 江华：《井冈山斗争时期几事的回忆》，《井冈山革命根据地》下册，中共党史资料出版社 1987 年版，第 552 页。

姓远避红军。

直到进入“三南”，才找到一位中共党员。此人名叫黄达，多亏他给红四军带路，红军才有了“眼睛”。黄达后来在主力红军退出中央苏区时叛变。

就在毛泽东、朱德跟李文彬、刘士毅“打圈子”的那些日子里，春节渐渐临近了，家家户户忙着过节。反正已无法回家乡，红军战士们对于春节倒也淡然。那两支追兵却在思念着回老家过春节，但是因为奉命要追赶红军，只得勉力追赶。

朱德曾言：“红军舞龙头，白军耍龙尾。”“打圈子”战术，倒确实有几分像舞龙灯。

2 月 9 日，大年夜，朱毛红军且战且走，来到了瑞金城北 30 公里处的大柏地。毛泽东和朱德见这里山峦起伏，是打伏击战的好地形，翌日清早，便在那里的一个祠堂——王家祠——召开了作战会议。

大年初一这天细雨霏霏，增添了几分寒意。毛泽东在麻子坳峡谷布下了“口袋阵”：峡谷中间，是瑞金通往宁都的一条大道。第三十一团的两个营奉命隐蔽在大道东边，第二十八团的一个营奉命埋伏在大道西面山上，两路兵马摆开夹击之势。然后，毛泽东交给特务营和独立营一个特殊的任务，即把敌军引入“口袋”。

下午 3 时许，红四军的特务营和独立营便和尾追而来的刘士毅部队接触，打了一阵后且打且退。刘士毅当然紧追不舍。追着追着，天色转黑，刘士毅部队放慢了步伐，特务营和独立营的退却速度也减慢了。在一片漆黑之中，刘士毅部队渐渐进入“口袋”。

第二天拂晓，两面的伏军突然向山谷里的刘士毅部队发起总攻击，最终歼灭了敌军两个团，活捉了团长萧致平、钟垣，缴枪 800 多支。刘士毅元气大伤。这是朱毛红军离开井冈山后打的第一个大胜仗，使士气大为振奋。

大柏地大捷之后，朱毛红军顺势北上，宁都守敌赖世琮闻风丧胆，溜之大吉，所以红军不费吹灰之力就攻占了宁都县城。宁都县城是双道城墙，原本是很难攻打的。

不过，红军在宁都只逗留了一夜，毛泽东便率军西进，朝井冈山方向前进。直至这时，毛泽东仍不知井冈山失守的消息，他期望着重返根据地。红军刚刚攻占了宁都县城就这样放弃了。毛泽东曾嘱部下在宁都收集报纸，但也未曾查到井冈山的消息。

朱毛红军向井冈山进发，走到吉安县东固一带时，看到了奇怪的现象：路边的墙上怎么贴着许多红军标语？是谁贴的呢？

向老百姓一打听，才知道前些日子有一支红军部队路过这里，打土豪，分谷子，纪律好，很受群众欢迎。那些标语就是他们贴的。

从哪里冒出这么一支红军呢？仔细一打听，方知是红五军！

红五军不是在守卫井冈山吗？怎么跑到这儿来了呢？

毛泽东得知井冈山失守这一沉重消息的时候已是 2 月下旬。

毛泽东不得不放弃重返井冈山的打算，从西进改为东进，攻占广昌县城，然后由广昌向南，进入福建。3 月 14 日，红四军在闽西打了个大胜仗，全歼敌郭凤鸣旅 3000 余人。在打扫战场时，发现几个敌兵围着一个胖子的尸体哭泣，一查问，才知那胖子原来就是敌军旅长郭凤鸣！

红四军乘胜攻占了福建长汀城。

□ 毛泽东和彭德怀“第二次握手”

毛泽东失去了根据地，只得不停地“打圈子”。他一边“打圈子”，一边在寻找彭德怀部队，那情景就像当年他寻找朱德部队一样。

而此刻的彭德怀呢，也像当年的朱德一样，在寻觅着毛泽东部队的踪影。

彭德怀率部从井冈山突围出来，清点了一下人数，还剩 500 多人。何键发给蒋介石的电报称：“彭面有黑胡，骑黑马，人约九百，枪六七百支。每人携带炒米，并无饭吃。”

除夕夜，毛泽东是在大柏地的王家祠堂里度过的。彭德怀他们却遇到奇事一桩：那天，他们渡过章水，进入一个数百户的村庄。村上有几家大地主，正摆了好多桌酒菜，听见红军进村，赶紧逃跑。吃了多日炒米的彭德怀部队，遇上如此丰盛的筵席，真是难得！

众人饱餐一顿，彭德怀要带部队马上离开。无奈许多人饮酒过量，倒头便睡，彭德怀只得亲自通宵在外走动，以防不测。

清晨枪响，追兵赶到。彭德怀紧急集合部队，在忙乱之中，很多人走散了。集合后彭德怀清点人数，只剩 283 支枪、300 多人！

彭德怀带着这支 300 多人的红五军向东前进，夜袭于都（过去写作“雩都”）县城，居然一举成功。他从俘虏中吸收一批人加入了红军。

在于都县城，红五军的党代表滕代远带了个警卫员赶到邮局，专心致志地在那里翻看报纸。他已经好多天没有见到报纸。从报上得知，那些“会剿”井冈山的白军，在“得胜”后已纷纷“回防”。另外，报上还披露，蒋介石和粤军、桂军之间的矛盾正在加深，并日渐表面化。

在寻找报纸时，滕代远的驳壳枪不慎走火，子弹从他胸前洞穿。

无奈，彭德怀只得把滕代远安排在里仁地区水镜耙坑养伤。不过，滕代远从报上得知的讯息，使彭德怀萌发了新的计划：重新打回井冈山！因为自从离开井冈山之后，他吃够了没有根据地的苦头……

天气渐渐转暖，但彭德怀的部队只有棉衣，没有单衣。他带部队奔袭安远县城，原本的目的不过是从国民党部队里弄点单衣，进城后却有了意外发现。他学习滕代远的办法，在县城里收集报纸、文件。偶然，在县政府的一份文件中，见到红四军在闽西消灭郭凤鸣旅、击毙郭凤鸣的消息，得知朱毛部队原来到了长汀。

于是，彭德怀暂且放弃了打回井冈山的计划，决定东进，与朱毛红军会师。

彭德怀派人前往长汀，寻找毛泽东……

有一天，一封信忽然从门缝里塞了进来。彭德怀开了门，却不见送信人。

彭德怀急急拆信，顿时眉开眼笑：那信是毛泽东写的！毛泽东说，他要率红四军从福建长汀西进，攻取瑞金，希望彭德怀率红五军前往瑞金会师！

就这样，1929 年 4 月 1 日，两军会师于江西瑞金，毛泽东和彭德怀“第二次握手”！他们从 1 月 14 日分手，不过两个半月，两军都经历了千难万险，令人感慨万分！

见面时，毛泽东向彭德怀表示了歉意：

毛党代表说，这次很危险，不应该决定你们留守井冈山。①

就在毛泽东、朱德和彭德怀商议未来大计之际，4 月 3 日，从上海经秘密交通线送来的一封长信，掀起一番不小的风波。

那是中共中央 1929 年 2 月 7 日发出的指示信，信是写给“润之、玉阶两同志并转湘赣边特委”的。润之，即毛泽东；玉阶，即朱德。

信的开头写道：“自六次大会新中央回国工作半年来几次派人通信给你们，始终未能得你们回信，真不胜焦念。只是赣西特委在前两月曾来一信说你们给中央来了一个报告为他们遗失了，而中央给你们信托他们转的也同遭遗失……”②

这表明信是中共六大产生的“新中央”写来的，而且是半年来第一次能够送到毛泽东、朱德手中的指示信。这封信，史称“二月来信”。

来自上海的指示信提出：“将红军的武装力量分成小部队的组织散入湘赣边境各乡村中进行和深入土地革命。”③信中作了具体的规定：“部队的大小可依照条件的许可定为数十人至数百人，最多不要超过 500 人……决不宜在任何时候竖起一个集中的目标给敌人攻击。”④

这些来自上海的指令，是周恩来为中共中央起草的。他当时很久未收到红军报告，不知具体情况。毛泽东根据这一年半以来实际斗争的经验，认为这样分散兵力是绝不可行的，只有集中兵力才能有效地消灭敌人。这些代表

①《彭德怀自述》，人民出版社 1981 年版，第 127 页。
② 中央档案馆编:《中共中央文件选集》第五册，中共中央党校出版社 1990 年版，第 29 页。
③ 中央档案馆编:《中共中央文件选集》第五册，中共中央党校出版社 1990 年版，第 35 页。
④ 中央档案馆编:《中共中央文件选集》第五册，中共中央党校出版社 1990 年版，第 35—36 页。

中共中央下达的指示，是不可行的。

“二月来信”中还有一段，是要朱毛离开红军，以减小目标！

面对这样的中央来信，毛泽东又一次陷入进退维谷的境地，如他在《井冈山的斗争》中所言：“不从则迹近违抗，从则明知失败。”以前，毛泽东所说的是那“喝米汤的”湖南省委瞎指挥；如今，中共新中央仍在那里乱发号令。

毛泽东只得据理申辩，于4月5日代表前委致函中共中央。

毛泽东在信的一开头，就不客气地指出“中央此信对客观形势及主观力量的估量，都太悲观了”。

毛泽东写道：

> 中央要求我们将队伍分得很小，散向农村中，朱、毛离开大的队伍，隐匿大的目标，目的在保存红军和发动群众，这是一种理想。以连或营为单位单独行动，分散在农村中，用游击的战术发动群众，避免目标，我们从前年冬天就计划起，而且多次实行都是失败的。[①]

毛泽东强调，一年多的实践证明，“分兵以发动群众，集中以应付敌人”[②]是成功的经验。

至于要朱毛脱离红军，毛泽东是这样答复的：

> 现在党的指导机关是前委，毛泽东为书记，军事指挥机关是军司令部，朱德为军长。中央若因别项需要朱毛二人改换工作，望即派遣得力人来。我们的意见，刘伯承同志可以任军事，恽代英同志可以任党及政治，两人如能派来，那是胜过我们的。中央去年6月来信说派贺昌同志来视察，不知为何没有来，现在从福建来交通极

①《毛泽东文集》第一卷，人民出版社1993年版，第55页。
②《毛泽东选集》第一卷，人民出版社1991年版，第104页。

便，以后务望随时派人来视察。[1]

与此同时，彭德怀也给中共中央写信。信是 1929 年 4 月 4 日写的，这是他头一回给中共中央写信。

写毕，他把信的原稿交给毛泽东，抄件交给地下交通员带往上海。

彭德怀在信中赞同毛泽东的见解。他指出：

“在反革命高潮时不宜分兵。分则气虚胆小……这种严重时期，只有领导者下决心与群众同辛苦，同生死，集中力量作盘旋式的游击，才能渡过难关，万万不能取藏匿躲避政策，否则就立刻上了消灭之极途。”[2]

好不容易，总算回复了中共新中央的“二月来信”。

毛泽东、朱德和彭德怀商议着下一步棋该怎么走。

这时江西的形势跟四个多月前大不相同，如毛泽东在给中共新中央的信中所言：“自刘、郭二旅被击溃之后，闽西赣南可以说没有敌人了。蒋桂部队在九江一带彼此逼近，大战爆发即在眼前。”

彭德怀主动提出，自己要重新打回井冈山，毛泽东和朱德表示赞同。

于是，红五军和红四军在会师之后，又分手了。

①《毛泽东文集》第一卷，人民出版社 1993 年版，第 57 页。

② 内部资料《彭德怀著作汇编》，第 3 页。

□ 误杀袁、王，使井冈山得而复失

彭德怀率红五军从井冈山打到瑞金，花费了两个月。如今回井冈山，却非常轻松，沿途除了在信丰跟数十名靖卫队打了一次小仗并全歼他们之外，竟然没有见到敌军的影子！从瑞金回井冈山，轻轻松松，只走了10天就到了。

红五军的队伍已今非昔比，扩大到近千人，全都穿上了新的单衣军服，党代表滕代远也伤愈归队了。

一到井冈山，敌军早已撤了。山上一没有吃的，二没有住的，何况蒋介石正和李宗仁桂系军阀开战，参与“会剿”的湘军、赣军都回防了。

忽然冒出一支队伍，欢迎红五军。那是王佐的部队。王佐不愧为“山大王”，在白军占领井冈山时，他带着队伍躲进了老林。从黄洋界跳崖的李灿，带着残部和他会合了。

袁文才也在山上，却躲了起来，不敢见彭德怀。

其实，袁文才没有参加守山。当时，他被调离第三十二团，担任红四军参谋长，一直跟毛泽东、朱德在一起。当毛泽东率红四军到达吉安东固时，他听说井冈山已失守，记挂家乡亲属，就开小差跑回去了。到了井冈山，他躲在王佐家，生怕上级知道会杀他的头。

虽说王佐跟袁文才是“铁哥们”，他还是把袁文才开小差之事报告了党代表何长工。何长工找袁文才谈话，给了他口头警告，同时又安排他担任中共宁冈县委副书记。

这样，袁文才的情绪总算稳定了。

袁文才开小差固然不对，但是，他产生异心却也是有原因的，那便是中共六大文件中的一段话。

当那些“衬衫文件”送到井冈山以后，毛泽东在传达时，特地删去了那一段话。袁文才得知此事，想方设法弄到了文件的全文，看到了那段话，他大吃一惊。

那是中共六大通过的《苏维埃政权组织问题决议案》第10条“对土匪的

关系”，原文如下：

> 与土匪或类似的团体联盟，仅在暴动前可以适用。暴动之后宜解除其武装并严厉的镇压他们。这是保持地方秩序和避免反革命死灰复燃之必要的先决的前提。他们的首领应当作反革命的首领看待，即令他们帮助暴动亦应如此。这类首领均应完全歼除。土匪而浸入革命军队或政府中，便危险异常。这些分子必须从革命军队和政府机关中驱逐出去，即其最可靠的一部分，亦只能利用他们在敌人后防工作，绝不能位置他们于苏维埃政府范围之内。①

这一段话，明显带有“左”的色彩，所以毛泽东不予传达——这不仅仅考虑到袁文才、王佐在场，而且还在于毛泽东一开始对这两位“山大王”就采取了团结、信任的态度。

袁文才的文化水平比王佐高，有政治头脑，所以当他听说一点风声，便非要弄到原文不可。看罢原文，袁文才心惊肉跳。好在毛泽东跟他已建立起深厚的感情，他相信毛泽东，但是他担心天长日久，万一有变，那后果便不堪设想。

袁文才把偷看到的文件内容告诉了王佐，王佐也脸色骤变。

在“衬衫文件”到达井冈山时，就有人主张杀袁、王，说是执行中共六大的决议。但毛泽东坚决反对，反而任命袁文才为红四军参谋长。

仍有不少人持异议，杨开明（又名杨克敏）便是其中的一个。1929 年 1 月，他代表前委前往上海向中共中央汇报时，便在其《报告》中写道：

> 袁王二人都非常狡猾，且有能力，对党的认识很薄弱，小资产阶级意识非常浓厚，信仰个人，不信仰群众。袁王二人相比，则

① 中央档案馆编:《中共中央文件选集》第四册，中共中央党校出版社 1989 年版，第 399—400 页。

王较爽直，但都是个性很强，尤不接受批评的，为边界“特殊党员”。①

杨开明所说袁、王“信仰个人”，其实便是指信仰毛泽东。杨开明在《报告》中预言道：

我们与他们利益的冲突，终究是要爆发的，如果不及时早早加紧他们群众的夺取，不独现在阻碍工作进行，而（且）前途是很危险的。所以夺取土匪的群众，加速急谋能解决土匪首领，应是边界刻不容缓的工作，须特别加以注意才行！②

确实，矛盾终于在 1930 年 2 月中旬爆发了。

2 月 11 日，袁文才、王佐率部队去捉拿土豪罗克绍。他们事先得到消息，罗克绍正住在茶陵蕉坪他的姘妇家中。罗克绍手下有个 30 人左右的兵工厂，能造枪，袁文才、王佐早就存心要把这个兵工厂弄过来。

这一回摸得很准。清早 5 点，袁、王在蕉坪把罗克绍抓住了，而且还抓了兵工厂的十七八个工人。

押回新城之后，袁文才却给罗克绍松了绑，以酒菜招待。袁文才是想跟罗克绍拉关系，要他去长沙弄钢铁、洋硝这些造枪的原料，使那家兵工厂能造一批新枪，供部队使用。

消息飞快地传进湘赣特委书记朱昌偕的耳朵里，说是袁、王跟土豪一起喝酒，勾勾搭搭。朱昌偕本来就跟袁、王有矛盾，得知消息，连夜赶往红五军军部，向彭德怀报告。朱昌偕还提及，袁文才偷看了中共六大文件中有关土匪条文，早有异心。

①《杨克敏关于湘赣边苏区情况的综合报告》（1929 年 2 月 25 日），《井冈山革命根据地》上册，中共党史资料出版社 1987 年版，第 278 页。

②《杨克敏关于湘赣边苏区情况的综合报告》（1929 年 2 月 25 日），《井冈山革命根据地》上册，中共党史资料出版社 1987 年版，第 278—279 页。

这样，朱昌偕便带着第四纵队，在翌日拂晓前包围了袁、王住地。朱昌偕第一个冲进袁文才房间，袁文才正睡在床上，朱昌偕当场用枪把袁文才打死在床上。

王佐听见了枪声，带着警卫员急忙逃跑。他欲渡禾水回井冈山，但发现河上浮桥被拆。涉水过禾水时，由于他不会游泳，淹死在河中。

袁、王一死，他的老部下马上反戈，投奔国民党部队。井冈山的群众，大都跟袁、王及其老部下有种种亲属关系，也随之反目。井冈山的根基从此动摇，红军无法再在井冈山立足。

国民党大军反复“征剿”，也未能从井冈山上铲除红军之根。可是，误杀了袁、王，却使井冈山在1931年3月中旬落入国民党之手。毛泽东有一句名言：“政策和策略是党的生命。”此言用在袁、王事件上，非常贴切。

毛泽东得知袁、王被杀，连连顿足！

彭德怀后来回顾这段往事，承认自己“犯了轻听轻信的严重错误”。

彭德怀失去了井冈山根据地，只得率红五军重返湘鄂赣边界，在那里另辟根据地。

井冈山是中国第一块红色根据地。参加过井冈山斗争的红军，后来成为中国人民解放军元帅、大将、上将以及中共高干的比比皆是，然而其中真正井冈山籍的几乎没有——错杀袁、王，使一批井冈山本地的干部、战士离开了红军。

朱昌偕在亲手枪杀袁文才之后，翌年8月，他自己也作为“AB团分子”被杀！

至于“AB团”，乃是“Anti-Bolshevik”的缩写，英文原意是“反对布尔什维克”！

毛泽东在袁、王被误杀后，明确提出，“杀错了”“要平反”。

1965年，毛泽东重上井冈山，又念及袁、王，亲自在山上接见了袁文才和王佐的遗孀，表达了自己深深的怀念。

如今，袁文才和王佐的青铜塑像，高高矗立在井冈山上。

第三章 驰骋赣南

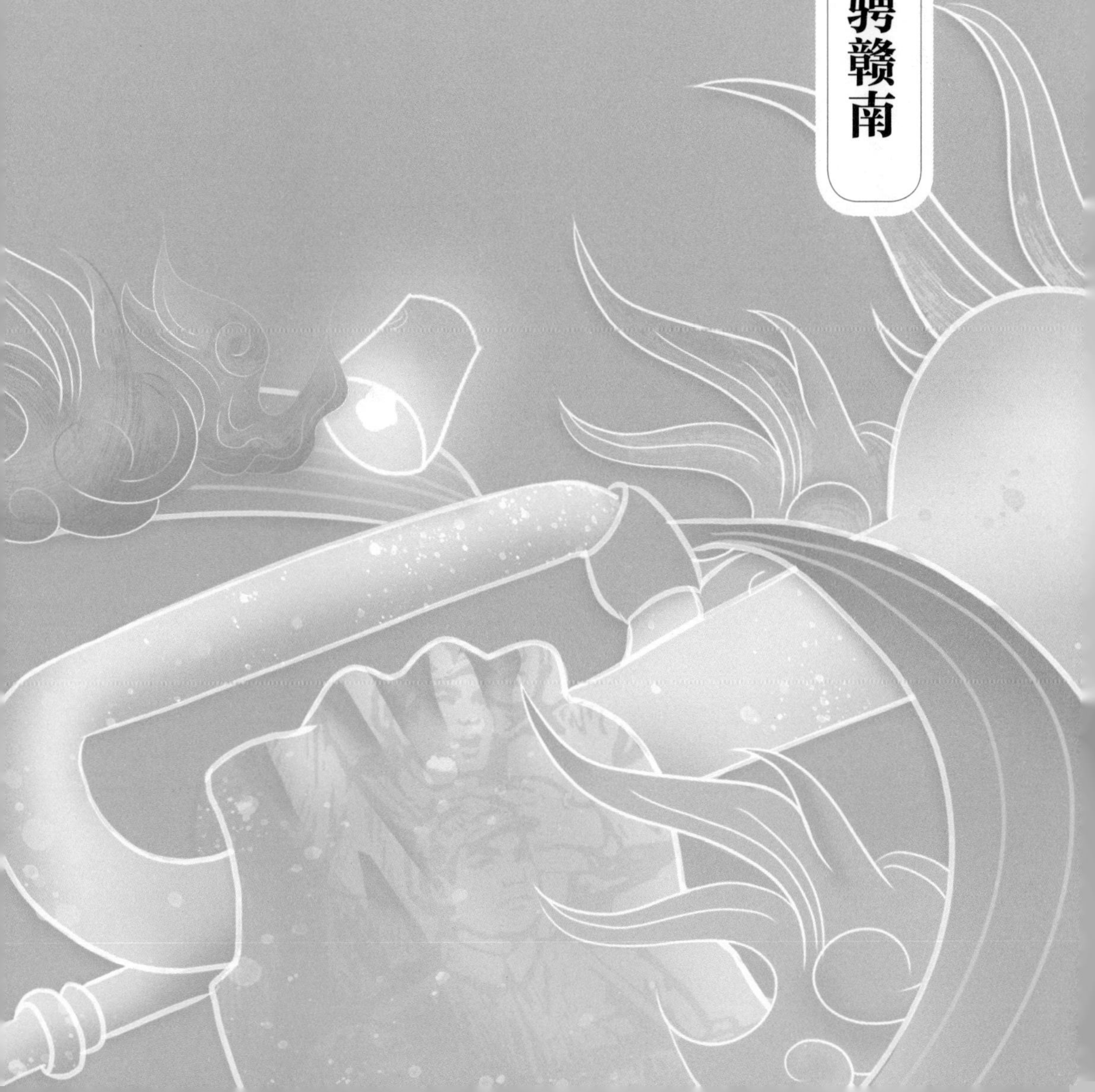

□ 毛泽东承受落选和疾病双重压力

且说毛泽东在1929年4月与彭德怀“第二次握手”之后，不久便“第二次分手”。

5月19日，毛泽东、朱德率红四军二入闽西。

毛泽东看中闽西，那是因为不久前得到了来自闽西的一封信。他看罢来信，当即提笔复函，告知红四军将向闽西挺进……

毛泽东率部下了井冈山之后，进入闽西时，一位30多岁的男子曾从上杭县城北上，前往长汀县城寻找他。可是，这位男子走到半途，听说红四军已离开那里到江西去了，只得非常懊憾地半途而返。

此人名叫邓子恢，1926年加入中国共产党。1928年春，邓子恢在家乡组织暴动。不久，邻县永定县也发生了暴动，领导人名叫张鼎丞。邓子恢遂率部与张鼎丞部合并，成立了一个独立营，张鼎丞任营长，他为党代表。就这样，在闽西便冒出了一支工农红军。听说毛泽东率红四军入闽，他便赶紧去找毛泽东，只可惜晚了一步。

不久，邓子恢代表中共闽西特委给毛泽东写了封长信，报告了闽西的情况，派专人送往瑞金。

毛泽东得知这一带有“独立营”，有“铁血团”，有秘密农会，会员们有“三毛钱的驳壳”（插在绑腿里的小匕首），便决定在这里开辟新的根据地……

“欢迎红军来龙岩，打倒陈国辉！”当毛泽东率部进入闽西，那里便贴出了这样的标语。陈国辉是驻守那里的国民党旅长。

闽军不堪一击。红四军入闽才几天工夫，就打下了龙岩县城、永定县城，一举歼灭陈国辉旅3000多人。陈国辉带着几十个随从落荒而逃。

毛泽东欣然命笔，写下《清平乐·蒋桂战争》一词：

风云突变，军阀重开战。洒向人间都是怨，一枕黄粱再现。

红旗跃过汀江，直下龙岩上杭。收拾金瓯一片，分田分地真忙。

正在这“红旗跃过汀江”的时候，毛泽东又经历了一番政治危机：他失去了红四军前敌委员会书记的职务。

那时，按照“党指挥枪”的原则，前敌委员会书记是红四军的最高领导。毛泽东失去了这一职务，意味着他失去了对红四军的领导权！

那是1929年6月22日，中共红四军第七次代表大会在福建龙岩召开，有人指责毛泽东搞“家长制”，要求更换前敌委员会书记……

打从中共中央“二月来信”在红四军中传开之后，便有人利用“二月来信”要求朱、毛离开红四军，希望毛泽东交出军权。

5月，刚从苏联回来的刘安恭出任红四军临时军委书记兼政治部主任。他对情况很不熟悉，军内对他不服，使党与军队之间的关系非常紧张。

这样，红四军内出现反对中共领导军队、反对前委集中领导军队的倾向。6月8日在闽西长汀白沙召开的前委扩大会议决定取消临时军委，这样，反对毛泽东的呼声愈发高涨。

于是，在红四军内部，对于红军的领导方法和建军原则产生了严重的分歧，就连朱德和毛泽东，对这些问题的看法也并不一致。

争论的焦点是在红军中究竟实行“由上而下的家长制”还是“由下而上的民主制”。毛泽东的领导，被认为是“家长制”。

激烈的争论导致了匆忙召开中共红四军七大。由于朱德是争论的一方，会议由非前委委员、红四军政治部主任陈毅主持。

匆忙的会议导致了草率的结果：在重新选举前敌委员会书记时，毛泽东落选了！

谁被选为前敌委员会的新书记呢？陈毅！

于是，毛泽东被调离部队，带领谭震林、蔡协民、江华、曾志等到中共闽西特委指导地方工作，住在上杭县蛟洋。

祸不单行。福建山区的疟蚊也猛烈地攻击了毛泽东，使他患上了恶性疟疾。在那个缺医少药的年月，毛泽东一病数月，甚至一度病危，徘徊在死亡边缘！他一会儿如同步行在酷热的撒哈拉沙漠，一会儿又如同跌进北极的冰天雪地。

落选和患病的双重打击把毛泽东推向政治生涯的低谷。消息辗转传到莫斯科，居然误传毛泽东已病死！1930 年 3 月 20 日，共产国际公报《国际新闻通讯》（英文版）误登讣告，说毛泽东在福建死于肺病，指出："毛泽东同志是被称之为朱毛红军的政治领袖……中国的工农群众将永远铭记他的业绩，并将完成他未竟的事业。"

好在毛泽东是一个豁达的人，能够承受这双重的压力。后来，在中共八大预备会议第二次全体会议上，他这么谈及：

> 我想同志们中间可能也有多多少少受过冤枉受过委屈的。对于那些冤枉和委屈，对于那些不适当的处罚和错误的处置，比如把自己打成什么"机会主义"，撤销自己的职务，调离自己的职务等，可以有两种态度。一种态度是从此消极，很气愤，不满意；另一种态度是把它看作一种有益的教育，当作一种锻炼。你晓得，这个世界就是这么个世界，要那么完全公道是不可能的，现在不可能，永远也不可能。①

□ 李立三、周恩来、陈毅在沪起草"九月来信"

今日的读者，惯常以为毛泽东是周恩来的"上司"，然而，在当年，周恩来却是毛泽东的"上司"。"二月来信"，便是周恩来代表中共中央向毛泽东发出的指示。那时的毛泽东还只是一个"中层干部"或"地方干部"，周恩

①《毛泽东文集》第七卷，人民出版社 1999 年版，第 106 页。

来则是“中央首长”。

当时周恩来的职务是中共中央政治局常委兼中共中央军委书记。这“中共中央军委书记”类似今日的“中共中央军委主席”，是中共党内最高军事首长。

中共是在 1924 年第一次国共合作时开始重视军事工作的。中共广东区委在 1924 年首先设立了军事部（亦称军事委员会），最初由张伯简负责。同年 11 月便改由周恩来任部长，足见周恩来在这一方面资历之深。

1926 年 2 月，中共中央设立“中央军事部”，由张国焘任部长。9 月，周恩来接替张国焘，出任中共中央军事部部长。

1928 年，在中共六大上，由杨殷担任中央军事部部长。

周恩来作为中共中央政治局常委兼中央军委书记，分管军事工作。杨殷死后，各地红军更是由周恩来直接领导。

写“二月来信”时，周恩来对红四军的情况不清楚。他希望能够得到红四军的第一手材料，在 1929 年 4 月 7 日曾以中共中央名义致函朱、毛：“润之、玉阶两同志若一时还不能来，中央希望前委派一得力同志前来中央讨论问题。”

两个月后，周恩来终于收到辗转传递而来的毛泽东的 4 月 5 日来信。看罢毛泽东的信，周恩来立即意识到自己起草的“二月来信”确实有许多不妥之处。周恩来是个谦逊的人，他接受毛泽东在信中提出的批评：“中央此信对客观形势及主观力量的估量，都太悲观了。”

6 月 12 日，中共中央政治局在上海开会，讨论毛泽东 4 月 5 日的信，周恩来作了自我批评，说“二月来信”是“有些毛病”。周恩来又一次提出，希望“朱、毛处”派“一个得力的人”前来中共中央，以便详细研究制定关于红军的方针、政策。

就在周恩来把用药水写的密件刚刚交给上海的交通员时，在福建龙岩，毛泽东落选了。

这时的红四军改为纵队编制，军之下辖三个纵队，每个纵队人数在 1600 人左右，其中第一纵队留在闽西。朱德率第二、第三纵队向闽中进发。

红四军失去了毛泽东的领导，五花八门的思潮开始登台：有的只是热心于“走州过府”，不愿建设根据地；有的要搞极端民主化，搞绝对平均主义；有的要求进攻大城市，以求摆脱山区的艰苦生活……

就在这时，红四军接到中共中央通知，要求派“一个得力的人”前来中央出席各地区军事联席会议并汇报工作。派谁呢？毛泽东正在病中，朱德军务在身，此行非陈毅莫属。

于是，陈毅乔装打扮成一副商人模样，和闽西特委书记邓子恢一起出现在厦门。他在那里向中共福建省委作了汇报，然后取道香港，坐上驶往上海的轮船。

8月底，中共中央政治局在上海开会，听取了陈毅的汇报。陈毅的汇报后来写成了《关于朱毛军的历史及其状况的报告》一文，发表于1930年1月15日出版的《中央军事通讯》第1期。陈毅的汇报，使中共中央对于“朱毛军”有了清楚的了解。

陈毅的汇报，分“四军的历史”“四军的组织及训练”“四军的近况”“结论”四个部分。

中共中央政治局听取了陈毅汇报之后，决定重新起草给红四军的指示信，以解决红四军内部产生的明显分歧。政治局委托李立三、周恩来和陈毅三人组成一个小组，专门研究红四军问题，起草中央指示信。

这样，李立三、周恩来、陈毅这三个留法学生，便一次次在上海秘密聚首，小声地讨论着。

陈毅详细地介绍了中共红四军七大所产生的种种分歧。经过将近一个月的讨论，由陈毅执笔，起草了《中共中央给红军第四军前委的信》。此信在9月28日经中共中央同意通过，史称“九月来信”。

此次由于情况明了，所以“九月来信”比“二月来信”要正确得多。“九月来信”的八个部分，后来收进了《周恩来选集》。

就在中共中央通过了“九月来信”，陈毅欲归未归之际，在闽西发生了重大变故，红四军陷入了一场新的危机……

□ 失去毛泽东的红四军打了大败仗

在一个警卫排的护送下，一副担架正急急地从福建永定县合溪北上，送往红四军军部所在地上杭县。担架上躺着重病之中的毛泽东。他不是赶往上杭治病，却是要赶去劝阻朱德南下……

一个名叫谢汉秋的巡视员来到红四军军部。这位巡视员是中共福建省委派出的，他给朱德带来了《中共福建省委给闽西特委、四军前委的信》。此信1929年10月6日发出，朱德13日收到。

这封指示信给红四军下达了紧急行动任务——向广东东江地区进军。

朱德向来主张“军人以服从命令为天职”，接到中共福建省委的指示信，便坚决贯彻执行。

毛泽东在病中闻讯，焦急万分，他认为红四军在闽西立足尚不稳，应着重于建设一个根据地，不宜离开闽西去广东。上次进军闽中便吃了败仗，到广东也会如此，因为那是敌军势力强大的地区。

朱德觉得毛泽东的见解不无道理，但是中共福建省委的信中说，进攻广东东江，是“中央对前委的指示”，不可不从。

这样，朱德以红四军前敌委员会名义，于10月18日致函中共福建省委转中共中央。信中说：

> （一）据福建省委转来紧急信一件，四军全部立即开往东江潮梅一带游击。
>
> （二）我们在10月13日接此信后，立即调三个纵队向潮梅布置游击，准于10月20日集中粤边，10月21日以后，进攻焦岭……[①]

---

① 中国人民解放军政治学院党史教研室编：《中共党史教学参考资料》第十四册，国防大学出版社1985年版，第234页。

信中还这样写道：

（七）陈毅同志仍未回来，毛同志久病，现虽起床，尚不能行走，此次去东江，尚不能出发，负责同志更觉困难……[1]

信发出后，1929年10月20日，红四军第一、第二、第三纵队便兵分三路，从上杭、武平向东江推进。

陈毅晚了一步，他从上海回到闽西时，红四军已经出发。

10月22日，陈毅从闽西追到广东北部的松源，才在那里追上红四军前敌委员会机关，见到了朱德。陈毅离开上海时，周恩来也主张红四军向广东进军。这样，朱德、陈毅便共同率领红四军，南下广东。

谁知红四军出师才一个星期，便在广东梅县打了个大败仗，损兵1000多，成为红四军离开井冈山后蒙受的最大损失！南昌起义失利后，叶挺、贺龙、陈毅率部南下，亦在梅县打过一仗，损失颇大。

这时的红四军，由于推翻了毛泽东所主张的前委的集中领导，实行所谓“由下而上的民主制”，什么事都得“大家谈，大家议”。为了打不打梅县，竟然“讨论了数日”！[2]

最后，终于“官兵一致”决定攻打梅县。10月31日拂晓，红四军攻进梅县县城，却遭到敌人猛烈反击，损失惨重！

这一次大败仗，顿时使红四军的士气大为低落，向广东进军的计划也就告吹。这表明毛泽东当时反对进军广东的意见是完全正确的。

诚如中共福建省委的《红四军部队情况报告》所言：“东江的失败，大家都疲倦了，红军也削弱了！”

失去毛泽东的红四军，处于危机之中！

---

① 中国人民解放军政治学院党史教研室编：《中共党史教学参考资料》第十四册，国防大学出版社1985年版，第234页。

② 引自中共福建省委《红四军部队情况报告》（1929年7月—1930年4月）。

红四军在10月31日吃了败仗，不得不于11月2日从广东北部的石上和矮嶂子之间向西北方向退去，缩入江西寻乌县境内。

朱德和陈毅商议，决定班师。11月13日，红四军退入闽西，进入武平县。

11月18日，朱德和陈毅在兜了一个圈子之后，率红四军回到原地——闽西上杭县官庄。

直到这时，红四军才算喘了口气，陈毅有机会召集前敌委员会会议，传达中共中央“九月来信”。

“九月来信”是一封颇为重要的指示信。此信支持了毛泽东。信中指出：

> 党的一切权力集中于前委指导机关，这是正确的，绝不能动摇。不能机械地引用“家长制”这个名词来削弱指导机关的权力，来作极端民主化的掩护。①

显而易见，周恩来以中共中央的名义，明确地对毛泽东投了赞成票。因为毛泽东向来主张，军队必须置于党的绝对领导之下，亦即“党指挥枪”。

陈毅传达了周恩来的重要嘱咐：“要请毛泽东复职，仍任前委书记，并召开一次党的会议，统一思想，分清是非，作出决议。”

周恩来的强有力的支持，使毛泽东摆脱了危机。

朱德当即表示，坚决执行中共中央的指示。他很爽快地对陈毅说：“过去的那些我收回，我们请他回来！”②

在前敌委员会会议结束之后，朱德和陈毅当即修书一封致毛泽东，转达中共中央关于他复职的指示，并派出一支部队前往上杭县蛟洋，接毛泽东回红四军。

毛泽东终于回来了！1929年11月26日，毛泽东抵达长汀县，在那里与

① 中央档案馆编：《中共中央文件选集》第五册，中共中央党校出版社1990年版，第486页。

② 张国琦：《求索者的光辉篇章——由古田会议前的一场争论谈起》，《党史研究资料》1984年第12期。

朱德、陈毅会合，重新出任红四军前敌委员会书记，重新成为红四军的最高首长——从他 6 月中旬失去这一职务，到此时复职，历时将近半年。

毛泽东渡过了危机，红四军也渡过了危机。朱毛紧密合作，红四军又成了“朱毛红军”。

□ 复出的毛泽东着力整顿红四军

毛泽东刚刚官复原职，马上修书一封，致中共中央。信中跃动着他复出的喜悦。信不长，意在向中共中央报告自己已经复职：

中央：

我病已好，11 月 26 日偕福建省委巡视员谢同志[①]从蛟洋到达汀州，与四军会合，遵照中央指示，在前委工作。四军攻梅县失利，损失虽不小，但士气仍振奋，目前一时期当在福建境内工作。闽西已有 80 万赤色群众足以掩护红军，刘（和鼎）金（汉鼎）张（贞）等会剿，形势并不严重。现决整理一时期，即向刘张进击。打破会剿局面，才是出路。正在准备一个月给养。

四军党内的团结，在中央正确指导之下，完全不成问题。陈毅同志已到，中央的意思已完全达到。惟党员理论常识太低，须赶急进行教育……

毛泽东

1929 年 11 月 28 日于汀州[②]

① 指谢汉秋。

②《毛泽东书信选集》，人民出版社 1983 年版，第 26—27 页。

写罢致中共中央的信，毛泽东又给老朋友李立三写了一封信，交给地下交通员一起带往上海。

毛泽东致李立三的信也很短，全文如下：

立三兄：

多久不和你通讯了，陈毅同志来才知道你的情形。我大病三个月，现虽好了，但精神未全复元。开慧和岸英等我时常念及他们，想和他们通讯，不知通信处。闻说泽民在上海，请兄替我通知泽民，要他把开慧的通信处告诉我，并要他写信给我。

我知识饥荒到十分，请你时常寄书报给我，能抽暇写信指导尤幸。

独秀近来行动真岂有此理，中央的驳议文件已经到此，我们当普遍地宣传。

共产主义的敬礼

毛泽东①

这里提及的“泽民”，即毛泽东之弟毛泽民，当时在上海负责中共中央出版部的工作。

“独秀”即陈独秀，当时在中共党内散布托洛茨基观点，成立了反对派小组织。

毛泽东发走了这两封信之后，便着手整顿红四军。他发觉，在他离开红四军的这半年时间里，红四军中各种错误思潮泛滥，已经到了非整顿不可的地步了！

中共红四军七大撤了毛泽东的前委书记之职以后，又在1929年10月上旬召开了中共红四军八大。那时否定了“由上而下的家长制”，实行“由下而上的民主制”，认为无产阶级应实行最彻底的“民主”。于是，什么事情都要

①《毛泽东书信选集》，人民出版社1983年版，第28页。

开会讨论。调一个人、拨几支枪，都得开会讨论，一讨论便是几个钟头。前委不再是红四军的最高领导机构，有决定权的是各纵队的“联席会议”。开起会来，非得各纵队的头头脑脑全部到齐，少一个人就得等，等齐了才开会。当时全军政治上失掉了领导的中心。

在上杭县召开的中共红四军八大，成了一次争论不休的会议。光是为了选举前敌委员会委员就争论了很久，最后来一个平均分配，每个纵队都有人参加前委，选了 17 人之多。

其中有个谭玺，是中共中央派往红四军工作的，当时正在第一纵队，没有出席会议，可是有人提议他应该进入前委，说他如何如何好，会上宣传了两次，结果谭玺竟成为前委的常委！其实，当时他新来乍到，还没有几个人认得他……

为了补充兵员的不足，很多俘虏兵进入红四军，没有及时进行教育，把国民党军队的作风带进红四军：有人骂党代表是“卖狗皮膏药”的；有人打骂士兵，所谓“不打不成兵”；有人赌钱，谁赢了钱谁请客；有人纪律松懈，搜俘虏腰包，偷嫖女人……

毛泽东复出之后，下力气整顿红四军。他在做了一个月的准备之后，决定召开中共红四军九大。

他反对红四军八大的做法，否定了那种“分割式的以各纵队为条件”分配前委委员的方法，鲜明地提出，只有符合三个条件的人才可当选前委委员，而不必考虑各纵队之间的入选比例。

毛泽东提出的三个条件是：政治观念正确，工作积极，有斗争历史。

1929 年 12 月 28 日至 30 日，在陈毅的主持下，中共红四军九大在福建上杭县古田村召开，120 多名代表出席了会议。

古田是上杭县北部的大集镇，地处群山之中，有 1000 多户人家。这是中共党史上一次重要会议，史称“古田会议”。

中共红四军九大的气氛跟八大截然不同。八大是“什么事都是民主，大家要怎样干就怎样……无组织状态地开了三天毫无结果”[①] 的会议。

这一回，会议开得井然有序，红四军的“三巨头”分别作报告：陈毅传达中共中央“九月来信”，毛泽东作政治报告，朱德作军事报告。会场上高悬四条标语，即“中国共产党万岁”“反对盲动主义”“反对冒险主义”“反对机会主义”。

会议只开了两天。在听了三个报告之后，通过了《纠正党内非无产阶级意识的不正确倾向问题》《党的组织问题》《党内教育问题》等 12 项事先起草好的决议。如此高的工作效率，是八大所不可比拟的。

大会的主角是毛泽东。由他起草的决议《纠正党内非无产阶级意识的不正确倾向问题》，后来改题为《关于纠正党内的错误思想》，收入了《毛泽东选集》第一卷。在这篇决议中，毛泽东历数了八种“非无产阶级思想的表现、来源及其纠正的方法”。

在毛泽东起草的决议中，明确指出了红军的性质：

> 中国的红军是一个执行革命的政治任务的武装集团。特别是现在，红军决不是单纯地打仗的，它除了打仗消灭敌人军事力量之外，还要负担宣传群众、组织群众、武装群众、帮助群众建立革命政权以至于建立共产党的组织等项重大的任务。[②]

毛泽东起草的这一决议，被认为是“历史性的决议”。

① 引自中共福建省委《红四军部队情况报告》（1929 年 7 月—1930 年 4 月）。

②《毛泽东选集》第一卷，人民出版社 1991 年版，第 86 页。

□ 毛泽东“春风得意”驰骋赣南

星星之火在燃烧。朱毛红军——红四军——在中国共产党人之中树起了一面武装斗争、武装割据的旗帜，各地纷纷响应，冒出了一支又一支新的红军。

红五军——以彭德怀为军长，滕代远为党代表，活跃在湘鄂赣边界。

红二军——以贺龙为军长，恽代英为政治委员（未到任），活跃于湘鄂西一带（该军最初曾称“红四军”）。

红四军——与朱毛红军同名，以邝继勋为军长，余笃三为政治委员，徐向前为参谋长，活跃于鄂豫皖边区。这支部队原为红四军的一部分，曾称“红一军”。

红六军——同称“红六军”的有三支部队。一是以孙德清为军长，周逸群为政委的红六军，活跃于鄂西洪湖地区；二是以李勋为军长的红六军，亦在鄂西；三是以黄公略为军长，刘士奇为政委的红六军，在赣西、湘赣边界一带。

红七军——1929 年 12 月 11 日广西百色起义之后诞生，以张云逸为军长，邓小平为政治委员，活跃于广西右江地区。

红八军——1930 年 2 月在广西左江地区建立，俞作豫任军长，邓小平兼任政治委员。

红十军——军长方志敏（后为周建屏），活跃于赣东北和闽北地区。

红十一军——同称“红十一军”的有两支部队。一支以吴光浩为军长，戴克敏为党代表，活跃于鄂东；一支以古大存为军长，胡丙泰为政治委员，活跃于广东东江一带。

红十二军——也有两支。一支是以伍中豪为军长，邓子恢为政治委员（最初称“红九军”），活跃于闽西一带；一支由谢振亚领导，活跃于鄂东南一带。

红十四军——以何昆（李维森）为军长，李超时为政治委员，在苏北活动。

红二十五军——军长邝继勋，政委王平章，在鄂豫皖一带活动。1931 年 10 月始建。

红二十六军——1930 年 9 月 19 日，河南、山东接合部的东明、长垣两县农民暴动，打起了“红二十六军”军旗。此后，刘志丹、谢子长在陕甘地区组织武装暴动，队伍亦称“红二十六军”。

如此众多的红军在中国大地诞生，显示了毛泽东的影响力。因为毛泽东最早提出了“枪杆子里面出政权”，最早创建红色根据地，朱毛红军成了一面旗帜，成了中国共产党人的标杆。虽说当时的毛泽东还只是“各路”中的一路，却已成为大家的榜样。

从 1927 年秋收起义到 1930 年，不过三年多的工夫，在毛泽东的影响下，中国有江西、湖南、湖北、福建、浙江、广东、广西、河南、安徽、甘肃、陕西、江苏、四川等 13 个省的 300 多个县发生了武装暴动，开辟了大小 15 个红色根据地，建立了 13 个军的正式红军，共约 6.27 万人，随后则发展到 10 万人。赤卫队也发展到 10 多万人。

毛泽东率部从闽西转入赣南，于 1930 年 1 月 16 日占领了广昌。他复职后，精神颇佳，那曾经折磨他多时的疟疾也霍然而愈。他满怀信心指挥着红四军。

红四军在毛泽东的领导下，上上下下也都充满了信心。

1930 年 2 月，毛泽东率部从广昌进逼江西中部重镇吉安。心情愉悦的他，在行军途中吟成《减字木兰花·广昌路上》一首：

漫天皆白，雪里行军情更迫。头上高山，风卷红旗过大关。
此行何去？赣江风雪迷漫处。命令昨颁，十万工农下吉安。[①]

① 中共中央文献研究室编:《毛泽东年谱（1893—1949）》（修订本）上卷，中央文献出版社 2013 年版，第 298 页。

毛泽东率红四军在江西中部、南部驰骋。到了 1930 年 3 月，赣南一带除了赣州、吉安等几座城之外，30 多个县都变成红色，形成了赣南根据地。

赣南根据地跟闽西根据地连成一片，红色区域日渐扩大。这一大片红区，史称“中央革命根据地”。这样，毛泽东在丢失了井冈山根据地之后，又创立了新的、更大的根据地。

根据地扩大了，红军也扩大了。1930 年 6 月，红四军和红三军、红十二军合编，组成了中国工农红军第一军团，毛泽东任政治委员，朱德为总指挥。这个“政治委员”一词，是周恩来沿用苏联红军建制，改掉了中国红军中原设的“党代表”而设立的。由周恩来起草的中央“九月来信”中说：“党代表名称应立即废除，改为政治委员，其职务为监督军队行政事务，巩固军队政治领导，副署命令等。”① 自从毛泽东出任红军第一军团政治委员，人们也就称他为“毛委员”；在此之前，人们对他的习惯称呼为“毛党代表”。

不久，红五军、红八军、红二十六军合编，组成红军第三军团，由彭德怀任总指挥，滕代远任政治委员。

1930 年 8 月，红一军团又与红三军团合编，组成“中国工农红军第一方面军”，毛泽东为总政治委员，朱德为总司令。朱德的“总司令”之称便始于此时。后来，他成为“红军总司令”“中国人民解放军总司令”，这个“总”字，最初起源于红一方面军总司令这一职务。

红军第一方面军拥有 3 万兵马，比毛泽东初上井冈山时那 700 多人声势要大得多了。

春风得意，“毛委员”已在江西树起一面红色的大旗……

① 中央档案馆编:《中共中央文件选集》第五册，中共中央党校出版社 1990 年版，第 483 页。

□ 李立三猛烈抨击毛泽东

就在毛泽东结束了在闽西的半年沉默，闯进赣南打开新局面的时候，他又遭到了猛烈的打击。

这一回新的打击来自中央，来自他的老朋友李立三。

1930 年 3 月，周恩来由上海去苏联参加联共（布）第十六次大会，并向共产国际汇报工作，中共中央的领导权便完全落到了李立三手中。

李立三开始实行他的“左”倾冒险错误路线。

1930 年 6 月 9 日，“柏山”（李立三）在中共中央政治局会议上讨论关于目前政治任务决议案草案时，对毛泽东提出了尖锐的批评。

想当年，这位李立三看了“二十八画生”《征友启事》去见毛泽东时，羞羞答答“没有明白表示意见”，在毛泽东面前，他只是个“小弟弟”。如今，李立三把持了中共中央，批评起“四军毛泽东”来，一点儿也不客气。

李立三挖苦毛泽东，称“游击战争的秘诀”是“逃、跑、走”！他大声鼓吹他的路线：红军“需要夺取中心城市，向敌人主力进攻，向交通中心发展”。

确实，毛泽东有着一条“完全与中央的路线不同”的路线。他的游击战争经验，是红军多年作战经验切切实实的总结。然而，坐在上海亭子间里的李立三却要对毛泽东进行“根本解决”！

1930 年 6 月 15 日，李立三以中共中央的名义，给红四军前委下达了命令式的一封信。李立三强调，“一省或数省首先胜利的革命形势正在成熟”，他要求毛泽东率红四军“向中心城市与交通区域进攻”！光是写信、下命令还不够，他还特地指派了中央特派员涂振农向红四军传达、督战。

李立三此时是上级，毛泽东是下级；李立三此时代表中央，毛泽东代表地方。按照“下级服从上级，地方服从中央”的组织原则，毛泽东不能不执行来自中共中央的命令：进攻南昌！

然而，脚踏实地的毛泽东当然掂量得出进攻南昌该付出多少血的代价。

毛泽东又一次显示了他的智慧：7 月 11 日，毛泽东在江西兴国县城北雨坛脑召开了红军和地方武装人员的万人誓师大会，摆出了向南昌进军的架势。7 月 24 日，毛泽东、朱德率部攻克清江县樟树镇，全歼守敌两个营。26 日，攻克离南昌不远的高安县。7 月 30 日，毛泽东率红一军团攻入南昌近郊新建县的西山。毛泽东在这里召开军事会议，说服部队不要进攻南昌，以避免惨重的损失。8 月 1 日那天，毛泽东派出罗炳辉带了几十个人到南昌赣江对岸的牛行车站，乒乒乓乓放了一通枪，举行“八一”示威。南昌城里一阵紧张，正欲派出军队反击，毛泽东的部队已不见踪影——早已朝奉新县、安义县转移了。

彭德怀的红三军团接到李立三的命令：进攻长沙！李立三的“宏伟计划”是毛泽东攻南昌，彭德怀取长沙，然后会师武汉！

彭德怀执行了命令，率部趁军阀混战长沙空虚之际，于 7 月 28 日攻入长沙，当即宣布成立“湖南省苏维埃政府”，以李立三为主席。

李立三闻讯大喜。正在这时，何键调集 15 个团，南北夹击长沙。幸亏彭德怀急急率部撤退，才算避免了全军覆没。这次占领长沙不过 11 天而已！

李立三得知毛泽东佯攻南昌，彭德怀退出长沙，大骂他们“右倾”，急令毛泽东的红一军团会同彭德怀的红三军团组成红一方面军，再攻长沙。

毛泽东只得从命，和彭德怀部队一起再攻长沙。这时，何键坐镇长沙，拥有 4 万兵马，远非上次那么空虚。毛泽东为避免红军损失，屯兵长沙城下。

何键得知毛泽东之妻杨开慧在长沙板仓，悬赏 1000 大洋“捉拿毛杨氏”。

杨开慧不幸和儿子毛岸英一起被捕，被押往长沙。杨开慧在狱中遭到严刑酷虐。各界闻杨开慧被捕，纷纷来人、来电要求保释，何键说：“只要杨开慧同意登报与毛泽东脱离夫妻关系就行了，其他都不必审讯。”杨开慧冷眼相对，坚决拒绝。1930 年 11 月 14 日下午 1 时，杨开慧在长沙浏阳门外识字岭被杀害，时年 29 岁。

毛泽东后来从报上得知杨开慧牺牲的噩耗，当即写信给杨开慧胞兄杨开智，痛悼道：“开慧之死，百身莫赎。”毛泽东还寄款为杨开慧修墓立碑，上刻“毛母杨开慧墓　男岸英、岸青、岸龙刊　民国十九年冬立”。

毛泽东深知长沙城防坚固，易守难攻，于是只采取围城，然后设法诱敌出城，聚而歼之。好不容易引出敌人一个师，一举歼灭，士气大振，要求攻城的情绪也猛然高涨。李立三又连连催促进攻长沙，毛泽东不得不在 1930 年 9 月 10 日签署《强攻长沙命令》。

命令下达后，红军发动强攻。何键的部队在长沙四周打了木桩，架上电网。红军买了几十条水牛，牛尾上绑棉花，浇了煤油，点火之后，水牛狂怒，朝电网冲去，打开了缺口。可是，电网之后有壕沟、有工事，红军一次次冲锋，一批批倒下，损失惨重。毛泽东决定撤围。

就在这时，李立三派来长江局代表周以栗，要求毛泽东坚决执行中央命令，再度对长沙发动进攻。

毛泽东与周以栗彻夜长谈，陈述了不能再攻长沙的原因。他写下一封致中共中央的信，说明了退兵的理由，交给周以栗带去。

长沙一仗，使红一军团损失 1600 余人，红三军团的损失人数也与红一军团相近。

于是，毛泽东在 9 月 13 日带着部队撤退，退往湖南株洲。毛泽东的意图是要带部队回到赣南。

10 月 4 日，毛泽东率部包围了江西南部重镇吉安县城。午后 2 时，毛泽东下达了对吉安发起总攻的命令。这一仗打得很漂亮，缴获了上千支枪。拔掉了吉安这颗钉子，使赣南一片红色，只剩赣州一座孤城未克。

10 月 17 日，毛泽东率部抵达江西中部的峡江县，收到中共湘东特委 9 月以及 9 月以前发出的三封信，转达来自中共中央的命令：再度进攻南昌！

毛泽东无奈，于 10 月 19 日复函中共湘东特委："我们目前的行动，是前去占领南浔路，进攻南昌九江消灭敌人……"

正在毛泽东十分为难的时候，中共中央发生了重大变化，李立三已经下台！只是由于中共中央设在上海，而那时交通不便、信息不灵，毛泽东尚不知道这个消息。

1930 年 8 月下旬，瞿秋白、周恩来从苏联回国，制止了李立三的"左"倾冒险错误。9 月 24 日，在瞿秋白、周恩来领导下，中共六届三中全会在上海召开，宣告结束李立三“左”倾冒险错误。

虽然毛泽东没有出席中共六届三中全会，但是他被选为中共中央政治局候补委员，等于恢复了他在八七会议时的党内地位。

直至1930年12月上旬，从中共中央来了一位“大员”，毛泽东这才详细得知中共六届三中全会的情形。

在此之前，中共中央派来的只是交通员、巡视员，这一回派来的却是一位政治局常委。这表明中共中央越来越重视朱毛红军了。

派来的政治局委员叫“江钧”，就是项英。

项英传达了中共六届三中全会的决议，传达了对李立三“左”倾冒险错误的批判，还传达了六届三中全会作出的《组织问题决议案》，决定立即在苏维埃地区建立中央局，以加强和统一中共中央对各苏区党的领导。这一新的机构，命名为“中共苏区中央局”。

显然，“中共苏区中央局”将成为苏维埃地区的中共最高领导机构。

1931年1月15日，中共苏区中央局在江西宁都小布镇正式成立，书记并非毛泽东，而是周恩来。由于周恩来尚在上海，于是任命项英为代理书记。这样，项英成了苏区的中共最高领导人。

中共苏区中央局委员由九人组成：周恩来（未到）、项英、毛泽东、朱德、任弼时（未到）、余飞（未到）、曾山，以及湘赣边特委、少共中央各一人。

在成立中共苏区中央局的同时，又成立了“中央革命军事委员会”，项英任主席，毛泽东、朱德任副主席。中央革命军事委员会为军事最高领导机构。

这样，在苏区，形成了项英、毛泽东、朱德“三驾马车”的新格局，项英成为苏区的最高首长。

李立三的下台，使毛泽东又度过了一次政治危机。不过，项英当时并不认为李立三是路线的错误，而认为只是策略的错误。项英的到来，并没有彻底扭转李立三路线在苏区的影响，而且，项英还不时和毛泽东产生新的矛盾……

□ “齐声唤，前头捉了张辉瓒”

攻南昌，战长沙，虽说迫不得已，毛泽东却耸动了视听，成为国民党报纸上的“热点新闻”，被连篇累牍加以报道。

于是，红军声名大振，毛泽东也声名大振。

从 1930 年 5 月起，蒋介石正忙于蒋、阎、冯“中原大战”，跟阎锡山、冯玉祥逐鹿中原，打得不可开交。到了 1930 年 10 月，“中原大战”以蒋介石取胜而告终，蒋介石便腾出手来对付毛泽东。

蒋介石在 1930 年 8 月 5 日任命陆海空军总司令、武汉行营主任何应钦为“鄂、湘、赣三省剿匪总指挥”。何应钦受命伊始，说了一通“深刻”的话：“各省从前剿匪，大都不免省界观念，能将共匪驱出省界即为了事，他省如何不欲过问。故匪等东击西窜，不能根株尽绝，反而愈延愈广。国府因见及此，特命行营负此专职，统筹兼顾，谋根本解决，以矫正此前之流弊。”

这么一来，也就从过去的“会剿”，改为“围剿”。

蒋介石在 1930 年 10 月 7 日攻占郑州之后，平定中原，便确定赣南为“剿匪重点”，着手部署第一次“围剿”。

1930 年 12 月初，南昌市中心洗马池，那里的江西大旅社忽然戒备森严，三步一岗，五步一哨，外人莫近。这家大旅社是南昌首屈一指的豪华宾馆，三年多以前周恩来等便是在这里指挥发动了八一起义。1930 年 12 月 7 日，蒋介石抵达这里，召开“剿共军事会议”。

12 月 12 日，上海《民国日报》的“南昌通讯”便报道了蒋介石这一动向：“蒋主席为限期肃清赣境共匪起见，特电召十八、新五、新十五等师长来省开军事会议，并面授机宜，各师长将陆续由前方赶到，当晚即在总司令部行营开会，出席者有何成浚、朱绍良、鲁涤平及张辉瓒等十余人……”

会后，蒋介石在南昌设立了国民党陆海空军总司令南昌行营，任命江西省主席兼第九路军总指挥鲁涤平为南昌行营主任，以表明这次“围剿”的声势。

蒋介石“面授机宜”，制定了“围剿”的十六字方针：“长驱直入，外线作战，分进合击，猛进猛打。”他调集了 11 个师 2 个旅约 10 万兵马进行“围剿”。另外还派出 3 个航空队，以造成空中优势，因为红军没有一架飞机，连高射炮也没有。

说实在的，那时的蒋介石还没有把毛泽东放在眼里。他认为，做了这么一番“面授机宜”之后，足以“荡平共匪”。他在南昌逗留几日之后，便带着吴稚晖、周佛海、邵力子、陈布雷上庐山作逍遥游，不久就返回南京去了。

毛泽东面对气势汹汹的 10 万敌军却在那里读书，他认为《孙子兵法》中孙子所说的八个字极有见地，那就是“避其锐气，击其惰归”。

尽管许多人主张“主动出击，北上迎敌”，甚至提出“主动进攻九江、南昌”，毛泽东却依据《孙子兵法》提出了四字方针：诱敌深入！

后来，毛泽东作了如此生动的形容：

> 谁人不知，两个拳师放对，聪明的拳师往往退让一步，而蠢人则气势汹汹，劈头就使出全副本领，结果却往往被退让者打倒。
>
> 《水浒传》上的洪教头，在柴进家中要打林冲，连唤几个“来”“来”“来”，结果是退让的林冲看出洪教头的破绽，一脚踢翻了洪教头。①

毛泽东学林教头，在蒋介石的 10 万大军面前退让着。而根据蒋介石“长驱直入”的方针，他的部队也就随着红军的退却“长驱直入”了。

在蒋介石诸将之中，有一位名唤张辉瓒，《民国日报》“南昌通讯”中提及的蒋介石“面授机宜”的将领之中，便有此公的大名。

张辉瓒在 1926 年出任国民革命军第四师师长，1929 年出任南昌卫戍司令，1930 年 3 月兼任江西省“剿匪”总指挥。他屠杀共产党人不眨眼，人称“张屠夫”。

这一回，“张屠夫”受命“剿匪”，趾高气扬。他向部下发表训词：“吾党

---

①《毛泽东选集》第一卷，人民出版社 1991 年版，第 203 页。

与共匪势不两立，此番不剿清，誓不生还，愿吾汝辈共勉之！”

江西中部的东固驻有红军主力，国民党新编第五师师长公秉藩与张辉瓒分别率部朝东固进军。

张辉瓒求胜心切，12 月 20 日晨率部逼近东固。清早，浓雾遮日，张部在雾中听见人叫马嘶，判定为红军主力，当即发动强攻。对方人强马壮，马上予以猛烈还击。双方在浓雾中激战。

双方厮杀正酣，浓雾渐消，对方发觉死者穿的是国民党军衣，大吃一惊，急忙吹号联络。张辉瓒部队一听号声，方知对方不是红军，是公秉藩的新编第五师。这一场大战，是“大水冲了龙王庙”，自家人打了自家人！

原来，毛泽东见公秉藩、张辉瓒两师朝东固扑来，为了避其锋芒，退兵至龙冈。公秉藩捷足先登，占了东固，马上发电报给鲁涤平、何应钦、蒋介石，抢报头功。蒋介石当即复电，称赞公秉藩“该师将士用命，克奏肤功，实堪嘉奖”，给 2 万元“犒赏官兵”。张辉瓒不知此事，以为东固仍在红军手中，所以在雾中开火，误杀一阵……

张辉瓒挨了蒋介石的臭骂：“怕死！”“可耻！”

张辉瓒的牙齿咬得咯咯响，誓要立一“大功”，以雪东固之耻。

这时，毛泽东稳坐中军帐。12 月 25 日，他在离东固不远的小布镇召开盛大的“苏区军民歼敌誓师大会”。他别出心裁，给大会写了一副对联，高悬在主席台两侧。这副对联，生动地反映了他的游击战争策略：

敌进我退，敌驻我扰，敌疲我打，敌退我追，游击战里操胜券；
大步进退，诱敌深入，集中兵力，各个击破，运动战中歼敌人。

毛泽东正是运用这副对联中的策略来对付蒋介石第一次“围剿”的。

张辉瓒的求胜之心甚切，于 12 月 29 日率主力第五十二旅、第五十三旅及师部 9000 余人逼近龙冈。毛泽东料定张辉瓒第二天必然途经苦竹岭进军龙冈。苦竹岭距龙冈 10 公里。毛泽东、朱德在苦竹岭设立了指挥所，调集红军主力埋伏在龙冈。龙冈是江西永丰县的一个五六百户人家的小镇，高山环绕，中间是一峡谷，是打伏击战极好的“口袋”。

军情紧急，已经无法再作战前动员，红军战士马上开始急行军。这时，下起了蒙蒙细雨，山道甚滑，可是为了争取时间，战士们在细雨中小跑前进。

大家不知何故如此急迫，原定向上固移动，如今军队突然转了方向。见到路边的大门板上用粉笔写着的一行大字，这才恍然大悟：

> 军长、政委示：
>
> 上固无敌，敌在龙冈，望全军将士奋起精神消灭之。
>
> 林彪[①]

经过紧张的急行军，毛泽东调集了优势兵力，布下罗网：红三军负责正面攻击，红十二军负责左路，红四军由上固转向龙冈西北侧埋伏。

这样，毛泽东和朱德布好了“口袋”，坐镇苦竹岭观察动静，以便决定何时收紧“口袋”。

果真，张辉瓒翌日率部进入“口袋”。真是天助红军，当天下午，居然浓雾四起！

红军熟悉那里的地形，而张辉瓒的第十八师人地生疏。在朱毛下达总攻令之后，敌军乱成一团，9000多人成了瓮中之鳖，束手就擒！一夜之间，张辉瓒部队全军覆没！鲁涤平当天给蒋介石发去电报，喟然长叹：“龙冈之役，第十八师片甲不留！”

翌日，红军打扫战场，却不见张辉瓒。张辉瓒哪里去了呢？须知，龙冈这只“口袋”，任谁都插翅难逃。

红四军第十师的一个班在一棵大枫树下面发现了一件狐皮大衣，显而易见，只有国民党大官才会有这种“派头”的大衣。细细查看，在大衣里发现一个手指头大小的牌子，上写“张辉瓒”三字。这表明，张辉瓒一定是扔下这件显眼的大衣逃命，可能离此不远。

---

①《红军反“围剿”回忆史料》，解放军出版社1994年版，第24页。

战士们开始搜山。在一个山水冲成的山窝里，有个土洞，洞里躲着一个人。

“快出来！不出来就开枪啦！”战士们喊道。

那人战战兢兢地从洞中爬出来。他肥头大耳，却穿了一身过小的普通士兵服装，绷得紧紧的。

此人便是张辉瓒！

一传十，十传百，“活捉张辉瓒”的消息，像长了翅膀似的在龙冈传开了。

在龙冈大坪，张辉瓒被押去见毛泽东。

“润之先生，润之先生。”张辉瓒连连向毛泽东鞠躬。毛泽东哈哈大笑道：“你曾一再说过，要剃朱、毛的头，想不到今日被我们剃了头！”张辉瓒连声道：“惭愧！惭愧！有罪！有罪！”

身为阶下囚，这位中将师长此时此际唯有求毛泽东高抬贵手饶他一命。张辉瓒答应给红军捐款、捐药、捐枪弹。

毛泽东关照部下好好看管张辉瓒，不要杀他。毛泽东说，可以安排张辉瓒到红军学校即将开办的训育系当教员，发挥他的一技之长。

张辉瓒的家属得知张辉瓒被俘，急着在上海托关系找中共中央，愿不惜任何代价换回张辉瓒。为此，中共中央派出涂作潮赶赴江西苏区。

无奈“张屠夫”名声太恶，加上当时“左”倾思想颇盛，张辉瓒被押往东固公审。1931 年 1 月 28 日，东固召开万人公审大会，在一片怒吼声中，张辉瓒被斩首。

在一举全歼张辉瓒部队之后，谭道源师惊慌失措，夺路而逃，自相践踏。毛泽东挥师追击，1 月 3 日追至东韶，歼谭师一个旅，计 3000 多人。

这样，五天连胜两仗，歼敌 1.2 万多人，国民党的第一次“围剿”以失败告终。

毛泽东笑了。这是他在遭受中共红四军七大和李立三路线的两次诘难打击之后，头一回取得大胜利。

□ 伪造的毛泽东亲笔信，差一点儿惹起大祸

就在紧张地进行第一次反“围剿”的日子里，在急骤的战斗进行曲中忽然蹦出了不协调的刺耳音符。

事情发生在彭德怀的第三军团指挥部。

那是 1930 年 12 月中旬的一天夜半，第三军团前委秘书长周高潮忽然给彭德怀送来一封密信。彭德怀一看那特殊的毛笔字，便知是毛泽东写的。

彭德怀阅信后，那两条浓眉紧紧拧在一起，大为震惊。毛泽东的信，不是写给彭德怀的，却是写给古柏的。古柏是江西寻乌人，1925 年加入中共，担任过中共寻乌县委书记。1930 年 5 月，毛泽东到寻乌作调查时，跟古柏结下很好的友谊，于是调他担任红四军前委秘书长，相当于毛泽东的秘书。据笔者对古柏夫人曾碧漪的采访[①]，红一方面军成立时，古柏又成为红一方面军总前委秘书长。

那封毛泽东致古柏的信，全文如下：

古柏同志：

据目前各方形势的转变，及某方来信，我们的计划要赶快实现，我们决定捕杀军队 C.P. 与地方 C.P. 同时并进，并于捕杀后，即以我们的布置出击。仅限三日内将赣西及省行委任务完成，于拷问段、李、王等中坚干部时，须特别注意勒令招出朱、彭、黄、滕系红军中 AB 团主犯，并已与某方白军接洽等罪状，送来我处，以便早日捕杀，迅速完成我们的计划。此信要十分秘密，除曾、李、陈三人，任何人不准告知。

毛泽东

10/12[②]

---

① 1991 年 7 月 10 日，笔者在北京采访古柏夫人曾碧漪。

② 见“石叟资料文库”收集的关于红军的文献。

这是一封绝密之信。信中提及的“朱、彭、黄、滕”，即朱德、彭德怀、黄公略、滕代远。

朱、彭、黄、滕怎么会成了“AB 团主犯”？！怎么要“早日捕杀”？！

密信之外，还附有上万字的《告同志和民众书》，开头的第一句话便触目惊心：“党内大难到了！！！彭德怀叛变投敌！！！”

好在彭德怀粗中有细。他问周高潮这信是谁送来的，周说：“是一个普通农民青年。”彭德怀要周把送信人找来，周出去半天没找到。

彭德怀认为，此信肯定是伪造的，毛泽东绝不会写这样的密信。后来，彭德怀谈及此事，曾说：

> 当时在我的脑中回想着毛泽东同志建设工农革命军、建设井冈山根据地、传达“六大”决议、争取袁王联盟、严肃批评乱杀两个群众的事；关于当时不应该留五军守井冈山的自我批评；特别是古田会议决议，这一切都是正确的方针、政策和政治家风度。毛泽东同志决不是一个阴谋家，而是一个无产阶级政治家。这封信是伪造的，这是分裂红军、分裂党的险恶阴谋。[①]

翌日晨，彭德怀召开紧急会议，说了自己的看法。人们仔细看那封信，发觉信末写着“10/12”，毛泽东从无这样的书写习惯。滕代远同意彭德怀的分析，说道：“好危险啊！这是一个大阴谋！”

当时彭德怀的第三军团指挥部在东山坝，毛泽东的总前委在黄陂（不是湖北省的黄陂县，是江西宜黄县和宁都之间的一个小镇，附近还有白陂、东陂、礼陂等小镇），两者相距六七十里。彭德怀当即代表第三军团起草了一个简短宣言，派人急送毛泽东。宣言表示：“第一、第三军团在总前委领导下团结一致，拥护毛泽东同志，拥护总前委领导！”

就在这时，朱德那里也收到同样内容的毛泽东的“亲笔信”。

---

①《彭德怀自述》，人民出版社 1981 年版，第 164 页。

李井泉曾这样回忆事情的经过：

> 那时，东固来了个刘副官。到了黄陂，用毛泽东同志的名义写了封信，偷偷地放在朱总司令那里。信的内容是说朱总司令怎么不好，落款是用英文签的名。这下就露了马脚。朱总司令一看，就说毛泽东同志写信从来不用英文签名，这是个阴谋。于是，把这封信公开了。那个刘副官放下这封信之后就逃走了。[①]

就这样，一场离间毛泽东和朱、彭、黄、滕的阴谋被识破了，红军的一次大破裂危机，安然度过了。

是谁伪造了毛泽东的亲笔信？是谁制造了这起阴谋？经过详细的调查，这才逐渐查清其中错综复杂的内幕：

AB 团是一个反共的秘密组织，1927 年 1 月在南昌成立，是由国民党右派组织的。最初，因“A”代表省级组织，“B”代表县级组织，取名“AB 团”。

那是北伐军攻克南昌之初，蒋介石派出他的亲信段锡朋、郑异为“中央特派员”，前来负责国民党江西党务。后来又加派了洪轨前来南昌。段、郑两人均为江西籍。于是，段、郑、洪在南昌秘密成立了“AB 团”，以反对中共和国民党左派为目的。

“AB 团”在江西为害三个来月，被中共和国民党左派视为眼中钉。中共江西区委决定对“AB 团”采取行动。1927 年 4 月 2 日，在中共江西区委领导下，江西工会、农会、学联和朱德手下的军官教导团，突然冲往南昌百花洲，包围了那里的国民党江西省党部，逮捕了“AB 团”骨干 30 多人。段锡朋连夜从南昌逃往南京。这样，“AB 团”作鸟兽散，从此销声匿迹。

本来，在“AB 团”总部被捣毁之后，“AB 团”事件也就画上了句号。可是，在 1930 年三四月间，在江西莲花钱山发现了所谓“改组派 AB 团”。接着，5 月，又在安福西区、纯化、兴国破获了他们一些下级的零碎组织。8 月，

①《革命历史资料丛书之七　回忆中央苏区》，江西人民出版社 1981 年版，第 158 页。

中共赣西南特委又破获他们大批组织。

中共赣西南特委在 1930 年 6 月 25 日发出了《反改组派“AB 团”宣传大纲》，提出改组派“AB 团”是“红旗下的奸细”，必须对他们“实行赤色恐怖”。9 月 24 日，中共赣西南特委又发出《紧急通告第 20 号——动员党员群众彻底肃清“AB 团”》。“通告”指出：“‘AB 团’在赣西南有了数年的历史，他们诡计百出地混入我党及各政权机关，希图暴动起来，夺取政权……”这样，肃清“AB 团”的声势越来越大。

10 月，红军攻下赣西南重镇吉安时，在城里发现几年前的“AB 团”旗帜、印章，更使“AB 团”问题引起人们注意。

中共赣西南特委把形势估计得非常严重。那里的团特委发行科朱家浩“因工作消极，言论行动表现不好”，首先被怀疑为“AB 团”，于是对他实行了逼供。

如此“软硬兼施”“严加审问”，使朱家浩、谢兆元乱供，使一大批被“捉拿”的人乱供，造成了“AB 团”满天飞的局面！

1930 年 12 月 7 日，总前委派出了李韶九作为特派员前去吉安东固领导肃反。

李韶九其人，原在程潜的国民党第六军第五十四团第四连担任指导员，八一南昌起义时，他成了俘虏，加入了朱德部队。当朱德部队在东江失利后，他又重新回到国民党部队，半年后再度加入红军，来回摇晃于红白之间。

李韶九到了东固之后，感觉简直遍地都是“AB 团”。从 12 月 7 日到达，至 12 月 10 日晚，短短四天之间，他竟在那里的中共江西省行委、省苏维埃政府和中共赣西南特委三个机关中，逮捕了 120 名“AB 团”嫌疑人，而且把其中 50 多人处决！①

用今日的语言来说，李韶九搞的，乃是“肃反扩大化”！

李韶九又把怀疑的目光投向驻扎在吉安富田的红二十军，逮捕了红二十军政治部主任谢汉昌，说他是“AB 团分子”。谢汉昌又乱供红二十军第

① 晓农：《李韶九与 AB 团》，《江西党史研究》1989 年第 6 期。

一七四团政委刘敌是“AB 团分子”。不过，刘敌和李韶九都是湖南嘉禾县人，看在同乡的分上，李韶九找刘敌谈话，指出他是“AB 团分子”，却没有逮捕他。

当李韶九押着谢汉昌离开富田去东固后，12 月 12 日，刘敌便召集第一营的干部说：“李韶九是反革命，把我们的政治部主任谢汉昌捉起来了，以后还要抓我们。”

于是，刘敌率第一营去东固抓李韶九。李韶九逃掉了。刘敌释放了谢汉昌，释放了一大批被抓的所谓“AB 团分子”，其中包括江西省行委的段良弼等。这一事变震惊了苏区，史称“富田事变”。

事情闹大了。段良弼、谢汉昌等认为李韶九是红一方面军总前委派来的，便带着红二十军过了赣江，到永新、永阳一带，脱离红一方面军总前委的领导。事情越闹越大。段良弼、谢汉昌他们要制造红一方面军总前委书记毛泽东和朱、彭、黄、滕的矛盾，造成分裂，想出了伪造毛泽东信件的计策。其中有个名叫丛永中的，平日喜欢模仿“毛体”，此时派上了特殊的用场：伪造毛泽东亲笔信！

就这样，彭德怀和朱德都收到了奇特的“毛泽东亲笔信”！

所幸，彭德怀、朱德都察觉了这一诡计，没有上当。那时，正面临着蒋介石的第一次“围剿”，如果彭、朱中计，红军分裂，马上就会被蒋介石击破！

□ 从上海派来中央“三人团”

富田事变惹起一场大风波。

事情变得更加错综复杂：段良弼、谢汉昌、刘敌等所谓“富田事变头目”，本不是“AB 团分子”，硬是被李韶九搞“扩大化”而“扩”进“AB

团”之列。

可是，他们又采取了不正当的手段，发动“富田事变”，特别是伪造毛泽东的亲笔信，差一点儿挑起一场大内乱！他们的所作所为，恰恰为那些指责他们是“AB团分子”的人提供了“证据”。

解决“富田事变”这项棘手的任务，落在了中共苏区中央局代理书记项英的头上。

项英当时的头脑还算是比较冷静的。他首先抓住了重要的一条，即段良弼、谢汉昌发动“富田事变”之后，带走了红二十军，虽然脱离了红一方面军总前委的领导，但并没有去投降国民党。

这样，由项英主持，1931年1月16日召开了中共苏区中央局会议，通过《中央局通告第2号——对富田事变的决议》，表示“完全同意总前委对富田事变所采取的斗争路线”，认为“富田事变完全是反党的反革命的行动”，并决定“将富田事变的首领段良弼、李伯芳、谢汉昌、刘敌、金万邦等开除党籍”。但是，决议并没有称富田事变是“AB团的暴动”。决议还指出，今后“绝对不能随便乱打乱杀”“不能随便听人乱供乱咬，乱加逮捕”。

项英对“富田事变”进行了“冷处理”，他“责成曾炳春同志亲自到河西永新苏区去把二十军带过河东来，并带去中央局的指示，通知赣西南特委负责人和参加富田事变的领导人过江来苏区中央局开会”。这样，他没有用武力去解决红二十军。经过宣传、教育，红二十军回归到红军中来。“富田事变”的领导者谢汉昌、刘敌、李伯芳等，“向党承认自己的错误，请党教育”。

这样，一场剑拔弩张的“富田事变”经项英妥善处理，也就安然过去了。红二十军开赴前线，参加了与国民党军队的作战。

一波未平，一波又起。1931年4月上旬，从上海派出了中央代表团，来到当时中央苏区中央局和红一方面军总前委所在地宁都县青塘圩。中央代表团的正式名称叫“六届四中全会代表团”。那是因为1931年1月7日，中共六届四中全会在上海召开，王明上台。为了在苏区贯彻中共六届四中全会路线，中共中央派出了代表团。代表团共三人，即任弼时、王稼祥和顾作霖，人称“三人团”。和“三人团”一起来到苏区的，还有叶剑英、欧阳钦。

任弼时在中共六届四中全会上当选为政治局委员。这位留着八字胡、戴近视眼镜、27 岁的湖南人，早在 1920 年秋，便出现在上海霞飞路（今淮海中路）新渔阳里 6 号的石库门房子里。房子门口虽然挂着“外国语学社”的牌子，实际上是上海共产主义小组的外围组织。任弼时是第一批学生中的一个，学习俄语，教师是杨明斋以及维经斯基的夫人库兹涅佐娃。这年冬天，任弼时加入了中国社会主义青年团。1921 年春，任弼时来到莫斯科东方大学学习。翌年，他在那里转为中共党员。1924 年他返回中国，1926 年成为中国共产主义青年团中央代理书记、总书记。大抵由于他有过苏联留学的经历，在王明看来是信得过的，所以派他前来苏区，是“三人团”中级别最高的人物。

王稼祥是“二十八个半布尔什维克”中的一个，王明理所当然信得过。

顾作霖不过 23 岁，出生在上海嘉定徐行。17 岁那年，他考入上海大学，在那里加入了中国共产主义青年团，1926 年转为中共党员。他担任过中共山东省委常委、长江局主席团成员。进入苏区前夕，他在上海担任团中央组织部部长。当时，他的妻子杨龙英正临产，他的儿子顾家来只有一岁。他告别爱妻、幼子，和任弼时、王稼祥一起化装成商人，经香港、汕头进入闽西，再进入江西。

苏区中央局扩大会议于 3 月 18 日开始，进行了三天半。由于任弼时率领中央代表团到来，4 月 17 日，中央局又召开一天会，作为扩大会议的继续，由代表团传达四中全会精神和中央对于目前形势的估量。扩大会议“新作一决议”，对项英所持“不能肯定富田事变是 AB 团取消派的暴动”的立场，和采取解决党内矛盾的办法来处理的正确主张，进行了批评，认为是“非常错误的，脱离阶级立场的”。

任弼时到苏区两个多月，通过中央局扩大会议，特别是通过对第二次反“围剿”战争战略决策的争论和实际指挥过程，观察周围战友，改变原有的印象。后来他这样说，对毛泽东，“未到中区前是有毛右倾的观念的，到中区后认为有独特见解，有才干”。特别是大军压境之际，毛深察敌情，临机果断，指挥若定。而项英则“犹豫不决（特别在军事行动上），领导战争能力弱，故有推毛为书记事”。5 月 24 日，中央局决定，恢复 1 月间撤销的红一方面军总前委，以毛泽东为总前委书记，统一领导作战及战区的地方工作。后又向中央报告，“项英因解决富田事变完全错误，认为是党内派别斗争，因此丧失信仰，工作能力不够领导，中央局决以毛泽东为代理书记”。请求中央批准。

接着，6 月 20 日，“中央革命军事委员会”亦进行改组，撤去了项英的主席职务，改由毛泽东任主席，朱德、项英为副主席，叶剑英为总参谋长，周以栗为政治部主任。

这样，毛泽东成了苏区中共和红军的双重最高首长。毛泽东成功地领导红军战胜了国民党反动派的第一次“围剿”，使他的声望大增。

“横扫千军如卷席”

南昌，百花洲，那里的国民党陆海空军总司令行营主任易人了。首任行营主任鲁涤平因“指挥不力”，被蒋介石撤职。

1931 年 2 月 22 日，《民国日报》报道，蒋介石派何应钦西上，指挥南昌武汉两行营，处理湘鄂赣闽四省剿共事宜，借以统一指挥而专责成，以冀最短期间将四省共匪肃清。

41 岁的何应钦虽然出生于贵州兴义，但祖籍却是江西。他跟蒋介石有着颇深的交情：1908 年，何应钦赴日本留学，在振武学堂结识了蒋介石。同窗之谊，使蒋何之间变得亲密了。

何应钦回国后在黔军中任团长、旅长，以至成为黔军总参谋长。由于黔军总司令王文华突然遇刺，他失去靠山，离黔出亡，到广州任孙中山元帅府参谋。当蒋介石出任黄埔军校校长时，他任战术少将总教官兼黄埔军校教育长，从此蒋何携手。1929 年，当蒋介石出任海陆空军总司令时，何应钦出任海陆空军司令部总参谋长。翌年，又任国民政府军政部部长。

蒋介石派出了何应钦这么一位军界大员坐镇南昌指挥，表明了他对此番再度“围剿”的重视。

蒋介石反省上次“围剿”之败，败在“长驱直入”，误入了毛泽东布下的“口袋”。这一回，他对战略方针作了修改，改成：“稳扎稳打，步步为营，紧缩包围。”

何应钦调集了20个师又3个旅，兵力20万，比第一次“围剿”增加了一倍，即毛泽东的词中所谓“二十万军重入赣，风烟滚滚来天半”。

这时红军的总兵力为3.5万人，只及国民党军队的1/6。蒋介石发表演说，他紧握拳头，大声宣称：“三个月内消灭共军！”

面对六倍于己的敌军，该怎么办？这个问题在红军统帅部引起了一番激烈的争论。

项英在处理“富田事变”上采取了正确的措施，可是，面对“二十万军重入赣”，他却提出了错误的意见。他主张转移，主张“跑”，把红军开到四川去。

也有许多人主张“分兵退敌”，认为红军分散游击，可以分散敌军的目标。

毛泽东力排众议，依然坚持“诱敌深入，集中兵力”的战略。毛泽东分析敌情，指出这20万敌军“全部是蒋之非嫡系部队”，不必过分惊慌。他主张“拣弱的打”。

经过前后一个半月、四次会议的反复讨论，毛泽东的意见终于得到了中共中央新派来的“三人团”的认可。

何应钦指挥着20万大军，“齐头并进，稳扎稳打”，西起赣江，东至福建建宁，战线700里，徐徐朝南推进。到了1931年4月下旬，已推进至富田、广昌、建宁一线。不过，直至此时，何应钦仍不知红军主力在哪里。

毛泽东是一位军事奇才。他约了彭德怀，在东固一带的群山之中行走，一边摘吃山上的刺梅，一边察看地形，看中了这块地方。

东固在上回“捉了张辉瓒”的龙冈之北，地形有点像井冈山，只是没有井冈山那么高罢了。东固群山环抱，北有东固岭、钟鼓山，东南有名为“狐狸十八歇”的大山，南有大乌山、荒石岭，西南有白云山，西有观音崖，西北有九寸岭，群山之间只有五条羊肠小道，类似于井冈山那五大哨口，是一个易守难攻的好地方。自 1931 年 4 月 20 日起，毛泽东把 3 万红军主力调入东固，派兵严守各山口。3 万大军在深山之中悄然待命，伺机而动。

这时，东固的西、北、南三面皆有国民党军，而且挨得很近：西有王金钰部队，驻扎在富田陂下一带，离东固不过 40 里；北面是郭华宗部队，驻扎水南、白沙，离东固只有 70 里；南面是蒋光鼐、蔡廷锴的两个师，占领了兴国县城。毛泽东下的是一步险棋，一旦消息走漏，遭到三军夹击，那将天时尽失，陷入包围圈之中。项英挖苦毛泽东，说他“钻牛角”。毛泽东坦然答曰：“我们就要钻这个‘牛角’！”

毛泽东看中东固，除了那里群山环立、地形极为有利之外，还在于中共在东固有很深的根基，那里曾被誉为赣西南“群众斗争最红的地方”。3 万大军进山，那里的妇女、孩子都帮助放哨、查“路条”，家家户户借粮给红军。

不过，东固原本只有居民万把人，陡然增加了 3 万青壮年，粮食顿时紧张起来，菜蔬也不够供应。于是，红军从每日三餐改为每天两顿，各部纷纷上山挖竹笋、下田逮泥鳅、入河摸螺蛳，权且当菜。

何应钦和毛泽东，两位主帅都在摸对方的底：何应钦觉得好生奇怪，怎么自己一路“稳扎稳打”，从未遇上有力的抵抗，不见红军主力的踪影？毛泽东坐在深山之中，却在终日琢磨，选择什么时机奇袭，才会收到最好的战果？

何应钦的右路军总指挥为王金钰，王手下的部队之一是第二十八师（原称新编第五师），师长公秉藩乃是红军的老对手。公秉藩部队参加过第一次“围剿”，那时首先攻占东固的是他，跟张辉瓒部队在浓雾中火并的也是他。上一次幸亏他逃得快，才算没有全军覆没。此次又与毛泽东交手，他未免心有余悸。

5 月 8 日，公秉藩麾下的第八十二旅旅长王懋德报告了一个极其重要的情报，该旅步哨抓获一名红军排长，说毛、朱、彭、黄皆在东固，那里集中了红军七八个军！这位红军排长据云是犯了严重错误，受到重罚，趁监视疏忽之机逃了出来，过来投诚。

毛泽东的苦心经营，差一点儿断送在这个叛徒身上！

不过，公秉藩未敢贸然相信这个排长之言，生怕有诈。他一边嘱令严审这个排长，一边急电何应钦。

何应钦下令对东固进行飞机侦察。

漆着青天白日标志的侦察机在东固上空反复盘旋，但并没有发现异常迹象。

于是，5 月 11 日，何应钦复电公秉藩："连日派飞机侦察，均未见敌踪。仍盼鼓励所属，不顾一切，奋勇前进，如期攻下东固，树各路之先声。"

这样，那个反叛的红军排长所提供的重要情报，反而被视为"苦肉计"，遭到了否定。

毛泽东此时在东固深山之中，正侧耳谛听着山外的"声音"。

说实在的，毛泽东得"感谢"张辉瓒，因为张辉瓒全军覆没之际，他的无线电台也落入红军手中！

在此之前，红军没有无线电台。因此，当年毛泽东和朱德互相寻找，朱毛和彭德怀互相寻找，花费了多少工夫！也正因为这样，中共中央的指令和朱毛的汇报，要用药水写在白衬衫上或写在竹纸上，靠地下交通员递送，一两个月才能到达。

龙冈一战，红军从张辉瓒师部缴获一台 15 瓦特的收发报机，如获至宝，同时还俘获了几个无线电报务员。不过，缴获的这台发报机却是坏的。所幸，紧接着在宁都东韶歼灭谭道源第五十二师的一个旅时，又缴获了一台 15 瓦特的收发报机。

这个电台跟随红一方面军司令部行动，成了毛泽东、朱德的"耳朵"。此刻，在东固，红军电台昼夜一直有人值班，监听着国民党军队发出的每一个无线电讯号。国民党军队做梦也没有想到，红军居然也在接收着他们之间的联络电报！

在监听中，要算公秉藩师部发出的无线电报讯号最为"嘹亮"，因为其他部队用的都是 15 瓦特的收发报机，而公秉藩师部用的是 100 瓦特的收发报机。红军对公秉藩师部的收发报机“垂涎三尺”，盘算着如何完好无损地弄到手——因为那台大功率的收发报机足以架起空中通道，跟上海的中共中央直接联系。

红军主力3万大军在东固大山之中已经埋伏了整整25天，很多人都已烦躁起来，怀疑毛泽东这次钻“牛角”，究竟能不能钻得通。

正在这个节骨眼儿上，1931年5月15日黄昏，红军电台从空中捕捉到重要情报！

那是公秉藩师部跟该师吉安留守处之间的明码往返联络——

师部台：“我们现驻富田，明晨出发。”

吉安台：“哪里去？”

师部台：“东固。”

红军电台马上把这份重要情报送到毛泽东和朱德手中。于是，当天晚上，总司令部的灯火通宵亮着，毛泽东和朱德忙碌着调兵遣将，在公秉藩师必经之路上布好了“口袋”。

5月16日清早，前方侦察部队向公秉藩汇报，说通往东固的道路“平静得和水一样”。公秉藩又提及那位红军排长，说此人所说情况“显然与事实不符”。

迎着朝阳，公秉藩率师向东固前进。山间路窄，队伍成一列纵队前进，足有五六里长，队伍中最显眼的是三顶大轿，里面分别坐着师长公秉藩以及副师长、参谋长。

上午10时许，公秉藩师全部进入毛泽东的“口袋”。一声令下，寂静的山谷里突然响起炒豆般的枪声，喊杀声震天动地。这时，红军电台收到了公秉藩师部发出的“SOS”求救呼号声，红军总司令部闻讯笑声连连。

下午3时，战斗结束。公秉藩的第二十八师全军覆没，第四十七师第五旅也被歼灭。这一仗，红军共歼蒋军1万多人！

师长公秉藩被红军活捉，不过，他被俘前化装成了士兵。红军宽大俘虏，给回家的蒋军士兵每人发两块“花边”（银圆）。公秉藩也混在士兵中领大洋，发到他的时候，只剩一块大洋了。红军要他等一下，过一会儿补发一块大洋给他。他生怕有变，连声说“一块花边足够用”，赶紧溜之大吉。但最后还是被捉住了。

至于红军“垂涎”已久的公秉藩那部100瓦特的电台，真的完好无损地被缴获。另外，还缴获了6部15瓦特的电台。从此，红军建立了无线电总队，王诤任总队长，伍云甫任政委。这支无线电总队一直监听着蒋介石部队的往返电报，为红军提供了许多重要情报。

值得提的是，红军对蒋介石军队的“围剿”部署了如指掌，除了监听之外，还跟埋伏在敌营中的中共特科成员及时提供重要情报息息相关。

自从缴获了诸多国民党军队的无线电台，建立了无线电总队，红军获取敌营情报有了重要的通信工具，跟上海甚至北平的中共地下组织可以保持无线电联络。

东固一战，朱毛红军威名大振。毛泽东乘胜连连出击，从5月16日至31日的15天内，红一方面军由西向东横扫700里，五战五捷，歼敌3万多人，缴枪2万多支。蒋介石的第二次“围剿”落下了大幕。

毛泽东又一次显露了他的韬略雄才。彭德怀从此称他是“摇鹅毛扇的”，把他比作诸葛亮。

□ “肥的拖瘦，瘦的拖死”

蒋介石于1931年6月21日再赴南昌。这次，蒋介石亲自坐镇南昌，直接指挥第三次“围剿”。

第三次“围剿”的兵力增至30万，所增加的10万兵马，全是蒋介石的嫡系部队。蒋介石委任何应钦为左翼集团军总司令，陈铭枢为右翼集团军总司令，卫立煌为总预备军总指挥。

蒋介石下了破釜沉舟的决心，发表文告宣称，自己如果不能“解甲归田”，那就“舍命疆场”。

主帅从鲁涤平而何应钦而蒋介石，兵力从10万而20万而30万，蒋介石确实是想要“踏平”红军了。

红军呢？刚刚结束第二次反“围剿”，还是3万多兵力，尚来不及喘一口气休整。这一回，将要以一比十迎战蒋军，何况敌方主力是蒋军嫡系精锐之师。

仗着人多势众、兵力雄厚，蒋介石又以“长驱直入，分进合击”为战略方针。

毛泽东仓促上阵。因为从第二次反“围剿”结束，到第三次反“围剿”开始，相隔不过一个月，红军想不到蒋介石来得那么快。

上两回反“围剿”都获大胜，毛泽东在军内威信倍增，这一回依然用“诱敌深入”作战略方针，依然用的是“避敌主力，打其虚弱”的办法。

一开始，蒋介石好得意，雪花般的捷报纷至沓来，送至南昌行营：青天白日旗飘扬在广昌城头；宁都不战而克；瑞金落入“国军”之手；富田、水南、白沙、沙溪、中沙、大金竹、头陂……接连易主。

面对十倍之敌，毛泽东只得放弃一座座城池。正在蒋介石兴高采烈之际，毛泽东秘密召见红十二军军长罗炳辉，面授机宜。

自从毛泽东一番吩咐之后，红十二军忽然改变了朝南退却的步子，而是朝东北方向前进。往日行军，衔枚而进，偃旗息鼓，如今却打起了红旗，特别是在国民党的飞机前来侦察时，红军战士将花被面扎在竹竿上，迎风招展，颇为招摇。人与人之间特地拉开距离，行军时变成长长的队伍。他们偏爱泥尘多的道路，喜欢踏得尘土飞扬。每逢三岔路口，则必定用石灰水刷上“某某军团朝此前进”之类的字样，画上大箭头。到了村庄扎营，则在各处门板上写上“某团某营驻地”之类。只是，那些部队番号是随便“创作”的……

正在寻觅红军主力决一雌雄的蒋介石，听信了飞机的侦察报告，把红十二军当成了红军主力，于是调兵遣将，尾追不舍。

罗炳辉见国民党军主力尾随，知道蒋介石已经中计，于是十分“照顾”国民党军，放慢了前进的速度，以使国民党军能够跟上。有时还往后打几枪。

国民党军以为红军布下了伏击“口袋”，小心翼翼派出侦察部队探路，直至查明没有设伏，这才继续前进。

罗炳辉逶迤而行，专拣高山行军，不断地翻山越岭，弄得尾追的国民党军叫苦不迭。

如此这般，红十二军要把国民党军主力“肥的拖瘦，瘦的拖死”。

这时，红军主力在毛泽东率领下，悄然在江西兴国境内休整了半个月。毛泽东从从容容主持作战会议，细细研究着“雷公打豆腐”，如何“拣软的欺”！

待蒋介石发觉上当受骗，已经晚矣。1931 年 8 月 6 日，毛泽东指挥红一方面军在莲塘首战告捷：把国民党军第七十四师第一旅包围于莲塘东北山谷内，全部歼灭！

翌日，红一方面军向良村急进，又吃掉敌第五十四师两个团！

红军在毛泽东指挥之下，三战三捷，歼灭蒋军 17 个团，共 3 万余人。

正在这时，胡汉民、汪精卫联络两广军阀，在广州成立了“国民政府”，与蒋介石对抗。9 月 4 日，粤军入湘。蒋介石忙于对付国民党内讧，不得不下令结束第三次“围剿”。

蒋介石在南昌对部下训话时，不得不叹道：“我们 10 个人不能当一个人用，我们 30 万兵打不过他们 3 万兵！”

彭德怀对毛泽东领导第三次反“围剿”，作了如下评述：

> 这次战役的特点是，充分发挥了毛主席灵活机动之战略战术方针。三个月的艰苦战斗，战胜了十倍之敌。以相对劣势装备和绝对劣势兵力，无后方接济的作战，取得了伟大胜利，粉碎敌人的“围剿”，创造了古今中外没有过的一套崭新的战略战术，这是马克思列宁主义武库中新的发展——毛泽东的军事辩证法。[1]

①《彭德怀自述》，人民出版社 1981 年版，第 172 页。

第四章　瑞金浮沉

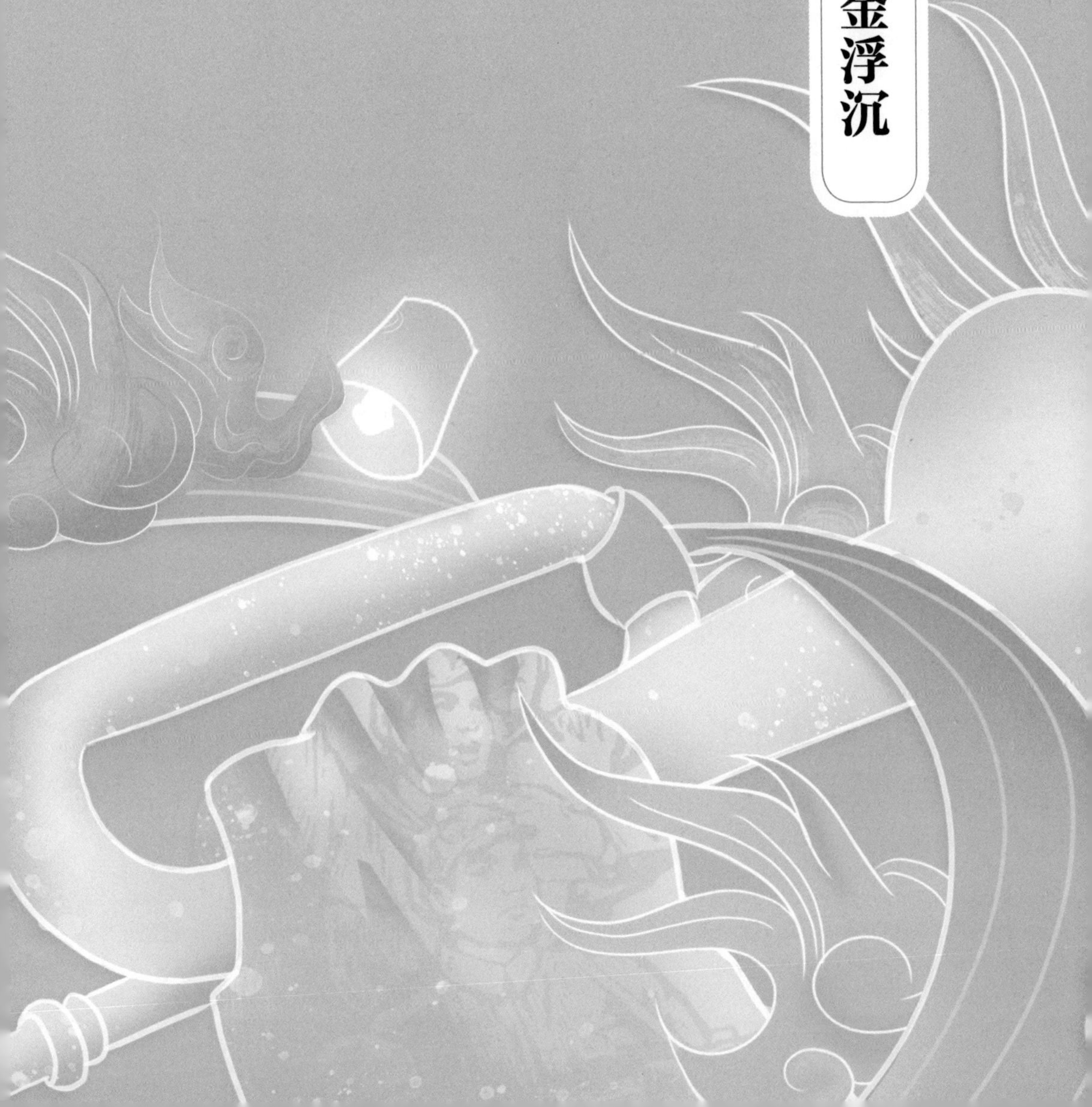

□ 红都瑞金盛大的“提灯游行”

1931 年 11 月 7 日，太阳西坠，暮霭很快就笼罩了赣东南的重镇瑞金。人们在盼望着夜幕早点降临。

入夜，往日各家门户紧闭的黑漆漆的瑞金县城，忽然冒出一团团耀眼的火光。人们手中举着用废旧竹竿和篾索做成的火把，也有很多人手中提着灯笼。灯笼有红色的、黄色的，也有的在灯笼上贴着红五角星、斧头镰刀图案。

人们拥上街头，汇成一条闪光的河流，朝着城东北流去，流到离县城六公里的小村叶坪，汇聚在那儿的谢家祠堂。

谢家祠堂又高又大，始建于明朝，木柱、木壁都已变成棕褐色。今夜这里热闹非凡。祠堂左侧的防空洞里，一台发电机在隆隆作响，使挂在祠堂里的一串串小灯泡射出明亮的光芒。临时搭建的主席台上，正中挂着一面红旗，旗上缝着一颗黄五角星和斧头镰刀图案，右侧是马克思像，左侧为列宁像。挂着的红色横幅上写着“工农炮垒”“民主专政”，大门口的横幅上则写着“全世界无产阶级联合起来”。

主席台上站满了人，站在正中的是项英，项英的旁边是朱德、张鼎丞、周以栗、曾山、陈正人。稍远，站着瘦高的毛泽东。面对欢呼的人群，毛泽东脸上挂着笑容。

如此盛大的“提灯游行”，在瑞金是史无前例的。

这一天也是苏联十月革命节，被选定作为“中华苏维埃共和国”成立的日子。“提灯游行”便是为了欢庆中华苏维埃共和国的诞生。生怕蒋介石军队的飞机前来轰炸，欢庆活动特地改在夜里。游行的队伍从谢家祠堂里出来，集中在旁边的一块大草坪上举行联欢晚会。一直到夜半，欢呼声才渐渐平息……

早在 1930 年 8 月，共产国际东方部作出《关于中国苏维埃问题决议案》时，就已经提出“建立中华苏维埃共和国”的建议。当时主持中共中央工作的李立三马上响应这一建议，打算在攻下长沙之后，宣布成立“中华苏维埃共和国”的中央正式政府。只是因为二攻长沙未克，这一计划流产。

王明上台后，虽说对李立三进行了否定，不过对建立“中华苏维埃共和国”仍予赞成，并力促毛泽东、朱德早日实行。

不过，面临着蒋介石的一次次“围剿”，建立“中华苏维埃共和国”的计划只得搁置一旁。

直至打败蒋介石的第三次“围剿”之后，赣南、闽西红区连成一片，其中包括21座县城、250万人口，面积达5万平方公里。这时，蒋介石暂时还来不及再度对中央苏区发动新的“围剿”，使中央苏区有了一段相对和平、稳定的时期，建立“中华苏维埃共和国”的条件日臻成熟，于是，择定了11月7日作为大庆之日。

瑞金，成了这片红区的中心，成了“红都”。

在举行“提灯游行”的那天，中华工农兵苏维埃第一次全国代表大会（简称“全苏一大”）在叶坪村谢家祠堂里召开。出席大会的代表有600余人，项英主持大会。大会推举项英、张鼎丞、陈正人、周以栗、朱德、曾山、邓广仁七人组成主席团。

全苏一大宣告中华苏维埃共和国正式诞生。大会通过周恩来在上海起草的《中华苏维埃共和国宪法大纲》，确定这个新型的国家是“工人和农民的民主专政的国家”“全部政权是属于工人、农民、红军士兵及一切劳苦民众的”。这个在中国共产党领导下的中华苏维埃共和国，与蒋介石的中华民国相抗衡。

全苏一大也宣告中华苏维埃共和国临时中央政府成立，定都瑞金，改瑞金为“瑞京”。

这样，瑞金成了中华苏维埃共和国的首都。

1931年11月19日，全苏一大选出63人为中华苏维埃共和国临时中央政府执行委员，组成中央执行委员会。

11月27日，中央执行委员会召开第一次会议，选举国家主席、副主席（那时称“中央执行委员会主席、副主席”），毛泽东当选主席，项英、张国焘为副主席。

产生国家主席之后，接着选举总理、副总理（那时称“临时中央政府人民委员会主席、副主席”），依然是毛泽东为主席，项英、张国焘为副主席。

这样，毛泽东成为国家主席兼总理，亦即中央执行委员会主席兼临时中央政府人民委员会主席。“毛主席”之称始于此时。

中央政府之下，设九部一局。那时的部长，称“人民委员”：外交人民委员——王稼祥；军事人民委员——朱德；劳动人民委员——项英；财政人民委员——邓子恢；土地人民委员——张鼎丞；教育人民委员——瞿秋白（当时在上海）；内务人民委员——周以栗；司法人民委员——张国焘；工农检察人民委员——何叔衡；国家政治保卫局局长——邓发。

那座谢家祠堂里，用木板隔成一个个小房间，每个小房间只有一张乒乓桌那么大，门口挂着一个“××人民委员会”的牌子。每一个小房间，便是一个部的办公室。虽说那一间间简陋的办公室远不及今日中华人民共和国每个部的传达室，但今日的一个个部却都是由那一个个小房间发展而来的。

中华苏维埃共和国的诞生，成为18年后中华人民共和国诞生的预演。

1931年12月1日，主席毛泽东，副主席项英、张国焘共同署名，发出了《中华苏维埃共和国中央执行委员会布告（第一号）》。该布告宣布：

> 中华苏维埃共和国临时中央政府业已宣告成立，从今日起，中华领土之内，已经有两个绝对不相同的国家：一个是所谓中华民国，他是帝国主义的工具，是军阀、官僚、地主、资产阶级用以压迫工农兵士劳动群众的国家。蒋介石、汪精卫等的国民政府，就是这个国家的反革命政权机关。一个是中华苏维埃共和国，是广大被剥削被压迫的工农兵士劳苦群众的国家。他的旗帜是打倒帝国主义，消灭地主阶级，推翻国民党军阀政府，建立苏维埃政府于全中国，为数万万被压迫被剥削的工农兵士及其他被压迫群众的利益而奋斗，为全国真正的和平统一而奋斗。①

① 中共中央文献研究室、中央档案馆编:《建党以来重要文献选编（一九二一—一九四九）》第八册，中央文献出版社2011年版，第728页。

□ 毛泽东在赣南会议上又遭“批判”

在成立中华苏维埃共和国的日子里，毛泽东是忙碌的，可是他的心境并不舒畅，因为他在党内又刚刚蒙受了一次“高强度”的批判。

事情发生了戏剧性的变化：1931 年 5 月，项英被撤销了中共苏区中央局代理书记的职务，改由毛泽东担任。可是，在中华工农兵苏维埃第一次全国代表大会前夕，却撤销了毛泽东中共苏区中央局代理书记的职务，改由项英担任！

因此，项英主持全苏一大，任主席团主席。至于毛泽东后来仍被选为中华苏维埃共和国中央执行委员会主席兼人民委员会主席，全是由于他在红军、在苏区有着广泛的影响，由于他领导三次反“围剿”连连取胜而赢得的声望。

在战场上大胜蒋介石的毛泽东，在党内却受到了沉重的一击。那是在“提灯游行”的前夕（1931 年 11 月 1 日至 6 日），在瑞金叶坪召开了“中国共产党中央苏区第一次代表大会”，史称“赣南会议”。会议的主题是如何在中央苏区贯彻王明路线。

王明在 1931 年初上台，到了这年 6 月 22 日中共中央总书记向忠发被捕，王明更是进一步控制了中共中央。

9 月 1 日，中共中央发出长达 1.2 万字的《给苏区中央局并红军总前委的指示信》（被称为“九月指示信”），对毛泽东为首的苏区中央局进行了批评，认为“苏区同志对于立三路线的错误，尤其是国际[①]路线的正确，还缺乏全部的深刻的了解”。

王明最初是想拉拢毛泽东的，但他很快发觉，毛泽东有一整套自己的路线和见解，绝不是能拉拢过来的人。何况随着三次反“围剿”的胜利，中央苏区日益显得重要，影响力要超过王明在上海的中共中央机关，王明急欲紧紧控制中央苏区的领导权。

① 指共产国际。

不早不晚，红军从公秉藩手中夺来的那台100瓦特的收发报机，跟中共中央在上海的电台接通了联系。那天深夜，值班员刘寅首先听到上海秘密电台的信号，立刻处于极度的兴奋之中。刘寅马上报告曾三（后来成为中央档案馆馆长），曾三拟了个密码电报发过去，上海秘密电台收到了——这成为中央苏区和中共中央之间第一次无线电通报。

毛泽东曾向无线电台报务员们的出色工作表示热烈的祝贺。可是，这条好不容易建立起来的空中捷径，却给王明提供了莫大方便——他可以用无线电报，直接、迅速地对中央苏区实行“遥控”，这正是王明求之不得的！

这时候的王明正准备去苏联。他在10月18日动身前，给中共苏区中央局发来了一个又一个电报，硬要把他的右倾教条主义路线强加给中央苏区。毛泽东在战场上能够打败蒋介石，那是在于双方是平起平坐的对手，尽管蒋介石兵强马壮、人多势众；毛泽东在党内斗争中却居于劣势，因为王明代表上级，代表中央，可以对他发号施令，而他碍于组织纪律，必须服从。

10月，王明以中央的名义发来第4号电报，又一次批评毛泽东：“苏区严重的错误是缺乏明确的阶级路线与充分的群众工作。”

按照王明的指令，“三人团”主持赣南会议，批判了毛泽东的三大“错误”：

一曰“狭隘经验论”。“党内的事务主义非常浓厚”。

二曰“富农路线”。因为当时中央主张“地主不分田，富农分坏田”，毛泽东则认为应当给地主、富农以出路，主张“以人口平分及实行‘抽多补少，抽肥补瘦’的政策”。

三曰“极严重的一贯右倾机会主义”。认为毛泽东的“诱敌深入、后发制人”战略是“游击主义”“保守主义”“单纯防御路线”，而要求红军必须实行“先发制人”“积极的进攻路线”。

会议作出决议：“党内两条路线的斗争必须发展到最高度，集中火力反对党内目前的主要危险——右倾。”

这么一“集中火力”，毛泽东失去了中共苏区最高首长的地位。

另外，王明以中共中央名义发来的第一号电报还指示：“革命军事委员会设主席团，决定朱德为主席，王稼祥、彭德怀为副主席。”这样，1931 年 11 月 25 日，中华苏维埃共和国中央革命军事委员会宣告正式成立，主席、副主席完全按照中共中央第一号电报开列的名单当选。总政治部主任由王稼祥兼任。“中革军委”成立，宣布取消原红一方面军总司令、总政委名义及其组织，所有中华全国红色军队集中统一于“中革军委”统辖指挥。这样，也就取消了毛泽东的红一方面军总政委之职。

毛泽东遭到了排斥，失去了党内、军内的重要职务，此后，他专做政府工作。①

就在瑞金举行“提灯游行”的那天，王明到了莫斯科，出任中国共产党驻共产国际代表团团长。由于接通了“莫斯科—上海”和“上海—瑞金”的无线电联系，王明坐在莫斯科，“遥控”着上海以博古为负总责的中共中央，再由博古向瑞金发出种种指示……

□ 周恩来成为中央苏区最高首长

上海，寒风吹过人行道上落尽树叶的法国梧桐，夜幕下，行人无几。

在离上海北站不远的海宁路和山西路交叉口一家小店里，先是走出来一个小伙子，稍过片刻又走出来一个 30 多岁的男子。这个 30 多岁的男子穿对襟蓝哔叽中式短上衣，一条蓝哔叽中式裤子，手中拎着一只小皮箱。两人跳上两辆黄包车，消失在浓重的夜色中。小店楼上，一个妇女轻轻撩起窗帘的一角，目送着两辆黄包车远去。

那个妇女是邓颖超，那个 30 多岁的男子，则是周恩来。

---

① 也有人认为对毛泽东的排斥不是始于赣南会议，而是始于宁都会议。见凌步机《“赣南会议”新探》，《江西党史研究》1988 年第 1 期。

那是1931年12月上旬。两辆黄包车直奔十六铺码头。护送周恩来的小伙子叫黄平，他陪周恩来登上一艘太古洋行的轮船，来到统舱里找到一位“小广东”。黄平跟地下交通员“小广东”打了招呼，把周恩来交给他，便匆匆下船了。

这是一艘驶往广东汕头的轮船，船上来来去去的很多是广东工人，周恩来就混杂在他们中间。船往南行驶了几天，到达汕头。

下了船，周恩来摇身一变，成了个画像先生。另一位地下交通员前来护送他。一路乘车坐船，穿越了重重封锁线，由闽西进入赣南，终于在这年年底来到红都瑞金。

周恩来到来，项英的中共苏区中央局代理书记职务自然取消，因为从中共苏区中央局成立之日起，周恩来便被任命为书记，只是他当时在上海忙于工作，未曾前往中央苏区到任。周恩来是继项英和任弼时“三人团”之后，第三批由中共中央派往中央苏区的领导人物。周恩来到来后，理所当然成为中共中央苏区的最高首长。

虽说那时毛泽东在一个多月前的赣南会议上刚刚挨过“批判”，但周恩来不顾忌这些，一到瑞金便去看望毛泽东，跟他作了长谈。这时的周恩来是毛泽东的“上级”，但他对毛泽东一直是尊重的。

周恩来走马上任后抓的头一件事，便是纠正中央苏区的肃反扩大化。他在由广东进入闽西时见到一位红军团长，问起关于“AB团”的事。那位团长的回答使周恩来大为震惊……

“富田事变”经项英冷处理本已安然过去，可是，项英一受中共中央的指责，那个李韶九就神气活现起来，以“富田事变”中反AB团的“英雄”自居。于是，在1931年4月下旬，李韶九被任命为苏区政治保卫局江西分局局长，掌握了肃反领导权。

李韶九一上台，又开始紧锣密鼓再次掀起了清肃AB团的“高潮”。其中的重点，当然是发动“富田事变”的红二十军。从军长萧大鹏、政委曾炳春以下到副排长，全军700多名干部都被列为“AB团分子”加以审查。一时间，滥施肉刑搞逼供信，乱供乱信，赣西南地区的干部突然90%被打成“AB

团分子”，弄到无人再敢当地方干部的地步！

周恩来一到中央苏区，便对肃反扩大化来了个急刹车。1932 年 1 月 7 日，周恩来主持召开中共苏区中央局会议，专门研究解决此问题。会议作出了《中共苏区中央局关于苏区肃反工作决议案》。决议案指出：

> 过去因为对 AB 团及一切反革命派认识不正确，将 AB 团扩大化了，以为一切地主残余、富农分子都可当 AB 团看待，以为一切从异己阶级出身的分子都可能的是 AB 团，把党的错误路线的执行者和犯错误的党员与群众都与 AB 团问题联系起来，甚至发展到连工农群众都不能信任了……在“打 AB 团”中更专凭犯人口供，倚靠肉刑，以致造成肃反工作的唯心论。①

决议案规定，“苏区各级党部必须在接到（此决议）后立即讨论和执行”。

那个民愤极大的李韶九，在 1932 年 2 月底被开除党籍，撤销一切职务，后来被处决。②

□ 毛泽东“退隐”东华山

毛泽东一生遭遇不少挫折，他说过：“大约 20 次左右的处罚和打击，都是没有确实根据的。”毛泽东在回忆这“20 次左右的处罚和打击”时，特别提及：

① 中共中央文献研究室、中央档案馆编：《建党以来重要文献选编（一九二一—一九四九）》第九册，中央文献出版社 2011 年版，第 21—22 页。

② 关于李韶九的死，历来有两种说法。一说是 1935 年在战斗中牺牲，另一说是被陈毅枪毙。不过，他最终被追认为烈士却是一致的说法。——编者注

后头又被封为“一贯机会主义”。对我最有益处的，就是封我为“狭隘经验论”。我在《中国革命战争的战略问题》那本书中就学鲁迅的办法，“报复”了一笔，批评那些骂“狭隘经验论”的人是错误的。①

在那个批评毛泽东“机会主义”“狭隘经验论”的赣南会议之后，毛泽东又病了。

小小叶坪村，苏区党、政、军首脑机关都集中在这里。人来人往，毛泽东不愿住在那里，于是带着贺子珍以及警卫班 13 人到东华山去了。

东华山离瑞金二三十里，山上树木蓊郁，山顶有座古庙。毛泽东看中古庙，住了进去。

毛泽东摆脱了冗杂的事务，步入这桃源世界般的东华山，津津有味地读《水浒传》《三国演义》。此外，他饶有兴致地读着“郑爱群”派人给他送来的报纸，其中有上海的《申报》《新闻报》，广州的《工商日报》等。自从当年在北京大学图书馆当助理管理员以来，毛泽东便养成了每日读报的习惯。上了井冈山之后，难得见到报纸，他简直如饥似渴地企求着得到报纸。

如今，在瑞金也无法订阅国民党地区的报纸。一个名叫“郑爱群”的人，在福建汀州给他订了好几份报纸，通过地下交通线不断给他送来。

“郑爱群”这个名字，是毛泽东为那人取的化名。

此人的真实姓名叫傅连暲，汀州福音医院院长。福音医院是汀州颇有名气的教会医院，傅连暲是那里的名医，附近的豪绅达官生了病，总要请他看。1925 年底，傅连暲到连城县为一个大地主看病，偶然在客店里结识了邓子恢。邓子恢把瞿秋白著的《新社会观》一书送给傅连暲，他看后顿开茅塞，从此思想日渐激进。

毛泽东在东华山上读书、看报，每天还花四个小时教警卫战士文化课——上午两小时文化学习，下午两小时时事学习。有时，他还带战士们一

①《毛泽东文集》第七卷，人民出版社 1999 年版，第 105 页。

起出去砍柴。农家出身的他，砍柴的动作非常利索、熟练。

毛泽东人在山上，心却在山下。他不断地看报纸、看文件，记挂着山下新生的中华苏维埃共和国的命运。闲暇时，他把那些在马背上哼成的诗词加以整理，誊清后给贺子珍一句一句地讲解。

每当山下来人，毛泽东总是详细问起打赣州的战况。说实在的，他这次上山，说是因病休养，其实是心中不快。除了赣南会议，还由于那场打不打赣州引起的大争论……

毛泽东在东华山上住了 50 来天，连春节也是在那座古庙里冷冷清清地度过的。

1932 年 3 月上旬的一天，一件突然发生的事情结束了毛泽东在东华山上的休养生活。

那天，毛泽东正在给警卫员们上时事课，忽然值班警卫前来报告，说是有两个骑马的军人正朝山上走来。

毛泽东出去一看，来人渐渐近了，原来是项英和他的警卫员。

项英远道赶来，显然有要事。

果真，项英上了山顶，没有歇一口气，便对毛泽东说："恩来同志让我专门来请你下山。"

"是不是为打赣州的事？"毛泽东马上猜出项英来意。

"是的，打赣州很不顺利。所以，恩来同志请你赶往前线。"项英答道。

毛泽东听项英介绍了赣州前线的情况之后，马上很爽快地说："你先走一步，我随后就到！"

项英一走，毛泽东收拾了一下文件，当天便下了山。正在这时，乌云翻滚，眼看一场大雨就要倾泻而下，贺子珍劝毛泽东晚一天走，别让雨淋出毛病来。

"不，我一工作起来，病就好了！"毛泽东说着，迎着风雨下山了。

□ 赣州之败证实了毛泽东的预言

为了打不打赣州，曾在中共苏区中央局引起一番近乎白热化的争论……

事情是由来自上海的指令引起的。

设在上海的中共中央，自从王明去莫斯科、周恩来去中央苏区之后，不得不建立临时中央政治局，称“中共临时中央”，成立于1931年9月下旬。中共临时中央政治局由博古、张闻天（洛甫）、康生、陈云、卢福坦、李竹声六人组成，以博古为负总责。

博古执行王明的指令，实行比李立三更“左”的路线。红军第三次反“围剿”的胜利和中华苏维埃共和国的诞生，使中共临时中央颇受鼓舞，头脑热了起来，在1932年1月9日作了《中央关于争取革命在一省与数省首先胜利的决议》。决议认为，“国民党的破产已经是铁一般的事实”。因此，决议对苏区工作作出了指示：

> 为扩大苏区为将几个苏区联系成整个一片的苏区而斗争，为占领几个中心城市以开始革命在一省数省首先胜利而斗争。①

这么一来，又重弹李立三进攻中心城市、实行一省或数省首先胜利的老调。决议特别提及，毛泽东所主张的“不占取大城市”的策略，过去是正确的，而“现在是不同了”！

决议还具体规定了“占取”哪几个中心城市，即南昌、抚州、吉安，然后造成“威胁武汉”的态势。

周恩来征求毛泽东的意见，毛泽东凭借这几年跟蒋介石多次交锋的经验，深知国民党军队的力量远比红军强大，攻打这几个中心城市，势必会失败。

周恩来觉得毛泽东言之有理，复电中共临时中央，告知进攻中心城市有

① 中央档案馆编：《中共中央文件选集》第八册，中共中央党校出版社1991年版，第36页。

困难。

中共临时中央当即复电，删去了原先提出的南昌，要求至少在抚州、吉安、赣州三城之中，择一而攻。

中共临时中央已经算是退了一步，因为南昌属大城市，而抚州、吉安、赣州属中等城市。

周恩来再度征求毛泽东意见，但毛泽东的答复仍然很干脆："不行！一打准输！"

周恩来毕竟是中共苏区中央局书记，他必须执行临时中央的命令。于是，周恩来召集中共苏区中央局会议。会上，经过对抚州、吉安、赣州三城反复比较，多数人赞成进攻赣州。

赣州，当时是江西省仅次于南昌的第二大城市，赣南的中心。提出打赣州会得到那么多人的支持，是因为赣州有着特殊的"诱惑力"：赣州的四周，已是一片红，赣州成了嵌在红区中的一颗顽固的"钉子"。中华苏维埃共和国已经建立了，却把瑞金作为首都，而瑞金是座小县城，未免太没有气派。倘若打下赣州，把那里作为"首都"，那就像样得多。

还有，听说赣州的守卫部队只有马昆的一个旅，以为容易"吃"掉。

毛泽东坚决反对打赣州。可是，他属于少数，他的意见被否定了。何况，赣南会议上已经批判他"右倾"，他反对打赣州似乎又是一种"右倾"的表现。

毛泽东的意见被否定之后，他闷闷地带着警卫员上东华山去了。

以朱德为主席，王稼祥、彭德怀为副主席的中华苏维埃共和国革命军事委员会，于1932年1月10日发布了《关于攻取赣州的军事训令》。

于是，彭德怀被任命为攻打赣州的前敌总指挥，"打赣州"便轰轰烈烈开始了。

"夺取赣州，完成江西革命首先胜利！"到处刷上了这样的大字标语，到处喊起了这样的口号。

2月4日，红军进逼赣州城下。彭德怀的前敌总指挥部设在城下。他指挥红军，把赣州围了个水泄不通：红三师攻北门，红七军攻东门，红二师攻南门，红一师攻西门。红军总兵力为1.4万人。

彭德怀原以为可以一鼓作气攻下赣州，不料，一打才知赣州是块硬骨头，“啃”不动……

赣州乃历史名城，早在晋朝已设郡，处于赣江上游的章水、贡水两江汇合之处，三面临水，山丘环抱，筑有很高的城墙，是座易守难攻的城市，号称“铁赣州”。毛泽东极力反对打赣州，不仅因为他吃过打长沙、攻南昌的“苦头”，而且他在两年前——1930年3月中旬——也打过赣州，当时他一看赣州易守难攻，迅即下令红军撤围。他有过这一系列亲身经历，所以认定打赣州非输不可。

赣州城池坚固，不炸城墙，难以攻克。彭德怀把进攻的重点放在东门。

城墙内外，出现了有趣的攻防场面：

城外，红军日夜不停地挖坑道，延伸到城墙下方。然后往坑道里安放“棺材炮”——在一口棺材里，装满了土制炸药，用以炸城墙。那时的红军没有重炮，只能用这样的土办法攻城。

城内，马崑组织了一支特殊的“瞎子听音队”，谛听着发自地下的声响，以便弄清红军究竟在哪里挖坑道。

“棺材炮”和“瞎子听音队”，构成了奇妙的对抗！

红军虽说要炸城墙，指挥部却又规定不可炸得太厉害，因为已设想把赣州定为“首都”，要保持城墙的完整，以有利于未来“首都”的防御。

爆破城墙的行动开始了：

第一次，2月13日，太保守，城墙的缺口炸得太小，不顶用；

第二次，2月15日，计算不准确，城墙炸坍时向外倒，把隐蔽在城下的红军压死一大批；

第三次，2月23日，炸开了不小的缺口，可是遭到守军的强烈抵抗，激战四小时，未能攻进；

第四次，3月4日，已经顾不得为未来的“首都”保护城墙了，红军在东门下的坑道里塞进三口“棺材”。在震耳欲聋的爆炸声之后，掀翻了东门城楼和左右侧墙各20余丈。冲锋号在满天烟尘中吹响。本以为这一次进攻可以得手，谁知城内事先得到密报，一个本是马崑手下的兵士参加了红军，此时叛逃，向马崑报告了这一重要情报。马崑在城里提前准备，挡住了红军的进攻。

正在这时，蒋介石派出的援军来到赣州，赣州守敌力量大增。红军攻打赣州失败已成定局，毛泽东的预言，被一个多月来冷酷的现实完全证明。红军在攻城中牺牲惨重，红三军团第一师师长侯中英、红五军团第三十七师师政委欧阳健阵亡。

于是，周恩来派出项英风风火火赶往东华山，请毛泽东下山，共商大计……

毛泽东冒着寒风冷雨步行下山，到了瑞金已是傍晚。他找到郭化若，往前线发了份电报，连夜赶路，来到于都梓山澄江渡口。在那里，他总算坐上小船。一路上，小船摇摇晃晃，朝赣州方向驶去。

这时，红军久攻赣州不克，不得不于 3 月 7 日撤围。攻打赣州以失败告终。

1965 年，当彭德怀读全国政协编的《文史资料选辑》时，见到马崑所写的一篇回忆录，方知当年的军事情报不准确：当时驻守赣州的马崑部队是 8000 人，加上地方民团经过改编、整训的 1 万人，守敌共计 1.8 万人，并非当时情报所说的“马旅……6000 人，地方靖卫团 2000 人”。

毛泽东改“北上”为“东征”取得大胜

毛泽东的小船，经过两天三夜的航行，在赣州东北的赣县江口靠岸。

这时，从赣州撤退的红军正集结在江口，中共苏区中央局的首脑们亦集中在那里。在前敌总指挥部，周恩来主持了中共苏区中央局会议，即“江口会议”。

江口会议面临的第一道议题，便是要不要再打赣州。仍有人主张再打。毛泽东发话了，他说："对于赣州，进则攻坚不利，久攻不克已成事实；胜则不易固守，敌军卷土重来，我军无回旋之地。赣州是座只有骨头没有肉的孤城，不必再去'啃'啦。这包袱让蒋介石背去吧！"毛泽东一席言，说得主张再打赣州的人哑口无言了。

接着，会议进入第二道议题，即下一步棋怎么走。来自上海中共临时中央的指令，理所当然地占上风："争取中心城市，争取一省与数省的首先胜利。"毛泽东又一次反对攻打中心城市的冒险计划，主张"在赣江以东，闽、浙沿海以西，长江以南，南岭以北，在蒋介石力量薄弱的地区，广泛开展游击战争，以巩固和扩大中央苏区"。毛泽东再一次属于少数，陷于孤立。

1932年3月17日，由红军总政治部主任王稼祥起草的《中国工农红军总部政治部训令》发布，透露了江口会议的最终结果。

"训令"不点名地批评了毛泽东："如果认为这次攻赣州是立三路线，那便不了解夺取中心城市的意义，和对中心城市之夺取的过分恐惧，那便是以反立三路线为掩盖的右倾机会主义，我们应给这个右倾机会主义以致命的打击。尤其是在撤围赣州后，反对这种右倾机会主义和失败情绪便成为红军及党内的主要斗争。"

这么一来，毛泽东成了"右倾机会主义"，将受到"致命的打击"。

"训令"写及江口会议作出的战略部署："在目前政治形势下，工农红军应当发展革命战争，争取中心城市，争取一省和数省的首先胜利。在江西红军应当扩大苏区，贯通赣江两岸的苏区，以赣江流域为中心，向北发展创造苏区来包围赣江流域的几个中心城市（赣州、吉安、樟树），以便利于我们迅速地夺取这些城市，这样来争取江西的首先胜利……"

按照江口会议的这一部署，以朱德为主席的中革军委发布命令，把红军重新编为三个军团，即一、三、五军团，分为三路进发。

红三军团由彭德怀为总指挥、滕代远为政委，向赣江西岸出击，然后向北发展，称"西路军"。

中路军为红一军团，林彪为总指挥，进入苏区不久的聂荣臻为政委，罗荣桓为政治部主任，从赣江东岸向北发展。

红五军团由季振同为总指挥，董振堂为副总指挥，萧劲光为政委，由朱德坐镇，在赣南苏区协调西路军和中路军。

毛泽东被分配在中路军，名曰“随军行动”。这时的毛泽东是政府主席，并无军职，但红一军团实际上就是原红一方面军，都是他的老部下。他“随军行动”，实际上成了总指挥——虽说以政府主席的身份指挥军队有点“名不正、言不顺”。毛泽东不顾这些，他在江口会议结束之后，便来到了红一军团。

毛泽东随红一军团出发，走到半路，他便说服了林彪和聂荣臻改变行军的方向：放弃原定北进计划，改为向东，朝闽西、闽南进军。

毛泽东清楚地分析了向西、向北、向南的不利和向东的有利，林彪和聂荣臻拥护他的主张，觉得应该按毛泽东的意见办。于是，经中共苏区中央局书记周恩来、中革军委主席朱德的同意，中路军改成了东路军，向东进军了。

这么一来，东路军便掌握在毛泽东手中。他按照自己的战略意图，又“导演”了一出不亚于第一、第二、第三次反“围剿”的“新戏”来。

这时，驻守闽西、闽南一带的，是福建军阀、号称“闽西王”的张贞。

张贞的部队其实是一支杂牌军，有一雅号曰“战无不败的‘豆腐军’”。可是，这位张贞偏又爱摆派头，曾规定漳州各商户每月必须缴“飞机捐”，凑齐 70 万银圆，向国外购买了旧式油布练习机和侦察机各两架、运输机一架，开辟了机场。那飞机在漳州上空飞来飞去，十分神气。

毛泽东选择东进，选择了张贞的“豆腐军”为攻击目标。

果真，红一军团跟张贞部队在福建龙岩一接触，首战告捷，歼敌 685 名，攻占了龙岩县城。

接着，毛泽东确定下一步目标——攻取闽南重镇、张贞老窝漳州。

漳州的屏障是天宝山，张贞派了两个旅固守。在毛泽东指挥下，林彪、聂荣臻率部两天赶了 150 多里。1932 年 4 月 19 日，红军突袭天宝山，痛歼敌军。张贞闻讯，吓得赶紧点燃城中弹药库，然后抱头鼠窜，逃往厦门。翌日，漳州便落入红军之手。这一仗俘敌 1600 多人，缴枪 2300 多支。

红军最为新奇的收获，要算是那两架来不及飞走的侦察机。这样，红军算是有了空军——虽然飞机非常蹩脚。毛泽东特地去参观了这两架机翼是油布做成的飞机。其中的一架，后来由一个红军驾驶员驾驶着飞到瑞金，曾使红都为之轰动。

毛泽东住进漳州发电厂附近一所天主堂的“洋房”里。他的警卫员拿起脸盆去打水，到处找不着水井，不由得埋怨“洋房”的主人怎么平常不洗脸。直至毛泽东领着警卫员到自来水龙头前，拧开了龙头，水哗哗流出，警卫员才大为惊讶，以致当脸盆里的水满了的时候都不知道怎么关上龙头——这些来自农村的红军战士，还是头一回进入这样“阔气”的城市！

毛泽东率红一军团东征获得大胜，又一次表明了他的战略目光确实高人一等。

□ 经周恩来力争，毛泽东恢复总政委要职

就在毛泽东东征节节胜利的日子里，在上海，中共临时中央却正对毛泽东进行着批判！

一篇代表中共临时中央的权威性文章，在中共中央机关刊物《红旗周报》上发表。这是一篇社论，题目很长，也很“鲜明”，即《在争取中国革命在一省与数省的首先胜利中中国共产党内机会主义的动摇》。此文发表于1932年4月25日。

作者何人？署名“洛甫”！

“洛甫”也就是张闻天，中共中央的“一支笔”。当时的他，跟王明、博古站在一起，唱着“左”的调子。人毕竟是人，不是神。张闻天走过曲折的路，他的这一选择是全然可以理解的。

张闻天写的这篇社论，不点名地批判了毛泽东。一句话，毛泽东是“右

倾机会主义”！

紧接着，1932 年 5 月 20 日，通过发报机电键的“嗒嗒”声，从上海传来中共临时中央一份长长的指示电。译报员译出电文时，脸上露出惊讶的神色，因为这份电报点了毛泽东的名。

电报称，毛泽东在三次反“围剿”中所采取的战略是完全错误的，是“纯粹防御路线”，是“游击主义”。电报指出，“泽东及其他纯粹防御路线的拥护者”们的“消极态度，将削弱我们的防御力量，不能扩大与巩固苏区”，是当前“极大的危险”“主要的危险”，“是过分估计与夸大敌人力量，是纯粹防御路线”，是“红军中游击主义的坏的残留”。

这份电报，最清楚地表明了中共临时中央对毛泽东的态度：如果毛泽东不转变立场，站到王明“左”倾路线一边去，那就要作为“主要的危险”“极大的危险”予以解决！

正在“随军行动”的毛泽东并不知道中共临时中央的这份电报，他仍忙于指挥作战，只是深感以政府主席的身份指挥作战诸多不便。

5 月 29 日，正在闽南的红一军团奉中革军委的命令，千里回师赣南，原因是广东军阀陈济棠在广州召开军事会议，意欲进犯赣南。红一军团回师之后，也就不再成为“东路军”了。

6 月 17 日，周恩来在汀州召开的中共苏区中央局会议上，作出贯彻中共临时中央指示，关于争取和完成江西及其邻近省区革命首先胜利的决议。会议决定取消东路军、西路军番号，恢复红一方面军建制，仍辖第一、第三、第五军团。

恢复红一方面军建制，牵涉到一个敏感的问题：谁任总政委？

因为原红一方面军的总司令为朱德，总政委为毛泽东。这次恢复建制，由中革军委主席朱德兼任总司令。照理，应当也恢复毛泽东的总政委职务。“朱毛红军”名震中国，便是因为朱德是总司令，毛泽东是总政委。

可是，中共临时中央 5 月 20 日的电报，使中共苏区中央局不敢恢复毛泽东的总政委职务，而是采取了回避之策，即恢复建制时，不设总政委！

毛泽东依然被安排在第一军团“随军行动”。

红军历来强调党的领导，红一方面军怎么能不设总政委呢？中共苏区中央局曾提议周恩来任总政委，为周恩来谢绝。

7月中旬，周恩来赶赴前线，设在后方的中共苏区中央局由任弼时任代理书记。实际上，由于毛泽东“随军行动”，后方的政府工作由项英主持。

1932年7月21日，作为中共苏区中央局代表的周恩来，到达位于赣州之南信丰县的红一方面军司令部。周恩来在跟朱德、毛泽东、王稼祥的交谈中，发觉毛泽东以政府主席身份“随军行动”，确实很不方便。

于是，7月25日，周恩来与毛泽东、朱德、王稼祥联名致电中共苏区中央局：“我们认为，为前方作战指挥便利起见，以取消政府主席一级，改设总政治委员为妥，即以毛任总政委。作战指挥权属总司令、总政委，作战计划与决定权属中革军委，关于行动方针中央局代表有决定权。”

这就是说，红一方面军的作战指挥权属朱德、毛泽东，作战计划与决定权属朱德，而行动方针决定权则属周恩来。

中共苏区中央局代理书记复电，不同意这一建议，仍坚持任命周恩来为总政委。

为此，周恩来于7月29日又以他个人名义去函中共苏区中央局，指出如果由他任总政委，将“弄得多头指挥，而且使政府主席将无事可做”，而且毛泽东“以政府主席名义在前方，实在不便之至”，“泽东的经验与长处还须尽量使他发展”。周恩来强调说，“有泽东负责，可能指挥适宜”。

经周恩来再三坚持和力争，中共苏区中央局终于同意，于是，中革军委于8月8日发布如下通令，任命毛泽东为红一方面军总政委。

就这样，毛泽东终于恢复了他在赣南会议前的军内要职——红一方面军总政委。

与此同时，“军事最高会议”在前方建立，由周恩来、毛泽东、朱德、王稼祥四人组成，周恩来为主席。

□ 前方和后方首脑为毛泽东产生严重分歧

毛泽东能够恢复总政委之职，离不开周恩来的力争。

毛泽东的复职，却导致前后方领导人物之间产生了尖锐的矛盾。前方即“军事最高会议”，后方即中共苏区中央局。前方与后方形成了对峙的局面，彼此顶牛。

在前方，虽说周恩来是“军事最高会议”主席，但他非常尊重毛泽东。朱德则是毛泽东的“老搭档”。王稼祥呢？他原是中共六届四中全会派出的“三人团”之一，也曾经颇“左”，不过他跟毛泽东一起共事，日渐转为支持毛泽东。这么一来，前方的核心人物，实际上是毛泽东。

王稼祥曾这样忆及他在龙冈跟毛泽东相识后的印象：

> 初见了几次面，他就给了我一个这样的印象：
>
> 他是同我在中国和俄国所遇见的领导人是不相同的，是有其独特的地方，虽然我当时还掌握不住这些独特的地方。只觉得他所说的道理，既是那样简单明了，又是那样的有力并具有说服力。[①]

原是“二十八个半布尔什维克”之一、王明的竭诚拥护者王稼祥，自从担任红军总政治部主任，常在毛泽东身边工作，慢慢被毛泽东的魄力和魅力征服。

后方的核心人物是任弼时。他是“三人团”的首席，进入中央苏区后，担任中共苏区中央局组织部部长。另一名“三人团”成员顾作霖则担任中共苏区中央局宣传部部长。

任弼时后来成为毛泽东忠诚的拥戴者、亲密无间的战友。不过，当他受命贯彻中共六届四中全会路线而进入中央苏区时，由于对毛泽东后来关于

① 朱仲丽：《黎明与晚霞》，解放军出版社 1986 年版，第 125 页。

"没有调查，没有发言权"（毛泽东《调查工作》中的论断）的重要补充没有了解，他认为反对"本本主义"就是不重视理论，离开毛泽东文章的历史条件和强烈的针对性，片面地指责毛泽东是"狭隘经验论"和"事务主义"。

项英自从到达中央苏区后，在党内的职务便比毛泽东高，并与毛泽东在工作中几度产生分歧。他也受到过王明路线的排斥——因为他是中共六届三中全会派往中央苏区的代表。

项英其人，组织观念颇强。他没有出席中共六届四中全会，可是，当他从赣西南萧道德等人那里见到共产国际给中共中央的"十月来信"后，很快就表示服从王明路线的领导，受到任弼时的赏识。

在缴获公秉藩部队那台大功率无线电台后，1931 年 10 月，中共苏区中央接到的中共临时中央的第一号电报，便是关于中华苏维埃共和国政府执行委员人选名单的指示："政府执行委员名单，在任弼时处有。但须除去向忠发、周逸群、邝继勋，加徐锡根、陈绍禹、关向应、瞿秋白及各地苏维埃政府主席。人民委员会主席一人决定毛泽东，副主席二人张国焘与江西苏维埃政府主席。"

当时的江西苏维埃政府主席为曾山。按照第一号电报的意见，政府副主席为张国焘、曾山。但是，任弼时在 1931 年 10 月 31 日以中共苏区中央局名义致电中共临时中央，提议项英任政府副主席兼中央人民委员会副主席，曾山改任土地人民委员，得到了上海的同意。这样，项英主持了全苏一大，并当选主席团主席、政府副主席兼中央人民委员会副主席，而且排名于张国焘之前。这么一来，项英更加听命于上海的中共临时中央了。

前后方的矛盾，围绕着毛泽东的复职，猛烈地爆发了！

第一个回合是在 1932 年 8 月 24 日，红一方面军原计划攻打江西东部重镇南城。毛泽东发觉那里已有敌人 3 个师 17 个团兵力守卫，便主张不动。周、毛、朱、王意见一致，周恩来致电后方。8 月 28 日，后方中共苏区中央局来电，认为前方不攻南城是错误的决定，要求红军主力绕至宜黄一带寻战敌军主力陈诚部队。前方只得遵命，结果在向宜黄一带移动时遭敌袭击，一个多团失去联络。

第二个回合是在9月23日，敌增援六个师，后方要前方“攻城打援”。前方，周、毛、朱、王两次致电后方：“在目前敌情与方面军现有力量条件下，攻城打增援部队是无把握的；若因求战心切，鲁莽从事，结果反会费时无功，徒劳兵力，欲速反慢，而造成更大不利局面。”可是，后方于9月25日复电，仍坚持要前方“积极地出击敌军”！9月26日，周、毛、朱、王又致电后方，表示不能“打强大增援敌队，此请中央局特别注意”！

红军好不容易建立起的无线电台，本来是为指挥作战提供快捷通信，此时却让前后方首脑间为无休止的争论而困惑。前后方的战略意图如此南辕北辙，在红军作战史上也是罕见的。

说穿了，无非是后方首脑认为，毛泽东复职等于“右倾机会主义”上台，叫你打南城你不打，叫你攻城打援你又不打，不是“右倾”是什么？前方呢，首脑们面对敌军，深知敌情，不能不量力而行。

论指挥打仗，毛泽东确有一套过人的才略。指挥三次反“围剿”时，军权集中在他一人手中，打得潇洒，打得自如。眼下，他要左请示、右汇报，把他也弄得很不自在。

终于，第三个回合，导致前、后方的争执白热化了。

那是9月26日，前方忍无可忍，决定不管瞎指挥的后方首脑们，以红一方面军总司令朱德、总政委毛泽东的名义，发布了《在敌人尚未大举进攻前部队向北工作一时期的训令》。

这个“训令”是得到“军事最高会议”及其主席周恩来同意发出的。

“训令”指出，蒋介石正在准备发动对中央苏区的第四次“围剿”，但是，目前“敌人坚守据点”。在这样的形势下，红一方面军应该抓紧时间“争取和赤化北面敌人这些据点附近的地区和群众”，以求“造成更有利于与北面敌人决战和消灭敌人主力的条件”。

当无线电波把“训令”从前方传到瑞金时，后方首脑大为震怒。

9月29日，后方电周、毛、朱、王，作了明确的否定表态：“9月26日‘训令’收到，我们认为这完全是离开了原则，极危险的部署，中央局决定暂时停止行动。”

9月30日，后方单独给周恩来去电：“我们现重新向你提出，前次分散赤化南丰河两岸，做一时期扩大苏区工作等意见，是对形势估计不足。”电报还要求周恩来对“分散赤化观点，应给以无情的打击”！

10月1日，后方再度致电周、毛、朱、王：“我们坚决不同意9月26日‘训令’的军事布置。”

其实，“训令”是毛泽东思索多日作出的，是他为第四次反“围剿”制定的策略和部署。本来，周恩来和他是打算经过中共苏区中央局会议讨论后再予以发布的。为此，9月25日，周、毛、朱、王致电后方：“提议即刻在前方开一中（央）局全体会（议），并且要全体都到，这不仅可以解决目前行动问题，并要讨论接受中央指示，红军行动总方针……”

可是，翌日后方来电，却否定了这一提议。后方称，项英、邓发已去闽西参加福建省苏维埃执行委员会扩大会议，“你们亦须随军行动……中央局全体会议不可能开”。

既然不能开中央局全体会议而又军情紧迫，前方也就在这天发布了朱、毛署名的“训令”。

后方得知“训令”发布，对毛泽东极度不满，认为已经到了非撤毛泽东之职不可的时候了。于是，后方致电前方，同意召开中央局全体会议，时间定在10月上旬，地点则选在周、毛、朱、王9月25日电中提及的“宁北的小塘”。

就这样，一次以批判毛泽东“右倾机会主义”为主题的中共苏区中央局会议终于召开了。

□ 毛泽东在宁都被剥夺军权

“宁北的小塘”在哪里？

“宁”，也就是江西宁都，位于瑞金之北、广昌之南。

不过，宁都县城以北并没有名叫小塘的村庄。据中共宁都县委党史办公室查证，那里有个小源村，大抵是发报或收报时译电员的笔误，把“小源”误为“小塘”。[①]

在小源村召开的中共苏区中央局会议，被称为“宁都会议”。

宁都会议召开的时间，据黄少群考证，是在 1932 年 10 月 2 日之后至 10 月 12 日之前的某几天。黄允升的考证更为精确些，认为会期的上限为 10 月 4 日，下限则为 10 月 10 日。

不必再依靠无线电报来来去去，前方四位首脑（除周恩来晚到）和后方四位首脑终于开始面对面交锋。

会议的争论是空前激烈的，这可以从现存的档案《苏区中央局宁都会议经过简报》中的一句话看出：“会议中批评了泽东同志过去向赣东发展路线与不尊重党领导机关与组织观念的错误，开展了中央局从未有过的反倾向的斗争。”

“开展了中央局从未有过的反倾向的斗争”——这清楚地表明了会上斗争的尖锐。

会议的结果是后方首脑占了上风，因为后方首脑有着上海中共临时中央的支持。项英取代了王稼祥，任弼时、项英、顾作霖仿佛组成了新的“三人团”，以猛烈的火力批判毛泽东。

他们所说的毛泽东“不尊重党领导机关”，也就是不顾后方苏区中央局的反对，发布“训令”，因而也就造成“组织观念的错误”。

“简报”还透露：“会议中批评泽东同志认为‘早应北上，过去七个月都

① 《关于宁都会议的几个史实初考》，《江西党史研究》1989 年第 3 期。

错误了’之不正确观点，指出这是动摇并否认过去胜利成绩、掩盖了领导上所犯错误。”

“过去七个月”，是从打赣州算起。在毛泽东看来，“过去七个月”确实“都错误了”。

他反对打赣州，果真，打赣州失利；他主张东征、打漳州，曾遭到反对，但是打漳州取得大胜。

这表明正确的是他，错误的是中共苏区中央局。

可是，后方首脑们却完全颠倒过来说：

打赣州，“依据当时情况都是绝对需要的”，而且“攻赣本有克城可能”，只不过“因对敌必守中心城市的估计不足”以及“爆破技术有缺点”，这才“未能克城而撤围”。

至于“进占漳州虽获胜利，有很大政治影响，但来往延缓了北上任务之实现”。

照后方首脑们这种奇怪的逻辑，变成打赣州输了也是对的，打漳州胜了也是错的！

这么一来，毛泽东反对打赣州、主张打漳州，变成了“错误主张”，变成了“否认过去胜利成绩、掩盖了领导上所犯错误”！

后方首脑们批判朱毛的“训令”，批判毛泽东的“诱敌深入”战略方针，认为那是“等待主义”，是“专以等待敌人进攻的右倾主要危险”。

毛泽东成了“右倾主要危险”的代表人物！

毛泽东是条硬汉子，他不会随机应变、见风使舵。他据理反击，被认为“毛同志承认和了解错误不够”[①]。

后方首脑们主张要对毛泽东进行组织处理，撤销毛泽东红一方面军总政委的军职，把毛泽东从前方调往后方，让他专做政府工作。

就在这时，使任弼时震惊的事发生了：原是“三人团”成员的王稼祥做了不寻常的发言，明确地支持毛泽东：

---

① 引自《苏区中央局宁都会议经过简报》。

众所周知，我也是四中全会后由中央派来苏区的，我对中央指示也一直是服从和执行的。但是我从几次反“围剿”的胜利中，以及从攻打赣州的教训中，逐步认识到毛泽东同志的思想主张，是符合红军和苏区实际情况的，他提出的战略思想和战术原则，已经被实践证明为行之有效，他的指挥决策也一再被证明是正确的。红军和苏区之能有今日，是与毛泽东同志的正确领导分不开的。①

王稼祥主张：“大敌当前，不可换将；指挥重任，非他莫属！”②

后方首脑的批判和毛泽东的反驳、王稼祥对毛泽东的支持，使会议陷入僵持的局面。

正在这时，周恩来赶到。他作为中央苏区的最高首长，显然要担负“裁判”的角色。

周恩来怎么办呢？他先是在口头上也批评了毛泽东：前方领导人“有以准备为中心的观念，泽东表现最多。对中央电示迅速击破一面，开始不同意，有等待倾向”。但他又指出，“泽东积年的经验多偏于作战，他的兴趣亦在主持战争……如在前方则可吸引他贡献不少意见，对战争有帮助”。他提出了两种方案供会议讨论，如“简报”所述：“周恩来同志坚持要毛同志在前方助理，或由毛同志负主持战争责任，恩来同志亦在前方负监督行动总方针责任。”

不论哪种方案，周恩来都要把毛泽东留在前方，要毛泽东指挥第四次反“围剿”。他否定了后方首脑们要毛泽东“回后方负中央政府工作责任”的意见。

周恩来的后一种方案，显然是后方首脑们所不能接受的。经过一番论战，如“简报”所记录：“大多数同志认为毛同志承认与了解错误不够，如他主持战争，在政治与行动方针上容易发生错误，最后是通过了恩来同志第一种意

① 朱仲丽:《黎明与晚霞》，解放军出版社 1986 年版，第 144 页。

② 笔者于 1991 年 7 月 8 日在北京采访了王稼祥夫人朱仲丽，她转述王稼祥生前的回忆。

见，但最后批准毛同志暂时请病假，必要时到前方。”

既然会议已最后“通过了恩来同志第一种意见”，怎么又会“批准毛同志暂时请病假”呢？

那是因为毛泽东面对会议的决议表态了：既然苏区中央局如此不信任他，既然要撤掉他的总政委之职，他很难在前方“助理”。于是，他提出回后方养病，“必要时到前方”。

就这样，宁都会议以后方首脑的大胜降下了帷幕。

就这样，井冈山根据地的创始人、一手抚育红军壮大、成功地指挥了三次反“围剿”的毛泽东，痛苦地被剥夺了军权，默默地回到曾栋材家的黄泥草屋。

周恩来赶往草屋看望毛泽东、安慰毛泽东。毛泽东对周恩来表示：“军事工作我还愿意做，前方何时电召便何时来。”

围绕毛泽东的一场争斗算是结束了，然而“余波”仍在前、后方首脑之间激荡。

1932 年 11 月 12 日，中共苏区中央局后方成员致电上海中共临时中央，认为：“这次会议开展了中央局内部从未有过的两条战线的斗争，打破了过去的迁就和平状态。”他们把批评的矛头指向了周恩来：“周恩来同志会前与前方其他同志意见没有什么明显的不同，在报告中更未提到积极进攻，以准备为中心的精神来解释中央指示……不给毛泽东错误以明确的批评，反而有些问题为他解释掩护，这不能说只是态度温和的问题……我们认为恩来同志在斗争中不坚决，这是他个人最大的弱点，他应该深刻了解此弱点并加以克服。”

周恩来呢，他也致电上海中共临时中央，申述自己的意见：“承认我在会议中对泽东同志的批评是采取了温和态度，对他的组织观念错误批评得不足。另外却指正了后方同志对他的过分批评。”

周恩来反驳了后方中央局关于他“调和”的批评，他指出：“认为未将这次斗争局面展开，是调和，是模糊了斗争战线，我不能同意。……后方同志主张召回泽东，事前并未商量好，以致会议中提出后，解决颇为困难。”

这表明，调毛泽东回后方，是后方首脑们在会上提出的，事先并未征求过周恩来的意见。

中共临时中央在上海研究了双方发来的电报，意识到如果听任后方中共苏区中央局这样批评周恩来，势必会使中央苏区领导层形成大分裂，于是复电明确支持周恩来，表示指责周恩来是“调和派”是不正确的，强调前后方领导加强团结是目前最重要的。

这么一来，后方中央局那咄咄逼人的气焰才算收敛了。

周恩来在给中共临时中央的电报中，还为毛泽东重回前方留好了余地，说去探望毛泽东时，“在情绪上还没有看出他有什么不积极的表示”，说他“答应前方何时电召便何时来”。周恩来还为毛泽东解释说，“因为治病在他确是十分需要的”。

周恩来深知毛泽东是难得的“帅才”。他为毛泽东留好伏笔，以便在适当时机，以毛泽东“病愈”为理由恢复他的军职……

周恩来在毛泽东危难之际周详地维护了毛泽东，这为毛周后来 40 多年的亲密合作奠定了基础。

□ 遭罢官的毛泽东在汀州休养

毛泽东走了。

他从宁都南行两天便到了瑞金，但他没有在这红都落脚，却从瑞金东行，到达福建汀州。

毛泽东一进汀州城，就到福音医院看望老朋友傅连暲。

“毛主席，恭喜！恭喜！”傅院长连声对毛泽东说道。

傅连暲恭喜什么呢？原来，毛泽东“喜得贵子”！

和毛泽东结婚后，贺子珍在 1929 年生下一个女孩。那时正值红军二打龙岩，战事频频，贺子珍只得把女孩寄养在当地一户老百姓家，送上 15 枚银圆，说是日后再来接孩子。

可是，后来毛泽东的弟弟毛泽民去这户老百姓家接孩子时，得到的回答却是“孩子不在人世了”！

1932 年，贺子珍又怀孕了。毛泽东到达汀州的 14 天前，贺子珍在福音医院生下一个男孩，怪不得傅连暲向毛泽东贺喜。

毛泽东见到贺子珍，见到出世不久的儿子，烦闷的心境得到了暂时的安慰。

这时，贺子珍患痢疾，生怕传给孩子，请了个奶妈。奶妈是江西人，习惯喊孩子“毛毛”，于是孩子的奶名便叫“小毛”。

毛泽东听说孩子奶名的来历，大笑道：“这倒是一语双关。人家喊我‘老毛’，我的儿子不就成了‘小毛’！”

在笑声中，毛泽东给儿子取了大名，叫作“毛岸红”。“岸”，是沿用了岸英、岸青、岸龙的“岸”辈；“红”，则是寓意生于红区、长大了当红军之意。

毛泽东也就在汀州住了下来。

离福音医院半里多路，有座苍松茂郁的北山。山脚下，有一口年代久远的水井，人称“老古井”。离井不远，有一幢淡红色的小洋楼，原是一家地主的别墅。红军第一次攻打汀州时，地主逃了，这儿也就成了红军的休养所。毛泽东的老师徐特立曾在这里休养。这一回，傅连暲安排毛泽东住进小楼。

毛泽东在老古井住下来。每天下午，他都要去福音医院，看望贺子珍和小毛。晚饭后，他会上北山散步。夜里是他读书、看报的最好时光，他可以看到“郑爱群”为他订阅的最新的报纸。

傅连暲为他仔细地检查身体。他确实有点病，发低烧。一开始，傅连暲以为是肺病。经过 X 光透视，发现肺部有钙化点，这表明他曾患肺结核，但已痊愈。傅连暲认为，发低烧可能是过度劳累的缘故，劝他在这里好好休息。

傅连暲常陪毛泽东上北山散步，他们结下亲密的友谊。

在福音医院，毛泽东结识了一位病友，名叫罗明，是当时中共福建省委代理书记。罗明因腰部受伤，在福音医院动了两次手术。

在病房里，毛泽东跟罗明聊了起来，谈得非常投机。毛泽东问起了福建的情况，罗明说，自从主力红军打下漳州后千里回师赣南，国民党的第十九路军就进军闽南，眼下只有刚成立的红军独立第八师、第九师共约 3000 人在闽西。毛泽东便建议罗明在闽西、闽南广泛开展游击战争。毛泽东详细地介绍了江西三次反“围剿”是怎么取胜的，讲述了游击战争的规律、战略，讲了集中优势兵力、择弱而打，讲了诱敌深入的方针……毛泽东的滔滔宏论，使罗明顿开茅塞。

罗明心想，在福建，完全可以照毛泽东的一套去办嘛！他急于出院，急于向中共福建省委传达毛泽东的谈话，急于到上杭、永定和龙岩等地去贯彻毛泽东的游击战略。

可是此时他尚在病中。他请傅连暲检查他的伤口，傅认为伤口大部分好了，不过如果要提前出院，要外出工作，身边得有个护士照料。很巧，罗明的妻子在护士学校学习过，罗明有妻子照料，便急急出院了……

罗明压根儿没有想到，几个月后，他遭到了批判，他在福建所搞的一套，被称为“罗明路线”。

□ 罗明成了毛泽东的“替罪羊”

毛泽东在汀州老古井的小楼里休养的日子里，上海的局势日益吃紧。1932 年 11 月，国民党中统局上海行动区正式成立，中央特派员史济美（化名“马绍武”）坐镇上海，以侦破中共中央在上海的秘密机关为行动目标。设在上海的中共临时中央的行动日见艰难。中统局上海行动区逐日向南京递送“每日情报”，报告中共临时中央在上海的一举一动。

1933 年初，张闻天出现在红都瑞金。不几日，博古也到达那里。他们是沿着周恩来进入苏区走过的秘密通道，由上海来到瑞金的。

博古是王明指定的中共临时中央政治局负总责。随着他进入苏区，中共临时中央也就迁入瑞金。在上海另行成立了中共中央上海局，作为中共中央在上海的派出机构，由康生负责。

中共临时中央迁入瑞金，原有的中共苏区中央局也就失去了存在的意义。最初，两者并存了一段时间，有时下达的文件联名署“中共中央　中共苏区中央局”。到了 1933 年 6 月，“中共苏区中央局”的字样消失了。26 岁的博古成为中央苏区的最高首长。

博古的到来，使中共中央代表团——“三人团”——同样失去了存在的意义，任弼时的中共苏区中央局代理书记的职务随之被免，不久他被调离瑞金。

瑞金县城西面五公里处的沙洲坝热闹起来，那里的下肖村有一幢杨姓私宅，土木结构，红漆描金，古画装饰，被博古看中，作为中共临时中央的机关所在地。

那幢房子附近的另一幢杨姓私宅，成为“少共中央局”（中国共产主义青年团中央局）的机关所在地。

博古到来后，再也不必借助无线电报机“遥控”，他开始在中央苏区全面推行王明“左”倾路线，进一步批判毛泽东。

“新官上任三把火”，博古来到中央苏区，第一把火烧的便是那个罗明。

在中共党史上，凡是称为“××路线”的，代表人物必定是中共中央举足轻重的人物，诸如“立三路线”“王明路线”，等等。可是，博古来到中央苏区不久，便大张旗鼓地批判“罗明路线”，这颇为令人困惑。罗明，又名罗善培，最初是中共广东党、团区委派往厦门的特派员，后来成为中共福建省委代理书记，连中共中央委员都不是，怎么忽然冒出了一条“罗明路线”呢？最初就连罗明本人都纳闷。

其实罗明挨批，无非是他在汀州福音医院听了毛泽东的长谈，把毛泽东的一套主张在福建加以贯彻的结果。

据博古自云，“罗明路线”是他“一手发现”的，这样，批判“罗明路线”，也就由他一手导演。

不过，批判罗明的第一炮，是博古以中共苏区中央局名义发出的。那份《中央局关于闽粤省委的决定》是在1933年2月15日下达的，“决定”指出：“中央局在检查了福建省委工作之后，认为省委处于一种非常严重的状态中。在省委内部的一部分同志中，显然形成了以罗明同志为首的机会主义路线。”

为此，中共苏区中央局作出一系列决定：在党内立刻开展反对以罗明同志为代表的机会主义路线的斗争；省委对于这一路线的腐朽的自由主义态度，必须受到严厉的打击；立刻撤销罗明同志省委代理书记及省委驻杭永岩全权代表工作；公布这一决定，并在各种党的会议上与党报上解释这一决定。

这一决定一经公布，2月20日，少共苏区中央局立即响应，作出《关于开展反罗明路线斗争的决议》，指责福建团省委书记陈荣在反罗明斗争中“缺乏布尔什维克”的“彻底性和顽强性”，号召“在全苏区团内开展反罗明路线的斗争”。

紧接着，2月24日，撤销罗明职务后组成的中共福建临时省委作出响应中央局决定的决议，斥责了省委常委兼组织部部长刘晓为代表的“对罗明路线的腐朽的自由主义态度”。

1933年2月26日，博古以《拥护布尔什维克的进攻路线》为题，在瑞金作长篇政治报告，“深刻揭露”了“罗明路线”的“实质”，号召全党投入反“罗明路线”的“伟大斗争”。这样，幕后的“导演”跑到前台来了。

紧接着，中共中央的机关报《斗争》像炒豆一般接连发表啪啪作响的批判文章：《什么是罗明同志的机会主义路线》《什么是进攻路线》《反对腐朽的自由主义》。

其中起着定调子作用的重要文章《什么是罗明同志的机会主义路线》，出自中共临时中央常委兼宣传部部长张闻天之手。虽说此文的观点是错误的，后来仍一字不易磊磊落落载入《张闻天文集》第一卷，并在“选编说明”中指出：“对于这次错误斗争，张闻天本人后来作过诚恳的检讨。为研究和吸取这次历史的教训，本书选录了此文。”

倾盆大雨般的批判落在罗明的头上。在汀州，在福建省委的批斗会上，罗明被斗了三天三夜。

罗明奉命前来瑞金检查，一到瑞金叶坪就遭到了软禁。

博古找罗明单独谈话。在谈话中，罗明才知道自己的错误的“要害”所在。博古提及罗明 1933 年 1 月底写的《关于杭永岩情形给闽粤赣省委的报告》。博古正是从这份报告中，“一手”发现了罗明的“严重错误”。那份报告中，有这么一段：“如果只注意局部某一地方的转变，不注意很好地配合起来，发展武装斗争，那就是请我们最好的领袖毛主席项主席周恩来同志任弼时同志或者到苏联去请斯大林同志或者请列宁复活，一齐到下溪南或者其他已受摧残的地方去对群众大演讲三天三夜，加强政治宣传，我想也不能彻底转变群众斗争的情绪！”

最使博古觉得刺眼的便是“我们最好的领袖毛主席”一句——虽然罗明在此后还开列了“项主席周恩来同志任弼时同志”。

博古质问罗明，谁说毛泽东是“我们最好的领袖”？怎么能把毛泽东跟斯大林甚至跟列宁相提并论？

这下子，罗明完全明白了自己为什么会挨批判了。

博古还对他说，不光是你犯了“右倾机会主义”错误，还有比你更高级的领导干部，也犯了同样的错误。

不言而喻，这“比你更高级的领导干部”，是指毛泽东。

□ 挨整的“毛派”——邓、毛、谢、古

博古来到中央苏区的第二把火，烧的是“江西的罗明路线”——邓、毛、谢、古！

邓，邓小平；毛，毛泽覃；谢，谢维俊；古，古柏。

批判邓、毛、谢、古，是从批判“毛派的头子”邓小平开始的。

最早是1933年2月20日《斗争》所载任弼时的文章《什么是进攻路线》，发出批邓信号弹。任弼时的文章点名批评道，“永吉泰和会寻安长期陷在纯粹防御的泥坑中”。

所谓“永吉泰”，即永丰、吉水、泰和三县，三县位于江西的中西部。当时，三县联合，设立中心县委，书记便是毛泽东的小弟弟、那个当年朱德派往井冈山寻找毛泽东的毛泽覃。

所谓“会寻安”，即会昌、寻乌、安远三县，三县位于江西的西南端，亦联合设中心县委，书记便是邓小平。

所谓“纯粹防御”，指的就是毛泽东的“诱敌深入”跟“进攻路线”相对立。

1933年2月28日，以李富春为书记的中共江西省委出于无奈，只得批评“会寻安”县委“所犯纯粹防御路线之来源，与罗明路线相同”。

可是，中共临时中央对中共江西省委的表态深为不满，认为邓小平即“江西的罗明路线”，认为中共江西省委犯了“严重错误”。

于是，一边决定改换中共江西省委书记，一边决定甩开省委，直接派张闻天去“会寻安”召开党积极分子会议。这次会议的主要内容就是反对邓小平。

张闻天作为中共中央代表来到了“会寻安”，并通过了《会寻安三县党积极分子会议决议》。

随后，会寻安中心县委便进行了改组，邓小平被调离。

张闻天回到瑞金后，赶写了《罗明路线在江西》一文，发表在4月15日出版的《斗争》上。

文章认为，“罗明路线不但在福建的杭永岩，而且在江西……纯粹防御路线的问题，不但在会寻安，而且还在江西其他地区”。这样就把批判“罗明路线”扩大到江西各地区。文章又一次批评了中共江西省委，“对于罗明路线在江西的存在，始终没有公开地指出来”。

张闻天的文章，当然是代表中共临时中央写的。文章发表的翌日，在中共临时中央的领导下，召开了“江西党三个月工作会议”，集中所谓“布尔什维克的斗争火力”，开展反“江西罗明路线”，批判迅速扩大了，扩大到了批邓、毛、谢、古。

斗争不断升级，邓、毛、谢、古不仅成了“江西罗明路线”的代表人物，甚至成了“反党派别”“反党小组织”！

毛泽东在福音医院跟罗明的见面，会惹出个“罗明路线”，又派生出“江西罗明路线”，真是始料不及。其实，批毛泽东、批毛泽东路线、批“毛派”，中共临时中央倒是有计划地一步紧逼一步……

对于邓小平来说，这次作为“毛派的头子”挨批，是他一生“三起三落”的第一次“落”，此后的第二次“落”是“文化大革命”初期批“刘邓路线”，第三次“落”则是1975年的“批邓、反击右倾翻案风”。历经三劫而不倒，他被美国记者索尔兹伯里称为“永远打不倒的小个子”。

毛泽覃是在1931年6月担任“永吉泰”中心县委书记的。曾有一篇《毛泽覃同志的〈三国志〉热》的文章，指责毛泽覃实行“诸葛亮式的机会主义战略和战术”，即游击战术。说这是一种“怕有伤亡打滑头仗”“怕有疲劳反对追击”的战术，点的是毛泽覃的名，实际上批的是毛泽东的战略战术。毛泽覃在黄公略牺牲之际，曾代他指挥部队，担任过红军独立师师政委、师长。

谢维俊又写作谢唯俊，字蔚青，湖南耒阳人。1926年，年仅18岁的谢维俊加入了中国共产党。1928年，他随朱德、陈毅部队上井冈山，在红军中相继担任连党代表、营党代表、一纵队政治部主任。

后来，他成为总前委秘书，在毛泽东身边工作。

当邓小平初来瑞金县委时，正在那里的谢维俊协助邓小平工作。此后，谢维俊担任过中共永丰县委书记，接着，调任江西第二军分区司令员、红军独立第五师师长。虽说他不再在毛泽东身边工作，但常给毛泽东写信，征求毛泽东对工作的意见，毛泽东给他回过信。

古柏是江西寻乌人。1925年，19岁的古柏加入中国共产党，成为寻乌最早的中共党员。1929年1月31日，朱毛红军急行军途经寻乌县菖蒲区，古柏连夜赶去，跟毛泽东见了面，给毛泽东留下了很好的印象。1930 年 5 月，毛泽东到寻乌进行调查工作，当即找到担任中共寻乌县委书记的古柏。他和古柏朝夕相处了 20 天，结下亲密的友情。

正因为毛泽东跟古柏有着亲密的关系，所以在富田事变中，那封伪造的毛泽东的信，就是写给古柏的。

邓、毛、谢、古分处于不同的工作岗位，怎么会成了“反党小组织”呢？其中的根本原因当然在于他们跟毛泽东都有着密切关系，属于“毛派”。直接的起因，则是由于他们四人对博古等人不满，称他们为“洋房子先生”，暗讽他们来自上海。

“洋房子先生”们排斥毛泽东，说“山沟里没有马列主义”，谢维俊、古柏他们反驳道：“大城市中产生了立三路线，我们苏区的山上，全是马克思主义！”

诚如罗明的“最好的领袖毛主席”一句话激怒了博古，他们对“洋房子先生”们的揶揄传进了博古等人的耳朵中，博古等人震怒了。于是，邓、毛、谢、古成了四个“罪人”，受到挞伐。

□ 毛泽东被架空了

博古来到中央苏区，在放了两把火——批“罗明路线”、批“邓、毛、谢、古”之后，紧接着下一步棋便是架空毛泽东。

中央苏区党、政、军三权，党权已在博古手中，军权由周恩来掌握，但政权仍在毛泽东手中，他毕竟是中央政府主席兼人民委员会主席。博古指派张闻天“分管”政府工作，后来安排张闻天出任“总理”，即中央人民委员会主席。毛泽东成了徒有虚名的政府首脑。

用博古的话来说，毛泽东成了“加里宁”！因为加里宁虽然多年担任苏联中央执行委员会主席，是苏联国家元首，但实权全然操在斯大林手中……

毛泽东确实被架空了，只是他仍做着力所能及的工作。

毛泽东在汀州福音医院休养了三个多月，回到了瑞金叶坪。

1933 年 2 月 10 日，博古代表中共临时中央，责成毛泽东负责领导“查田运动”。毛泽东只得服从，从此把主要精力花在“查田运动”上。

所谓“查田运动”，是有人认为中央苏区农村有些地方划错了阶级，导致土地分配不合理，于是要在农村开展“清查阶级、清查土地”运动。

1933 年 3 月，毛泽东在瑞金叶坪进行“查田”试点，然后在中央苏区推开“查田运动”。

5 月，毛泽东忙于率中央政府代表团去武阳墟召开“春耕生产运动赠旗大会”。

6 月，毛泽东接连在《红色中华》上发表关于“查田运动”的三篇文章。6 月 17 日至 21 日，毛泽东在瑞金叶坪主持召开了“八县查田运动大会”。

到了 8 月，毛泽东发表《查田运动的初步总结》。

毛泽东，原本是中央苏区最高首长，集党政军大权于一身，如今却只能分管“查田”——这项工作，本来只需要“土地人民委员”（土地部部长）去做就可以了。

就在毛泽东“查田”的那些日子里，反“罗明路线”、反“江西罗明路线”的斗争甚嚣尘上。

就在毛泽东“查田”的那些日子里，第四次反“围剿”战斗正烈。

前线，繁忙的司令部里见不到毛泽东高而瘦的身影。朱德作为总司令，周恩来作为总政委，刘伯承作为总参谋长在指挥战斗。

周恩来、朱德、刘伯承，仍按着毛泽东的策略指挥作战。从 1933 年 2 月中旬起至 3 月 20 日，红军接连在黄陂战役、东陂战役中大胜国民党军队，粉碎了蒋介石的第四次“围剿”。

5 月 8 日，根据中共临时中央的意见，中华苏维埃共和国临时中央政府人民委员会第四十一次常委会决定，任命朱德为中国工农红军总司令兼第一方面军总司令，周恩来为中国工农红军总政委兼第一方面军总政委。会议还决定增补项英、博古为中革军委委员，并由项英任中革军委代理主席。

毛泽东呢？在领导“查田运动”告一段落之后，8 月 16 日，根据中华苏维埃共和国临时中央政府人民委员会第四十八次常委会决定，毛泽东出任苏维埃大学校长，沙可夫为副校长。毛泽东在那里给学员讲《乡苏维埃怎样进行工作》……

第五章 艰难岁月

□ 蒋介石坐镇庐山

夏日的庐山，一片清凉世界，乳白色的雾像一团团洁净的棉絮在擦拭着岚影波光。向来，炎暑时节，在南昌如同火炉一般的日子里，庐山游人如织，争着在这里透一口凉气。

1933 年酷夏的庐山，游人却望而却步。那里戒备森严，成了军人们的天下。

五老峰下，庐山诸水会集之处，所谓“百川会海”，那里叫作海会乡。明朝万历年间，在那里傍山筑了一寺，称“海会寺”。

这儿本是读书的好地方，眼下却阵阵喊杀之声撼天动地。1933 年 7 月 18 日，由蒋介石亲自主持的“庐山军官训练团”第一期开学典礼便在海会寺前举行。那里新修了一批房子，作为军官们的住所。

那天，军官们齐刷刷地笔挺站立，蒋介石在陈诚的陪同下，对第一期学员进行训话。

“青天白日满地红”之旗在庐山上飘扬，蒋介石的声音在庐山上回荡。四次“围剿”的失败，使蒋介石痛下决心，非在第五次“围剿”时“剿清赤匪”不可。连蒋介石也惊呼共产党“星火燎原”了！

面对这“燎原之势”，蒋介石部署了第五次“围剿”。这一回不同既往，他从训练军官入手。当过黄埔军校校长的他深知训练的重要，于是在庐山举办军官训练团，一期接一期地办下去。

蒋介石坐镇庐山。军官训练团以半个月为一期，学员为上校以下、少尉以上的中下级军官，也有少数高级军官参加受训。1933 年夏日，他在庐山办了三期军官训练团，受训军官为 7598 人。这些军官，成了第五次“围剿”的骨干。

当蒋介石在庐山上训话时，他的身后总是站着一矮一高两个人物。这两人是蒋介石进行第五次“围剿”所倚重的左右手。

那个子矮小的，是陈诚，蒋介石最忠诚的门生。

第四次“围剿”时，蒋介石任命陈诚为中路军总指挥。虽然陈诚出了大力，仍成为败军之将，大哭一场，在南昌躲起来，羞见蒋介石。蒋介石没有怪罪陈诚，仍起用他，任命他为庐山军官训练团团长，又一次使陈诚感激涕零。

陈诚跟红军交过手，领教过滋味，所以他宣称：“彼等虽属乌合之众，不堪一击，但星星之火，可以燎原！”①

为了打胜第五次“围剿”之战，陈诚提出了十六字方针：“封锁围进，配合迫进，逐步稳进，乘虚突进。”②

站在蒋介石背后的高个子，一头银发，碧眼高鼻，举止傲慢。此人是蒋介石请来的德国军事顾问赛克特。蒋介石仿照曾国藩当年“借洋兵助剿”，只是把“洋兵”换成了“洋顾问”。

蒋介石十分看重德国，认为在“洋人”之中，德国的军事经验最值得借鉴。

赛克特引用希特勒的“名言”，给蒋介石以启示：“我们的斗争只有两种结局：不是敌人踏着我们的尸体过去，就是我们踩着敌人的尸体过去！”

赛克特的最大“贡献”，在于为蒋介石制定了“堡垒政策”。赛克特主张用密集的碉堡群，对中央苏区进行包围，然后缓缓推进，一边推进，一边筑碉堡。赛克特指着江西地图说：“共产党的统治区不过5万平方公里，只要保持每天前进两里的速度，不出一年，就可以全部吃掉！”

蒋介石深以为然。

在赛克特的协助下，蒋介石制定了第五次“围剿”的新策略：“战术上要取守势即以守为攻，战略上要取攻势即以攻为守。”“军行所至，立建碉堡，逐步推进，稳扎稳打，三里五里一进，十里八里一推。”“进得一步，即守一步。逐渐前进，缩小匪区。”

蒋介石在庐山上摩拳擦掌，大声疾呼：“如吾军上下果能以诚信相孚，以礼义相尚，而以廉耻相勉，专心致志，实行主义，则精诚所至，金石为开，

---

① 陈诚：《剿匪战史》第5卷，江西省档案馆收藏。
② 陈诚：《剿匪战史》第5卷，江西省档案馆收藏。

何患匪寇之不灭哉？诸将士其将以吾言为剿匪操胜之左券乎？”

博古也请来了德国“高参”

就在蒋介石请来德国顾问赛克特的时候，博古也请来了德国“高参”……

1933 年 9 月，瑞金热得像蒸笼。这天，从中共上海局忽然发来的一份密电，报告了重要消息。

博古一看电报，马上叫来国家政治保卫局局长邓发，告诉他有两位重要人物要由上海前来中央苏区，须务必做好接护工作，做到万无一失。

来者一男一女，男的是共产国际派出的军事顾问、德国人李德，女的是博古的夫人刘群先。邓发知道来者非同寻常，岂敢怠慢，当即着手严密地布置保卫工作……

邓发手下有一位能干的“小鬼”，名叫卓雄，奉命带领一支精悍的队伍，前去接护从上海来的要员。

颇费周折，笔者在北京高干住宅区里寻访到了卓雄。① 年近八旬的他，看上去如同一尊弥勒佛，不过当年他却是以机灵能干出名的“小侦察”。

当时，卓雄带着十几个十七八岁的小红军，一色挎双枪（一支盒子枪，一支小手枪），出没在闽西的山区里。林伯渠、陈云、博古等进入中央苏区，都是他去接的。

从上海到江西中央苏区曾有好几条秘密交通线，后来只剩下一条“奉星社”秘密交通线保持畅通。

这一回，卓雄带着小分队正在福建汀州，忽然接到上级命令，要他带着队伍到汀州东南的河田镇去。卓雄来到河田“奉星社”，国家政治保卫局的机

① 1991 年 7 月 5 日，叶永烈在北京采访曾在国家安全部工作的卓雄。

要处处长来了，交给他一张邓发亲笔写的条子，通知有紧急任务。机要处处长具体交代了任务：“有一个重要的东西来了，这东西不能抬，也不能背，你要把它安全地搞回来，深入苏区后有大部队来接你们。”这近乎“黑话”的话，出于保密，只能说到这等地步。

于是，卓雄带着小分队在夜里紧急出发。

他们路过“奉星社”的每一个交通站时，并不住在站内，而是住在野外，“奉星社”的人给他们送来吃的。只有卓雄知道“奉星社”的交通站在哪里，谁是交通员。站与站之间、交通员与交通员之间，没有横的联系。这是一条极端机密的交通线，不是重要人物，不走这条线。

据卓雄回忆，上海中共特科派出的护送人员名叫陈泮年。半夜时分，李德带着几百美元、一只手提箱，和陈泮年、刘群先一起上了一艘英国海轮。一路顺风，李德装扮成考古学家，说是要前往广东考古，刘群先则装成他的妻子。

他们与卓雄等人会面的地方是广东大埔，那里离闽西不远了，但仍是国民党统治区。

李德穿上紫红色长袍，胸前挂起十字章。刘群先也换上长袍，用黑围巾包着头。他们装扮成神父和修女，沿途遇上盘查，就说他们是要“到汀州天主堂传教”。

带着这么个“不能抬，也不能背的东西”前进，卓雄够吃力的。走的是“野鸡路”，翻山越岭时，小青年们用绑脚的带子扎在李德腰间，上拉下推，这才把他推上去。夜里行军，白天则躲在“马架子”下。所谓“马架子”，就是“人”字形的木棚、竹棚，上面用树枝伪装，人挤在里面睡觉。“奉星社”的交通站供应红米、山芋、南瓜、苦菜。一连走了六七个夜晚，才算把“神父”带到才溪，那里已是苏区了。

邓发和谭震林带了一个机干团，专程来迎接李德。这个机干团由支部书记以上的干部组成。李德骑上了马，在机干团的护送下，经汀州朝瑞金进发……

□ “独立房子”的主人

李德的到来，使博古大大地忙碌了一番。

在博古看来，李德不仅是红都瑞金的第一位外宾，而且是上级机关共产国际派来的“要员”。为了给李德安排住所，博古很是花费了一番功夫。

那时，由于特务告密，叶坪遭到国民党飞机的猛烈轰炸，原先设在那里的中央政府机关、中革军委机关和中共苏区中央局于1933年4月迁往中共临时中央所在地沙洲坝。于是，沙洲坝成了中央苏区党、政、军首脑机关集中之处，虽说这里只有几个小村庄——下肖（又称“夏肖”）、元太屋、老茶亭、白屋子。党团机关在下肖，政府机关在元太屋，军队机关在白屋子，而老茶亭正在兴建中央政府大礼堂。

博古为李德选“宾馆”，看了许多房子都不中意，最后选中了一片稻田中央的一座庙。许多书上都说专门为李德建了“独立房子”，经笔者实地踏勘、采访，并非如此。这座庙用当地话来说，属“四线三间”建筑，“四线”指房子四周四根线，“三间”是指中为客堂，左、右两耳房。博古看中这座庙有两个原因：一是孤零零地坐落在稻田中央，外人莫入，容易警卫；二是它正好在下肖、元太屋、白屋子三村中央，几乎等距离，不过二三百米，跟党、政、军机关联系都方便。这座孤屋，后来被人们称为“独立房子”。

虽说是一座庙，但经过大扫除，刷上石灰水，在客堂间正中挂上军事地图，倒还算像样。

博古为李德配备了两名翻译，一位叫伍修权，一位叫王智涛。他们与李德同住。

另外，博古还给李德配备了炊事员、警卫员。

李德进入瑞金，成了“独立房子”的主人。虽说瑞金的条件远不如上海，但李德对博古周到的安排还是深表满意的。特别是他一到那里，居然马上喝到了咖啡。自然，咖啡是从国民党部队那里缴获的。李德也为能够抽到“金鼠牌”“哈德门”“三炮台”香烟感到惬意。之前最使他苦恼的是，一路上吃山芋，肚子一直咕噜咕噜怪叫。“独立房子”的炊事员虽说从未做过面包，但居然用面粉、肉酱做成了烤肉饼，使他饱餐了一顿红都“土面包”。

脱去紫红色的长袍，穿上套头的列宁装，穿上马裤，李德变得十分潇洒。只是连续多日爬山，脚发炎了，肿得厉害。好在博古关照他新来乍到，让他尽量躲在“独立房子”里，以免个子如此高大、蓝眼金发的“洋人”在这见识甚少的瑞金乡下突然出现而引起轰动。

就在李德到达瑞金的当天晚上，博古和张闻天便来和他作了长谈。博古、张闻天都能操熟练的俄语，张闻天还能用英语跟李德交谈，不用翻译。博古、张闻天在上海时就跟李德常常见面，老朋友重逢，自然格外兴奋。

博古说李德的到来是“及时雨”。因为蒋介石请来了德国顾问赛克特，正在挥师南下，进行第五次“围剿”，而李德的到来，给博古撑了腰——博古不懂军事，正需要这样一位来自德国的红色顾问跟赛克特对抗。

其实，在博古的心目中，李德不只是顾问，而且将会成为红军的主帅！虽说博古也很清楚，共产国际对于李德的职权作过明确的指示。共产国际派往中国的军事总顾问是曼弗雷德·施特恩将军，李德只是总顾问领导下的一位军事顾问。施特恩将军因故不能前往中央苏区，便把李德派来了。

李德是一位“没有指示权力的顾问”，而且要接受中共临时中央的领导。可是，李德刚到瑞金，博古、张闻天跟他的长谈，便把共产国际的指示搁在了一边。

李德一下子要“主管军事战略、战役战术领导”，这个“没有指示权力的顾问”的权力，猛然间大大膨胀起来……

跟赛克特相比，李德在军事上的资历要浅薄很多。1914 年，第一次世界大战爆发时，14 岁的李德应征入伍，成为奥匈帝国军队中的一名小兵，而当时的赛克特已是德国陆军总参谋长。两年后，李德在作战中被俄国军队俘虏，送往西伯利亚。不久，俄国十月革命爆发，李德加入了苏俄红军，开始了他的革命生涯。在鏖战中，李德作战勇敢，成为骑兵团的参谋长。1919 年，李德成为德国共产党党员，在慕尼黑进行过街垒战。他曾两度被捕。1924 年，他在德国共产党中央委员会从事情报工作。就在这一年，他成了新郎，跟奥尔加·贝纳里奥结婚。1926 年 9 月 20 日，他和妻子双双被捕。妻子三个月后获释，而李德被摩托囚车送入莫阿比特监狱之后，受到严密的监视。那是一幢五角星状的大楼，四周用五米高的围墙团团围住，岗哨密布。每天，在昏暗的灯光下，他做着用钢丝穿珠子的单调工作，不过却利用空余时间学会了俄语和英语。如此度过 18 个月，他居然成功地越狱。德国警察到处张贴悬赏 5000 马克缉拿李德的布告，而他却秘密地逃往苏联。

1929 年春，李德进入苏联伏龙芝军事学院学习，1932 年春毕业。就在这时，他接到共产国际执行委员会的通知，把他派往中国，在军事总顾问施特恩手下担任一名顾问。于是，他带了一份奥地利护照，登上火车横穿西伯利亚，经东北来到上海，住进外滩外白渡桥北堍的礼查饭店（今浦江饭店）……

李德被选中派往中国，大抵有三个原因：一是他有过街垒战的经验，而当时中共王明路线正在搞“夺取中心城市”，很需要“街垒战专家”的指导；二是他会讲英语、俄语，便于在中国工作；三是他有过地下工作的经验。

就这样，这位日耳曼人，成了瑞金沙洲坝那座“独立房子”的主人……

□ 公审萧劲光引起的争执

李德的到来，使“独立房子”变得热闹起来。这座“三室”的“独立房子”正中的客堂间成了会议室。李德到来不久，博古便通知革命军事委员会的委员们在“独立房子”开会，跟李德见面。

博古和张闻天事先提醒过李德，跟毛泽东见面时，如果有谁提及“罗明路线”，要尽量回避，因为“毛泽东对这个问题反应很敏感”，他同罗明“执行的是同一条路线”！于是，李德便“把博古的劝告牢牢记在心上”。

会议由项英主持。中革军委从 1933 年 5 月 11 日移驻瑞金沙洲坝，规定

“当中革军委主席朱德同志在前方时，其主席职务，由项英同志代理”[1]。

据李德回忆：“博古把我介绍给大家，毛泽东以生硬的形式向我表示欢迎。”

就这样，李德跟毛泽东结识了。毛泽东不懂外语，由博古充当翻译。在场的人当中，除了毛泽东和项英之外，其余的人差不多都能用俄语跟李德交谈。

此外，李德也从博古他们那里得知毛泽东在中央苏区的威信，以及受到的排挤。

初次见面时，李德跟毛泽东彼此客气了一番。不过，由于李德完全站在博古一边，他和毛泽东的冲突注定是不可避免的。

就在李德到来不久，他跟毛泽东之间便发生了一场不大不小的争执。

李德和毛泽东的头一回交锋，是在“黎川失守”这件事情上……

黎川是广昌东北的一座县城，靠近福建俊秀的武夷山。黎川是在1933年9月28日失守的。黎川之战，是第五次反“围剿”的前哨战。

从1933年7月18日到9月18日，蒋介石在庐山上办了三期军官训练班，亲自作了23次训话和讲课！

在南昌，从1933年5月起设立的“军事委员会委员长南昌行营”此刻变得忙碌起来。蒋介石在赛克特的谋划下，正忙于调集100万大军、200架飞机，部署第五次“围剿”。其中50万大军用于江西，以求剿灭中央苏区。

此时，黎川成了中央苏区的北部门户。蒋介石的第一步棋，便是派出陈诚的三个师——第三路军第八纵队第五、第六、第七十九师——朝黎川县城推进。红军主力在朱德、周恩来率领下，正在福建跟国民党第十九路军作战，驻守黎川的则是萧劲光部队。

在面对蒋军3个师的时候，萧劲光手下却只有70个兵！

萧劲光是这样回忆的：

①《关于中革军委移驻瑞金的通令》（1933年5月17日）。

我的主力部队已随三军团到福建去了，剩下一个独立师，在敌人进攻前的一个星期又调往峭石，归前总直接指挥。当时我手上只有一个70人的教导队和一些地方游击队守黎川。在敌人进攻的前几天，中央又命令闽赣省委和省政府撤出黎川城。随即，顾作霖（省委书记）、邵式平（省政府主席）两同志率党政机关撤出了。为不致引起群众恐慌，只留一个合作社没撤。[①]

当蒋介石的三个师进攻黎川时，萧劲光只得率教导队撤出黎川县城，退到城外60里的溪口。萧劲光有着多年的战斗经验，又两度赴苏学习，他知道在敌我力量悬殊的情况下，唯一的选择是撤退。

消息传到瑞金，引起了博古和张闻天的愤怒。李德在《中国纪事》中写道："萧劲光在黎川城不战而弃，带领他的独立部队仓皇撤退，而让地方部队听任命运的摆布。博古和洛甫把这种情况称之为过时了的游击战方法的回潮……"

于是，黎川失守，马上被扯到"罗明路线"上、扯到毛泽东头上去了。

李德支持博古、张闻天的观点，而毛泽东则支持萧劲光，认为在敌强我弱的形势下，萧劲光应当撤退，放弃黎川，诱敌深入，在闽西建宁、泰宁一带与敌周旋。

萧劲光奉命"收复赤色黎川"。他组建了红七军团，自任军团长兼政委。1933年11月11日，前总得知敌一个主力师要赶往浒湾，命萧劲光率部阻击，待彭德怀的红三军团赶到，向敌发起主攻。浒湾在黎川西北。萧劲光在浒湾跟敌人打了一天一夜，翌日傍晚，彭德怀率红三军团赶到。这时，彭德怀正患疟疾，冷透骨髓，只得由彭雪枫指挥。第三天，敌人在十几架飞机掩护下，出动了装甲车，冲破了红军的防线，打通了去浒湾的道路。

浒湾战斗失利，主要是红三军团没有打好。彭德怀主动向前总说明了情

① 李泽才、张炜：《黎川事件的真相——访萧劲光同志》，《中共党史资料》第五辑，中共党史资料出版社1983年版，第262—263页。

况，申明“责任不在萧劲光”。

可是，谴责的拳头还是落到了萧劲光头上。萧劲光这样说及当时的情景：“浒湾失利后，博古同志他们想整彭德怀同志，但不敢动他，就把战斗失利的罪名强加在我的头上。他们下令撤了我的职，调往前总审查。”

李德也力主对萧劲光实行惩罚，下令审判萧劲光。

于是，萧劲光成了“军内的‘罗明路线’”的代表人物。前总主办的《铁拳》杂志出了《反萧劲光机会主义专号》，刊载顾作霖等批判萧劲光的文章。

1934 年 1 月 6 日上午，瑞金最高临时军事裁判庭召开公审大会，萧劲光被押上法庭。法庭上一片紧张气氛。在书记员宣读对萧劲光的控告书之后，萧劲光据理争辩：“我到差不多被敌人包围的严重情况下，才带领 70 人的教导队撤出，这有什么错呢？”旁听的人知道真相，也不再喊口号了。

可是，法庭根据李德的意见，仍坚持判处萧劲光五年徒刑，并开除党籍、军籍。

中央苏区的报纸刊登报道，说萧劲光“把赤色的黎川城，以及红军用血肉换来的一部分军用品送给敌人，做了敌人的内应”。

萧劲光被关起来的时候，贺子珍去看他。贺子珍向他转告了毛泽东的话，使他在最困难的时候得到了鼓舞。毛泽东说，他应该撤退，做得对！对他的处罚是完全错误的！

毛泽东的意见，得到了王稼祥的支持。

虽说此时王稼祥受伤，正在病中，但他是中革军委副主席兼总政治部主任，最高临时军事裁判法庭的判决书要他审批，王稼祥拒绝签字。

李德坚持要判处萧劲光五年徒刑，找博古帮忙，以压倒毛泽东和王稼祥。博古借口工作忙，不再过问此事。

李德无奈，审判萧劲光便不了了之。萧劲光关了一个月，就被调到红军大学去当教员了。

王稼祥原本跟王明、博古站在一起，但自宁都会议以来，他跟毛泽东逐渐接近。他不仅帮助了萧劲光，而且还帮助了邓小平。

邓小平被撤销了中共江西省委宣传部部长的职务之后，也被关了禁闭。

邓小平从禁闭室获释后，被派往中央苏区北部的乐安县南村当“巡视员”。那里是与白区交界之处，派遣者的本意，是因为那里生活艰苦，“流放”邓小平。不料，邓小平去那里才10天就被紧急调了回来。起初，邓小平不明白其中的原因，后来才听说，因为那里靠近白区，有人害怕邓小平跑掉。

邓小平回到瑞金，没有人敢用他。倒是王稼祥敢要他，对他说：“你到我这儿来吧！”王稼祥调邓小平到红军总政治部任秘书长，两三个月后，上边有人说：“怎么能让邓小平当秘书长？”于是，王稼祥又把邓小平安排在红军机关报《红星》报当了一名编辑……

□ 福州南校场升起“反叛之旗”

蒋介石虎视眈眈，在夺得了黎川县城之后，正欲发动第五次“围剿”，但此时一桩突然发生的事变，打乱了他的阵脚。

那是1933年11月20日，福州南校场的旗杆上，忽然升起一面新奇的旗帜——上红下蓝两道横条，正中嵌一颗黄五角星。顿时，鞭炮声、鼓乐声大作，上千人在南校场上发出热烈的欢呼。

一个新的国家——“中华共和国”——宣告成立。新奇的旗帜——“中华共和国”的国旗，出现在福州大街小巷。

第一面中华共和国国旗，在福州南校场上由蔡廷锴亲手升起。蔡廷锴是国民党第十九路军军长兼副总指挥。他曾受中共影响，参加过南昌起义，随后率部离去。1932年1月28日，当日军发动一·二八事变，突然从上海日租界向闸北中国驻军进攻时，蒋介石把第十九路军视为异己，调往福建，攻打红军。蒋介石的如意算盘是让第十九路军和红军两败俱伤，他自己坐收渔翁之利。

蔡廷锴和第十九路军总指挥蒋光鼐无奈，只得率部进攻红军，与朱德、周恩来交手。蒋介石的部队进攻黎川时，红军主力正在朱德、周恩来的率领下跟第十九路军作战。

前有红军，后是大海，第十九路军打不过红军，又后退无路。这支队伍毕竟受过中共影响，又曾高举抗日的旗帜，此刻终于下定决心，举行兵变，实行“联共反蒋抗日”，并着手成立中华共和国。

蔡廷锴、蒋光鼐寻求与中共取得联系，希冀得到支持。他们物色到一个颇为恰当的人物，以求打开中央苏区之门。此人名叫陈公培。

陈公培是旅法共产主义小组成员，最早的中共党员之一。他回国后参加过北伐，担任国民革命军第四军政治部主任。1927 年，他参加了南昌起义，潮汕作战失败后，脱离了中共。

陈公培在中共方面有许多老朋友。1933 年 9 月 22 日，他携带蒋光鼐亲笔所写《十九路军与红军联络证明》进入中央苏区，在延平的王台会见了彭德怀。

彭德怀马上电告瑞金。起初，中共临时中央回电，批评彭德怀“对此事还不够重视”，可是没几天，中共临时中央又给彭德怀来电，称“第三党比国民党还坏”。所谓“第三党”，指的就是国、共两党之外的“生产人民党”，又称生产大众党。那是蔡廷锴、蒋光鼐正在和李宗仁、陈铭枢等筹建的一个政党。彭德怀不由得摇头，“觉得知识分子总是有他的歪道理”，所以朝令夕改，都能说出一番“歪道理”。

其实，是因为中共临时中央内部对于第十九路军问题有着激烈的争论，举棋不定，才导致了朝令夕改。一种意见认为第十九路军对蒋介石的反叛使红军多了一支友军，中共多了一个盟友；另一种意见认为他们搞的是“社会民主党”“第三党”，要坚决予以斗争、揭露。

其中，最令彭德怀困惑的是，项英于 9 月 25 日来电，要彭德怀对陈公培“耍一个滑头”。电报原文如下：

朱周彭滕：

目前在我军结束东战线向北消灭蒋敌援闽部队（军委已另有命令来），对公培之事绝不能存大希望，可在我撤退与集中时便带耍一个滑头，向公培表示红军履行以前宣言，诚意与他们订立反帝反蒋作战协定，可首先撤退西芹一带之兵，但须绝对注意不要暴露我军之企图，而实际来集中我之兵力，请你们酌情进行。

项英[1]

这样“耍滑头”的谈判，难以取得实在的成果。

于是，陈公培在回到福州之后，只得在1933年10月下旬再来中央苏区。这一回，他是跟蔡廷锴的秘书长、第十九路军全权代表徐名鸿一起来瑞金的。

博古给毛泽东打来了电话，指令这次谈判由政府出面。毛泽东虽被架空，毕竟还是政府首脑。于是，在瑞金，由毛泽东出面接待了陈公培和徐名鸿。那天，毛泽东特地换上一身新衣。中共临时中央指定周恩来、叶剑英负责谈判工作，派出潘健行为全权代表。

潘健行是何人？原来，他就是潘汉年！此人精明能干，能文能武。

他在瑞金担任中共苏区中央局宣传部部长，当周恩来物色跟第十九路军谈判的全权代表时，点将点到他头上。这不光因为他擅长交际，而且由于他在特科工作时，曾跟第十九路军中的中共秘密党员有过密切联系，跟徐名鸿也有过交往。

潘汉年与徐名鸿在瑞金重逢，谈判颇为顺利。1933年10月26日，双方签署了《反日反蒋的初步协定》，共11款。协定指出，双方“准备进行反日反蒋的军事同盟”。

协定签毕，毛泽东以中华苏维埃共和国中央执行委员会主席的身份，又一次接见了徐名鸿，并派出潘汉年作为常驻福州代表，黄一青（黄火青）为秘书，随徐名鸿一起返回福州。

有了这份协定，蔡廷锴、蒋光鼐心定了。1933年11月20日，他们在福州南校场升起了中华共和国国旗，宣告与蒋介石决裂。11月22日，选举李济深为“中华共和国人民革命政府”主席，定1933年为中华共和国元年，首都

① 中国人民解放军政治学院党史教研室编：《中共党史教学参考资料》第十五册，国防大学出版社1986年版，第229页。

设在福州。同日，“生产人民党”宣告正式成立，陈铭枢为总书记。

福州高举起反蒋大旗，打乱了蒋介石的阵脚。蒋介石不得不把已经摆好的第五次“围剿”的阵势改变，急调11个师入闽，进剿第十九路军。

这时，毛泽东提出了大胆的策略：

红军主力无疑地应该突进到以浙江为中心的苏浙皖赣地区去，纵横驰骋于杭州、苏州、南京、芜湖、南昌、福州之间，将战略防御转变为战略进攻，威胁敌之根本重地，向广大无堡垒地带寻求作战。用这种方法，就能迫使进攻江西南部福建西部地区之敌回援其根本重地，粉碎其向江西根据地的进攻，并援助福建人民政府，——这种方法是必能确定地援助它的。[①]

彭德怀的见解与毛泽东相似：

建议：留五军团保卫中央苏区；集中一、三军团和七、九两个军团，向闽浙赣边区进军，依方志敏、邵式平根据地威胁南京、上海、杭州，支援十九路军的福建事变，推动抗日运动，破坏蒋介石的第五次“围剿”计划。博古批评这个建议，说是脱离中央苏区根据地的冒险主义。[②]

当时中共临时中央“左”得厉害，把盟友推向了敌人一边。

福建事变发生后半个月，以博古为首的中共临时中央于1933年12月5日公开发表了《中共中央为福建事变告全国民众书》，声称福建政府“不过是一些过去反革命的国民党领袖们与政客们企图利用新的方法来欺骗民众的把戏，他们的目的不是为了要推翻帝国主义与中国地主资产阶级的统治，而正

①《毛泽东选集》第一卷，人民出版社1991年版，第236页。
②《彭德怀自述》，人民出版社1981年版，第184页。

是为了要维持这一统治，为了要阻止全中国民众的革命化与他们向着苏维埃道路的前进”。

以博古为首的中共临时中央坐失良机。其实，那时蒋介石最怕的便是第十九路军和红军的联合。蒋介石的侍从室主任晏道刚曾在回忆录中极为生动地描述过蒋介石当时的恐慌之情：

> 蒋介石在抚州得知“闽变”的消息，神色异常紧张，深恐红军与第十九路军联合。好几天我与他同坐汽车时，见他忽而自言自语，忽而挥拳舞掌。他坐在房子里就不时拿出他自己所著的《剿匪手本》中的军歌高声歌唱。每逢他出现丑态时，宣铁吾（蒋的侍卫长）就找我去看，说他又在发神经了。宋美龄到抚州，发现蒋的床下隐藏着他的原配老婆带给他的宁波小菜罐坛，都被宋掀出打破了。在痛苦中还夹着“吵架打罐”的小插曲，确实使蒋的日子不太好过。每天晚餐后，蒋就找我和林蔚去问是否有红军与第十九路军联系的情报，嘱我们密切注意，并每日派飞机轰炸红军，侦察其行动方向。后来未发现红军与第十九路军联系的征候，蒋才决定亲自飞往建瓯指挥进攻第十九路军的战事。[①]

蒋介石5万大军入闽，第十九路军失去了红军的支持，成了一支孤军，五个军中的四个军倒戈，投降了蒋介石。1934年1月15日，中华共和国的首都福州易帜，升起了“青天白日满地红”旗。蒋光鼐、李济深、陈铭枢、蔡廷锴先后亡命香港，历时两个月的福建事变也降下了帷幕。

蒋介石消灭了异己第十九路军，松了一口气，于是又集中兵力再度向中央苏区发动“围剿”……

---

① 晏道刚:《蒋介石追堵长征红军的部署及其失败》,《红军长征在贵州史料选辑》,“贵州社会科学丛书”1983年版。

□ 红都瑞金在大兴土木

就在中华共和国首都福州陷落的那一天，中华苏维埃共和国首都瑞金正在召开一个重要会议——中共六届五中全会。自从1931年1月7日花了一天时间在上海匆匆召开中共六届四中全会以来，已经三年没有开过中共中央全会了。

会议在瑞金沙洲坝老茶亭的“中央大礼堂”举行。

那时的老茶亭正在大兴土木。“中央大礼堂”是1933年8月动工修建的。据说，这个大礼堂半边由来自福建的红军建造，半边由来自江西的红军建造，双方开展劳动竞赛，你追我赶，才三个多月工夫就落成了。这座大礼堂系土木结构，八角形，看上去像顶红军八角帽，颇为别致。礼堂里开了好多窗，装上玻璃后相当明亮，在山沟沟里算是很不错的“现代化”建筑了。礼堂分两层，可以坐千把人。

那时，瑞金叶坪也在大兴土木，那里的一大片空地，原是“提灯游行”后举行联欢会的地方，如今修整成了一个广场。

1933年冬，广场上一片热闹景象，一群新的建筑物正在施工。

最为引人注目的，是矗立在广场上高达13米的“红军烈士纪念塔”，相当于后来北京天安门广场的人民英雄纪念碑。红军烈士纪念塔的造型颇为别致，塔座五角星形，塔身却是炮弹形，远远望去，像一枚正在射向蓝天的火箭。正面，刻着“红军烈士纪念塔”七个大字。

此外，广场上还建起了砖木结构的红军检阅台、红军烈士纪念亭、公略亭、博生堡。公略亭纪念的是1931年9月15日沙场捐躯的名将黄公略。博生堡呈碉堡形，纪念的是宁都暴动领袖赵博生，他于1933年1月8日战死于江西南城黄狮渡。

在战火纷飞的岁月，在红都瑞金如此大兴土木，其实透露了中共临时中央的意图：要在瑞金长期“扎”下去！

中共六届五中全会是王明“左”倾路线达到顶峰时期的会议。会议全面肯定了中共六届四中全会以来的王明“左”倾路线，强调：“只有进行一个坚决的斗争，反对主要危险的右倾机会主义，和反对对右倾机会主义的调和态度，党才能够发展布尔什维克的路线。”所谓“反对右倾机会主义”的潜台词，便是反对毛泽东。

会议重新选举了中共中央政治局委员 13 人，毛泽东居末位。当时的排名次序为博古、王明、张闻天、周恩来、项英、陈云、王稼祥、张国焘、朱德、任弼时、顾作霖、康生、毛泽东。中共中央政治局候补委员 4 人，即刘少奇、关向应、邓发、凯丰。中共中央设立了中央书记处，博古、张闻天、周恩来、项英为书记，博古为负总责。中共中央书记处的 4 位书记，即政治局常委。另外，会议还决定设立中央党务委员会，董必武为书记。

李德作为列席代表出席了会议，并在会上作了关于实行“短促突击”的军事建议。

中共六届五中全会在 1934 年 1 月 18 日结束。1 月 22 日，中央大礼堂里人声鼎沸，上千人蜂拥而入，“中华苏维埃共和国第二次工农兵代表大会”（简称“二苏大会”）在那里开幕。

开幕那天清早 6 时，沙洲坝忽地响起几声沉闷的炮声，居民们却没有一个人惊慌失措，因为那是为了庆贺“二苏大会”而放的礼炮。

沙洲坝鹅公岽脚下的一片空地，成了临时的阅兵场。临时搭建的检阅台上，站着博古、周恩来、项英、朱德、毛泽东等。阅兵式上最神气的是红军大学的学员，他们穿着崭新的斜纹紧袖“列宁装”和马裤，八个人一排，在校长兼政委何长工的带领下，齐刷刷地走过检阅台。这时，何长工一声嘹亮的“向右看”，学员们的头全都向右扭去，目光投向检阅台上的首长们。

直至此时，博古才发觉检阅台建造时选错了地方，学员们不应“向右看”，应该“向左看”才对！

红军第一步兵学校（又名“彭杨步兵学校”，以彭湃、杨殷的名字命名）的学员们也很威武，头上戴着清一色的钢盔，在晨光中闪闪发亮。那些钢盔，全是从国民党部队那里缴获的。

阅兵式进行到吃早饭时就结束了，避开了国民党飞机的“铁蛋”。

中央大礼堂大门口正上方，贴上了一排黄色大字：“中华苏维埃共和国临时中央政府”。

大礼堂内挂起了汽灯，显得颇有气派。主席台上方贴着马克思、列宁黑色石印像和镰刀斧头旗。台上放了几张小学生的课桌，算是讲台。

“二苏大会”上，毛泽东先是作了中央执行委员会和人民委员会的报告。报告中关于经济政策的部分，即现今收入《毛泽东选集》第一卷的《我们的经济政策》一文。几天后，毛泽东又在大会上作结论报告，即现今收入《毛泽东选集》第一卷的《关心群众生活，注意工作方法》一文。

大会通过了中华苏维埃共和国的国徽、国旗、军旗设计稿。国徽呈地球形，上面交叉着镰刀与斧头，右为谷穗，左为麦穗，上书“中华苏维埃共和国”，再上面则书“全世界无产阶级和被压迫的民族联合起来”。国旗则是红色底子，加国徽于其上。

会议开了 10 多天。大会选举毛泽东为中央执行委员会主席，而原先由毛泽东兼任的人民委员会主席，则由张闻天担任。

□ “崽卖爷田心不疼！”

江西的群山之中，在潇潇春雨浇洒之后，红土下会骤然钻出嫩嫩的笋尖。1934年初，尚是寒风呼号的时节，江西却冒出5000多座水泥钢骨的“冬笋”。蒋介石采用赛克特的建议，实行堡垒政策，这 5000 多座碉堡把中央苏区团团围住。用陈诚的话来说，建碉堡是给池塘筑坝，然后“抽干塘里的水，捉塘里的鱼”！

最早提出“碉堡政策”的是国民党第十二师师长金汉鼎。1929 年，鲁涤平向蒋介石汇报了金汉鼎的建议，未受蒋重视。后来赛克特肯定了“碉堡政策”，蒋介石才下令实行。于是，碉楼、堡垒、桥头堡、护路堡、圩寨等，一时在江西“遍地开花”。

蒋介石在消灭了第十九路军之后，于1934年2月调集四路大军，一边筑碉堡，一边徐徐紧缩包围圈：东路军以蒋鼎文为总司令，由闽北向闽西推进。北路军是主力，顾祝同为总司令，陈诚为前敌总指挥，由北线向赣南推进，正面进攻中央苏区。西路军以何键为总司令，由湖南向西推进。南路军以陈济棠为总司令，由广东朝北推进。

前方吃紧，瑞金沙洲坝那幢“独立房子”中异常繁忙。此时的李德已经独揽红军指挥大权，由顾问而成为统帅。

他的翻译伍修权如此回忆当年的情景：

我们当时的工作程序是：不论白天黑夜，只要前方来了电报，都迅速送到“独立房子”来。首先由我们翻译成俄文，并根据电文对着地图查证地理方位，绘成简图再送给李德。经他批阅提出相应的建议后，再由我们译成中文送给军委副主席周恩来同志……

博古当时是临时中央总书记，但他对军事一窍不通，就把军事指挥大权拱手让给了李德。李德有了作为总书记博古的支持，博古又有来自共产国际的李德作军事顾问，两人相互支持。①

李德来到“独立房子”不久，便博得一个“雅号”，曰“图上指挥家”。他成天围着客堂间里的大地图转来转去，一边抽着烟，一边用红蓝钢笔勾勾画画，然后用尺子量着距离，规定着部队行军的进度——他不管那里是山是河，反正按距离计算行军的进度。他甚至就连一挺机枪该放在哪里，一门迫击炮应布置在什么地方，都按照地图作了规定。殊不知，他用的那些地图全是国民党部队“供应”的，好多地图不准确！

李德是一位“街垒专家”，他在莫斯科伏龙芝军事学院所学的，是正规军打阵地战的战术。

李德的悲剧源于他在莫斯科并没有学习过游击战术的课程，而他来到中

① 伍修权：《我的历程》，解放军出版社1984年版，第70—71页。

国之后又对中国的国情、军情、民情所知甚少。他用下“国际象棋”的经验来下“中国象棋”，这不能不跌跤！

两个日耳曼人——赛克特和李德——以中国的江西省为“棋盘”，对弈起来。

双方交战，争夺的焦点是广昌。

广昌在黎川之南、宁都之北，是中央苏区北部的大门，县城坐落在群山之中的盱江左岸。照毛泽东以往的打法，会放弃广昌，甚至放弃瑞金，诱敌深入而歼之。如今，军权握在李德手里，李德打的是阵地战，在广昌严阵以待，决定死守。

一个非夺广昌不可，一个非守广昌不可，于是一场空前酷烈的战斗不可避免地在广昌爆发。

1934 年 4 月 21 日，《中央、军委、总政保卫广昌之政治命令》下达了。

命令指出：“我们的战斗的任务，是在以全力保卫广昌。”

文末的联合署名是：“中国共产党中央委员会博古、军委主席朱德、代总政治部主任顾作霖。”

蒋介石和北路军总指挥陈诚调集了 11 个师，沿着盱江，一边建碉堡，一边缓缓向广昌推进，实行“进得一步，即守一步”“稳稳推进，步步为营”的战术。

红军呢？方面军前方司令部撤回瑞金，另组临时司令部。博古为政委，实际上李德为总司令，亲上前线，指挥坚守广昌。博古和李德调集了红一、红三、红九军团的九个师，死守广昌。李德提出“以堡垒对堡垒”，红军在广昌也建造堡垒，只是没有水泥钢筋，用的是木头架子，垒上泥土，如此而已。

蒋介石任命陈诚为前敌总指挥，罗卓英为副总指挥，在广昌前线设立司令部。德国顾问赛克特也不顾高龄，亲临前线司令部，坐镇指挥。

赛克特用的是德国军队的战斗条令，李德用的是苏联红军的战斗条令。一场正规化的大战一触即发。

毛泽东被远远甩在后方，无权过问军事。

蒋介石的部队采用的全然是新的战术，三四十架飞机先轮番轰炸，再用德国进口的普伏式山炮、野炮和102口径的重迫击炮轰击，然后步兵徐徐推进，每天只进一两公里，马上开始构筑工事。站稳脚跟之后，第二天重复着昨日的“操作程序”。

决战从1934年4月10日开始，清早，国民党军队的炸弹、炮弹雨点般朝广昌北大门甘竹倾泻，炸死、炸伤几百名红军。红军的“土堡垒”不经炸。一位战士发牢骚道：“不知搞啥鬼啊！我们一夜不睡觉做了一个堡垒，人家一炮就打翻了；人家的堡垒，我们只有用牙齿去咬！我们没有重武器，天天同人家比堡垒，搞什么鬼啊！”

到了下午，看看炸得差不多了，国民党军队以营为方阵组成集团冲锋队形，黑压压地攻过来。

红军大量减员，弹药又不够，打得非常艰难。

如此激烈地争夺了五天，甘竹被国民党军队占领。红军被迫退守广昌城北的长生桥。那里是一片不太宽的开阔地。双方僵持了10天后，红军终于守不住了，只得朝广昌县城退去。广昌县城没有城墙，难以坚守。

4月27日是战斗最惨烈的一天。国民党军队夹攻广昌县城。彭德怀这样描述当时的激战：

> 从上午八九时开始至下午四时许，所谓永久工事被轰平了。激战一天，我军突击几次均未成功，伤亡近千人。在李德所谓永久工事里担任守备的营，全部壮烈牺牲，一个也未出来。……
>
> 当日约八时以后，战斗停止时，博古来电话，说李德、博古约我和杨尚昆去谈谈，他们明天回瑞金去。[①]

彭德怀去的时候，把一套旧军装放在包里，做了一去不复返的准备。他预料可能自己会被带到瑞金去，受公审，开除党籍，因为他有一肚子的气，再也无法忍下去了。

①《彭德怀自述》，人民出版社1981年版，第190页。

红三军团的政委本来一直是滕代远，但他此时患病，就由杨尚昆代理。此刻，杨尚昆作为政委，跟彭德怀一起来到前方总司令部。

李德、博古找彭德怀、杨尚昆，本想安排他们次日走后的工作。没谈几句，直性子的彭德怀便开始“放炮”！他历数李德的指挥错误，斥责他是“主观主义”“图上作业的战术家”。伍修权把他的话一句句译成俄语给李德听，李德绷紧了脸。

彭德怀越讲火气越大，他骂起李德来，用了一句湖南的土话：“崽卖爷田心不疼！”

李德听后竟没有反应。彭德怀估计是伍修权没有翻译那句话（据伍修权后来说当时他听不懂这句土话），就请在场的杨尚昆翻译。杨尚昆照实译了：“儿子卖掉父亲的田不心疼！”

这下子李德火了，咆哮着说：“封建！封建！”

李德挖苦彭德怀，说中革军委改选时，没有继续选他当副主席，所以他不满意。

彭德怀反正豁出去了，他骂李德是“下流无耻”。

李德进入中央苏区以来，还是头一回受到这样的当面顶撞。他是个火暴脾气，照理，他会像对待萧劲光一样对待彭德怀。大抵由于他自己在广昌吃了败仗，不敢那么傲慢神气了；也可能是由于他考虑到彭德怀是举足轻重的红军将领，他居然只是骂了一通彭德怀“右倾”了事！

在广昌已经败得一塌糊涂，博古和李德不得不同意彭德怀的意见，第二天撤出战斗。

就这样，从4月10日至28日，广昌战役历时17天，红军伤亡5500多人，付出了沉重的代价，仍以广昌失守告终。国民党军队这次借助于碉堡，借助于飞机、大炮，伤亡大为减少，只死600余人、伤1800余人，不及红军的一半。

广昌之败，红军上上下下对博古、李德怨声载道。那时，流传最广的一句话说：“毛主席从来不是这么打的！”有些红军战士干脆说：“毛大帅从来不是这么打的！”他们怀念在“毛大帅”指挥下第一、第二、第三次反“围剿”

中那些“谈笑凯歌还”的日子……

□ 毛泽东“病休”在会昌

在广昌炮火连天的那些日子里，失去军权的毛泽东，是在瑞金南面会昌县的文武坝度过的。

那时的文武坝，是一个离县城五六里远的镇子，是粤赣省的省政府、省委所在地。所谓“粤赣省”，是1933年8月建立的。虽说是一个“省”，其实只包括于都、会昌、西江、筠门岭、寻乌、安远、信康七县，只相当于今天的一个地区。这七个县的总人口，当时不过55万。

那时的中共粤赣省委书记是刘晓。

据刘晓回忆：

> 当时，毛泽东同志受到王明路线的排挤，是以养病的名义来会昌的。①

那是开了“二苏大会”之后，虽说毛泽东已成了空架子的政府主席，博古仍觉得他碍事，建议他去上海休养，李德则提议他去莫斯科休养。毛泽东当然明白博古和李德的用意，便说：“我不去，我不离开苏区，不离开中国。我身体还可以，就到粤赣省去休息吧！”

毛泽东愿去粤赣省，除了跟刘晓挺讲得来之外，与那里的军区司令员兼政委何长工更是老朋友。

① 刘晓：《给会昌县革命历史纪念馆的回信》，《革命历史资料丛书之七　回忆中央苏区》，江西人民出版社1981年版，第513页。

毛泽东带了三个巡视员一起前往会昌文武坝。这三个巡视员是王首道、周月麟和朱开铨。

就这样，“毛大帅”来到小小的镇子文武坝。博古支开了毛泽东，与李德一起去广昌前线。

当广昌大败的消息传来，毛泽东大为震怒。可是，指挥大权握在博古和李德手中，他已奈何不得，只能耐心地等待时机。

1934 年 7 月 23 日清晨，毛泽东在粤赣省几位干部的陪同之下，登上会昌城西北的高峰——会昌山（又名岚山岭）。毛泽东望着逶迤连绵的山峦，生发了诗兴，写下《清平乐·会昌》一首。他曾为这首词写下一段自注：“1934 年，形势危急，准备长征，心情又是郁闷的。这一首《清平乐》，如前面那首《菩萨蛮》一样，表露了同一的心境。”毛泽东所提及的《菩萨蛮》，即《菩萨蛮·大柏地》，是他 1933 年夏过大柏地时写的。

毛泽东的《清平乐·会昌》如下：

东方欲晓，莫道君行早。踏遍青山人未老，风景这边独好。

会昌城外高峰，颠连直接东溟。战士指看南粤，更加郁郁葱葱。[1]

心情郁闷的毛泽东在写罢这首词之后，背起红纸雨伞，走向文武坝渡口。他接到来自瑞金的急信，要他赶回红都。他望着田野，深情地说：“好快啊！来的时候早稻才有一尺来高，转眼已经抽穗，再过些天就要割禾了！”

他告别了会昌，在酷暑中，先是坐了一段时间的小船，然后步行。七八十里的路程，走得他衣衫尽湿。

毛泽东到了瑞金，才知在他登上会昌山那天，中共中央书记处和中革军委已作出了重要决定，发出了《给六军团及湘赣军区的训令》。这一训令要任弼时、萧克、王震率红六军团向湖南西南方向突围西征。为什么忽然要派出

① 中共中央文献研究室编:《毛泽东年谱（1893—1949）》（修订本）上卷，中央文献出版社 2013 年版，第 430 页。

3000 多人的红六军团西征？那是因为在广昌大败之后，蒋介石军队步步进逼，博古、李德要红军节节抵抗。三个月来，蒋介石的包围圈越收越小，“池塘”里的水渐渐被抽干。看样子，中央苏区已经保不住了。这样，博古、李德决定派红六军团西征，以求和贺龙、关向应的红三军会合。如果此举成功，红军主力在无法守住中央苏区时，可以西进……

沙洲坝突然遭到国民党飞机的猛烈轰炸。有一颗巨大的炸弹钻进土里，尾巴高翘着，居然没有爆炸。红军赶紧在炸弹四周插了一排竹子，拴上稻草绳，立起“不许靠近”的木牌。

沙洲坝目标的暴露，是因为蒋介石得到了准确的情报……

红十六军的军长孔荷宠当时兼任湘鄂赣军区司令员。1934 年春，他被调往瑞金红军大学学习。这本是要提高他的理论修养和文化水平，他却因此大为不满。他暗中勾画了沙洲坝的党、政、军首脑机关的分布图，然后借口到兴国前线了解情况，偷偷投奔了国民党部队。

当蒋介石获知红军军长前来投诚，大喜，立即发去电报，要把孔荷宠押去南昌。

孔荷宠向蒋介石当面献上那张分布图。

蒋介石正为空军找不到中共“心脏”而骂他们草包，得到此图，乃是意外的收获。

于是，国民党空军紧急出动，接连三天对沙洲坝狂轰滥炸。

这次空中突袭，本来是可以取得“辉煌战果”的，因为红军的那些防空壕、防空洞根本经不起重磅炸弹的猛烈气浪。只是国民党空军太不中用，炸来炸去，竟然只把那座新建的中央大礼堂炸去一角，此外无一命中目标！

经过这番狂轰滥炸，中央苏区党政军机关不得不第三次搬迁，由沙洲坝迁往瑞金城西 19 公里外的云石山。

至于那个孔荷宠，中华人民共和国成立后被捕，病死于北京。

□ 张闻天跟毛泽东在大樟树下倾心而谈

瑞金城西的云石山是座小山，高不足百米，掩映在茂密的绿树丛中。沿着石阶而上，如登高楼，两三分钟便可到山顶。山顶平坦，建有一座青瓦黄墙古寺。

中共中央、中革军委及中央政府各部机关，分别驻扎在云石山下的村庄里，以求交通方便。

这山顶古寺，分配给政府主席毛泽东和“总理”张闻天居住。

当毛泽东和贺子珍带着小毛迁进云石山古寺时，张闻天正在闽赣省巡视。古寺里只住着一位法号为“乐能”的和尚和两个小和尚。考虑到毛泽东的安全，警卫人员要和尚搬走。毛泽东知道了，连忙制止道：“他们是主人，我们是客人，岂有反客为主之理？”于是，他留下了和尚们同住。

毛泽东搬进了左厢房，和尚们住在右厢房，彼此相安而居。

毛泽东跟乐能和尚聊天，知道他本名“骆能和”。此寺闻名于方圆数十里，只是山沟沟里农民赤贫，寺里的香火不盛，和尚们过着清贫的生活。他们见毛泽东这样的“大官”住进寺里，伙食竟跟他们相差无几，不由得感叹万分。

古寺清幽，芳草满院。寺后有一棵大樟树，树粗叶茂，树下有两只青石圆凳。毛泽东常坐在青石凳上读书。有时，贺子珍带着三岁的小毛跟他在树下对坐。

1934 年 8 月下旬，张闻天结束了在闽赣省的巡视工作，也搬入云山古寺，独自住在侧屋。空闲时，那棵大樟树下的两只青石圆凳成了毛泽东和张闻天对坐之处。在这样极其偶然的机会下，毛泽东和张闻天朝夕相处，彼此间的坚冰消融，日益亲近起来。

毛泽东和张闻天，一个出自山沟沟，一个曾留日、留美、留苏，二人阅历、文化结构多有不同，虽说一个是政府主席，一个是“总理”，却没有多少共同语言。尤其是张闻天作为王明、博古“坚定的战友”，曾几度批判过毛泽东，批判过“罗明路线”，批判过邓、毛、谢、古，何况博古让他当“总理”，就是为了从毛泽东手中夺得政府实权。然而，本是两股道上跑车的两个人，此时却奇妙地走在了一条道上。

那是张闻天向毛泽东靠拢。

最初，他俩只是谈政府工作，渐渐地，谈起了两人都喜爱的文学。毛泽东对文学有着浓厚兴趣，张闻天则在 24 岁就发表了长篇小说《旅途》。

张闻天跟毛泽东谈论文学，话就多了。

谈着，谈着，平素沉默寡言的张闻天，终于向毛泽东倾诉了内心的苦闷，倾诉了对博古的不满。

张闻天跟博古原是“铁哥们儿”，可是，继王稼祥之后，他跟博古之间也产生了裂痕，而且裂痕越来越大，越来越深。

张闻天本人是这样叙述的：

> 会议上，我同博古同志的公开冲突，是在关于广昌战斗的一次讨论。我批评广昌战斗同敌人死拼，遭受不应有的损失，是不对的。他批评我，说这是普列哈（汉）诺夫反对 1905 年俄国工人武装暴动的机会主义思想。我当时批驳了他的这种污蔑。坚持了我的意见，结果大家不欢而散。其他到会同志，没有一个表示意见。
>
> 从此时起，我同博古的矛盾加深了，他有一次似乎是传达李德的意见，说：“这里的事情还是依靠于莫斯科回来的同志。”意思似乎说，我们内部不应该闹摩擦。当时，我没有重视这句话，现在想起来，倒是很有意思的。
>
> 由于这些矛盾的发展，博古开始排挤我。（六届）五中全会后，我被派往中央政府工作，就是把我从中央排挤出去的具体步骤。[①] 后来又把我派到闽赣做巡视工作（项英从闽赣巡视才回来后），实际

① 张闻天又曾说，派他去担任人民委员会工作对于博古等人来说，“是‘一箭双雕’的妙计。一方面可以把我从中央排挤出去。另（一）方面又可以把毛泽东同志从中央政府排挤出去”。

上要把我从中央政府再排挤出去，而把中央政府的领导交给别人。在我不在中央政府时期，博古等公开批评中央政府的文牍主义，在背后攻击我。直到快要出发长征以前，我才从闽赣回来。当时关于长征前一切准备工作，均由以李德、博古、周恩来三人所主持的最高“三人团”决定，我只是依照最高“三人团”的通知行事……

我当时感觉得我已经处于无权的地位，我心里很不满意。①

张闻天面对着毛泽东，把这些“不满意”完全向他坦白了。

大抵因为张闻天跟博古相知相处很久的缘故，他最了解博古的特点。他这样谈及博古的“左”：

他的拿手好戏，就是把你的反对“左”，曲解为右而加以打击。我平时就怕他这一点，怕他找到我的“右”打击我。所以我的反“左”，常常是胆怯的，在反右倾中附带说及的，或者反一下“左”，赶快转过来说要反右。②

怪不得博古动不动就给毛泽东扣上“右倾”的帽子，其中的奥秘，原来如此——是博古的“拿手好戏”！

那小山上的古寺，那大樟树下的两只青石凳，为毛泽东和张闻天的“交心”提供了良好的环境。博古把张闻天派到政府中去，原是想“一箭双雕”，不料这“双雕”却联合起来，共同反“左”。

张闻天是中共中央政治局常委兼宣传部部长，又兼政府“总理”，他从“左”的营垒中分化出来，倒向毛泽东，对于博古不啻是沉重的一击……

①《张闻天文集》第三卷，中共党史出版社 1994 年版，第 218—219 页。

②《张闻天文集》第三卷，中共党史出版社 1994 年版，第 218 页。

□ “红色华佗”星夜兼程为毛泽东急诊

1934年9月29日出版的中华苏维埃共和国临时中央政府机关报《红色中华》，刊载了张闻天在云石山上写成的社论《一切为了保卫苏维埃》。

这是一篇非同寻常的社论。

张闻天一反往日“积极进攻路线”，在社论中写及了“退却”：

> 国内战争的战线是延长在全中国。在各个战线上，我们依照当时的具体环境而决定采取进攻、反攻、防御以至退却的斗争方式……①

博古和李德的“誓死保卫每一寸国土”的口号，已被蒋介石的“步步为营”战略粉碎。“池塘”日见干涸，情知无法再固守中央苏区，中共中央极端秘密地决定突围，进行“转移”和“退却”。

派出任弼时、萧克、王震率红六军团西征，便是为了给红军主力的“转移”“退却”探路。在此之前，7月7日，还曾派出寻淮洲、乐少华、粟裕、刘英②率红七军团东征，朝闽浙赣方向东征、北上。

西征军为的是探明前往湘鄂川黔交界处贺龙、关向应部队的路线；东征军为的是探明前往赣东北方志敏部队的路线。

主力红军准备“转移”“退却”，这一切只有少数中共高层决策人物知晓。在广昌战役失败后，博古和李德意识到败局已定，虽然嘴上还在高喊“寸土必争”“誓死保卫中央苏区”……张闻天的文章却“微露”红军重要战略意图，以便红军上上下下“公开动员、公开准备”。

已经无权过问最高决策的毛泽东，在9月中旬离开瑞金云石山朝西进发。

---

①《张闻天文集》第一卷，中共党史资料出版社1990年版，第520页。

② 此刘英（系男性）非后来成为张闻天夫人的那个刘英。

他带着文书、卫生员、警卫员、伙夫、马夫，向着于都前进。贺子珍和小毛留在云石山古寺。这时的贺子珍，又怀孕了。

毛泽东为什么在这么关键的时刻离开红都去于都？这是一个谜。毛泽东这时身体不适，疟疾开始复发。他为什么要步行两天去于都？虽说给他配备了一匹马，但他很少骑。他去于都，也没有什么要紧的公务，无非是“指导那里的县苏维埃的工作”。

有人猜测，毛泽东不知道“三人团”的决策，不知道红军即将开始转移、西征。这仅仅是猜测，没有依据。毛泽东跟张闻天住在一起，而张闻天是知道要进行“转移”的，这样，他才可能在社论中“微露”天机。张闻天已经和毛泽东接近，他是会把这样重要的动向告诉毛泽东的。

索尔兹伯里写及伍修权的一段回忆，倒是说出了一些内情：

> 当时担任翻译因而了解内情的伍修权将军认为，有些人可不想让毛参加长征。“毛是被人有意排斥在外的，”伍（修权）说，“去于都调查，这只不过是不让他参加的一个借口罢了。”①

不论怎么说，在那样重要的时候，毛泽东离开党政军首脑云集的云石山，抱病前往于都，充分表明他已完全被排除在中共高层决策圈之外！

于都城傍水而筑，是位于瑞金和赣州之间中点的一座县城。毛泽东一行来到县城北门一条小巷深处一座灰色的砖房，这里人称“何里”，是赣南省苏维埃政府办公地，一共三间屋，他们腾出左厢房让毛泽东住。

毛泽东到达于都的日期，大抵在1934年9月20日之前，因为他在9月20日有一份“急密译”电报，从于都发给瑞金“周副主席”，即中革军委副主席周恩来。

毛泽东到了于都，在他的住处召集过两个座谈会，一个是工人（铁匠、木匠、缝纫匠、篾匠）和贫雇农座谈会，一个是区、乡、村干部座谈会。他

① [美] 哈里森·索尔兹伯里：《长征——前所未闻的故事》，解放军出版社1986年版，第8页。

确实在做“指导县苏维埃政府的工作”。

就在这时，正在瑞金云石山的张闻天，听见军用电话里从于都传来了急促的声音：“毛主席病了，发高烧，赶紧派医生来！”

电话是赣南省军区政治部主任刘伯坚打来的。

毛泽东真的病了，病得很重，发高烧到40摄氏度！他的17岁的卫生员钟福昌慌了手脚。

张闻天马上通知瑞金中央红色医院，院长傅连暲一听毛泽东病重，心急如焚。

这位原汀州福音医院的院长受毛泽东的影响投奔了红军。他以罕见的方式加入红军——坐在轿子里，从汀州前往瑞金，轿后跟着一群挑夫，抬着八口大箱。

走远路，他不会骑马，所以只得坐轿子。至于那八口大箱，里面装的是药品、医疗器械。

他在瑞金办起了中央红色医院，当上了院长。

这一回，他要从瑞金赶往于都，临时叫不到轿子，只得骑骡子。他从未骑过骡子，警卫员扶他上骡，然后自己骑马在侧照料他。他在骡背上紧张极了，出了一身汗。慢慢地走了两三个钟头，他这才算是习惯了，学会了“驾骡术”。

傅连暲连夜赶路，直到第二天傍晚时分，终于赶到于都县城。

他顾不上路途劳累，直奔毛泽东床前，一摸前额，滚烫！量一下体温，41摄氏度！

“已经三天不吃东西了，只喝一点米汤。”警卫员吴吉清告诉傅大夫。

傅连暲断定是恶性疟疾复发，给毛泽东服了加倍剂量的奎宁。

“傅医生，我限你三天治好！”毛泽东虽然病重，仍不失幽默。

傅连暲日夜守候在床侧。第二天，体温降为40摄氏度，毛泽东在沉睡中度过。

第三天，一量体温，37摄氏度，正常了！

“傅医生，你是‘红色华佗’，果真三天把我治好了！”毛泽东坐了起来，大口地吃饭。他总算又一次度过了危机。

就在毛泽东离开红都瑞金的那些日子里，就在毛泽东生病的那些日子里，博古和李德作出了关乎红军和中央苏区命运的重大决策……

第六章 长征途中

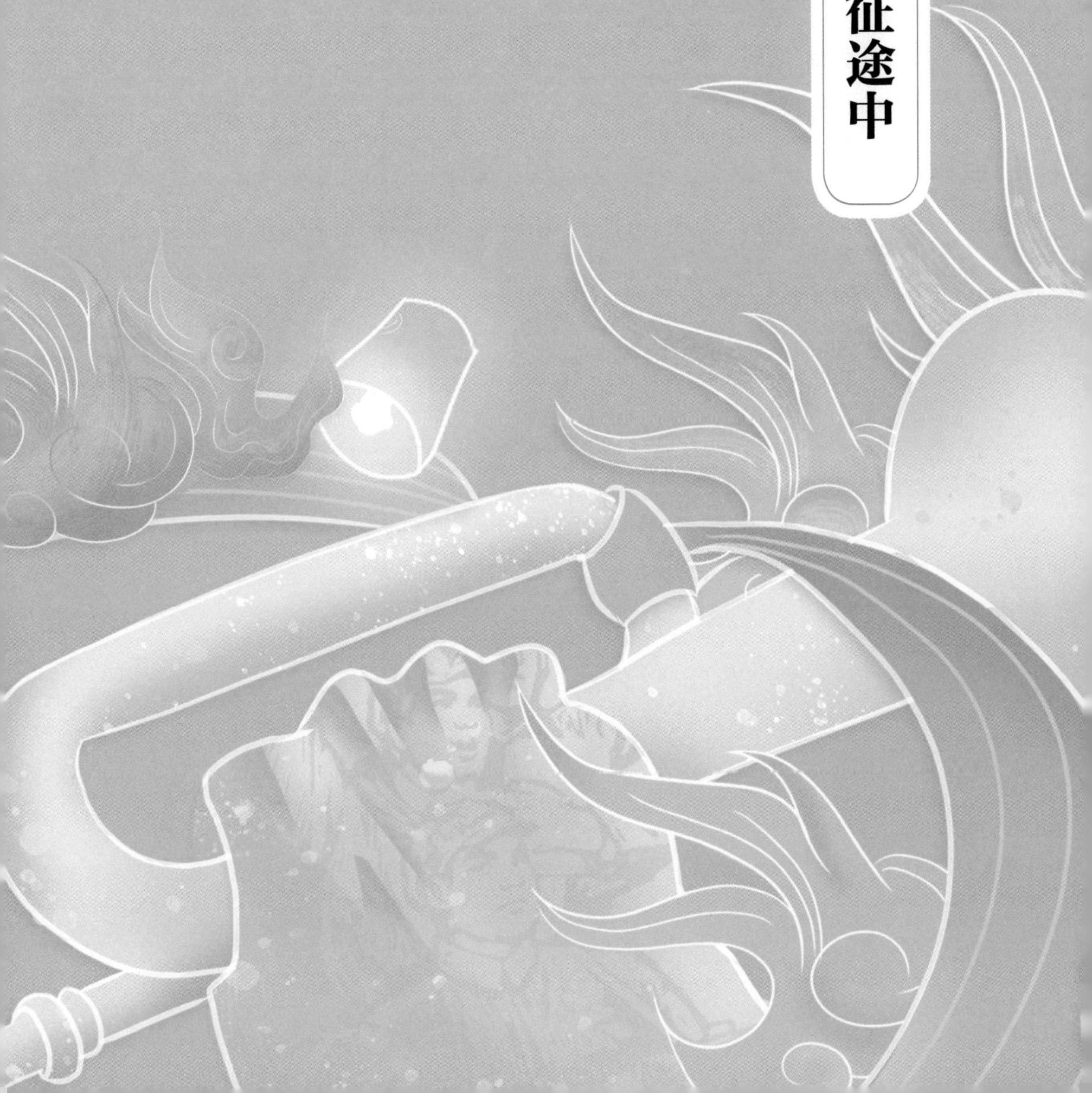

□ “三人团”决策西征

鸭子一只一只消失了。

那是专为李德饲养的鸭子，整天在他住房附近的水稻田里嬉戏着。

当最后一只鸭子由李德新娶的中国妻子萧月华做成香酥鸭，成为李德餐桌上的美肴时，正是1934年10月10日。

这是载入史册的日子：

在这天，中革军委发出第五号命令，各路红军从第一集中点开始移动；

在这天，中国工农红军发布《北上抗日第二先遣队出发宣言》；

在这天，中国工农红军总政治部代主任李富春发布《关于目前进攻战斗的政治工作训令》。

所谓“北上抗日第二先遣队”，实际上用的是一种障眼法，因为7月7日派出的寻淮洲、粟裕所率的红七军团，是以“中国工农红军北上抗日先遣队”的名义出发东征、北上的，这一回，用了“北上抗日第二先遣队”的名义。其实，这次出发的不是“先遣队”，而是主力红军；不是东征、北上，却是西征！

这一天，被史学家认为是中国工农红军进行二万五千里长征起始之日。

长征，毕竟不像运动员赛跑，可以用发令枪发出“啪”的一响作为起步时间。于是，关于长征的起始之日，也就引起一番争论。“10月10日”之说，也是其中的一种说法，是比较流行、得到较多人认可的说法。

此外，还有5种说法，即“12日”“16日”“18日”“21日”“22日”之说。

以上6种关于中央红军长征起始之日的争论，所争论的不是日期本身，而是以什么作为长征起始的标准。当然，采用“模糊数学”的手法，称之“10月中旬”甚至“10月”，也就回避了争论，眼下许多史书往往用这样笼统的时间。

“长征”是后来才有的名词。在中央红军开始踏上征途时，并不知道未来的“转移”之路有多长，谁都未曾想到过这一走竟走了二万五千里！那时对外公开的说法，是“北上抗日”；内部的说法，叫作“西征”。

此时此际，李德成了大忙人，因为关于西征的计划是他草拟的。他已经成为参与中共决策的重要人物——因为他已是“三人团”中的一个。

此时的“三人团”，已不是任弼时、王稼祥、顾作霖那个“三人团”了。

1934年夏天，为了准备“转移”，权力被高度集中。经中共中央书记处决定，由博古、李德、周恩来组成“最高三人团”，博古负责政治，李德负责军事，周恩来负责监督军事计划的实行。这么一来，李德名正言顺地成为红军最高统帅，成为中共最高领导“三驾马车”之一。

自广昌败北之后，中央红军节节败退，失去中央苏区已成定局。不过，在红军主力西征之际，中共中央决定：在江西另设中共中央分局、中华苏维埃共和国政府中央办事处和中央革命根据地军区。谁留，谁不留，凡高级干部，由“三人团”定；中级干部，由各部门提出名单，交“三人团”批准。政府的留守中级干部，便是由张闻天提出名单，呈报“三人团”批准的。

随主力西征，固然也艰险重重，但是留下来显然要冒更大风险，甚至连生死都难以预料。因为主力转移之后，几十万国民党大军便要猛扑过来，而留守的部队只有1.6万余人（其中大部分是地方部队），还有1万多伤病员。

“三人团”目光扫过中共高级干部名单，思索着该把谁留下来。第一个被提名留下的是项英。项英是中共中央政治局常委、中央政府副主席、中革军委副主席，具有党、政、军全面工作经验，委任他为留守首脑，显然是最恰当的人选。当项英得知这一任命时，表示坚决服从。项英又一次表现了他的高度组织纪律性，在危难之际接受重任。

第二个被列入留守名单的是江西省军区司令员陈毅。陈毅8月底在兴国前线受伤，坐骨碎裂，正躺在医院的病房里。当时，医疗器械已经装箱。10月9日，陈毅在医院里给周恩来写信，希望能够给他动手术。周恩来立即嘱令卫生部部长贺诚去红军医院，把已经装箱的医疗器械取出，派两名医生给陈毅动了手术。术后翌日，周恩来前往医院探望陈毅，并将“三人团”决定把他留下的消息告诉了他。

当瞿秋白被列入留守名单时，周恩来希望博古再郑重考虑一下，但博古坚持留下瞿秋白。虽说留下瞿秋白的理由是他正患肺病不宜长途行军，其实，一年前中共临时中央作出的《中央关于狄康（瞿秋白）同志的错误的决定》，不言而喻，是把病弱的瞿秋白留下的真正的原因。

至于是否要把毛泽东列入留守名单，曾有小说详细写及“三人团”中博、李坚持留下毛而周坚决反对的情节，但现存的史料中似乎并无这样的记载。小说家显然是揣摩了博、李、周这“三驾马车”对毛泽东的不同态度后写出来的。

“三人团”最后决定的名单是：

留下的中央局，有项英、秋白、陈毅、（陈）潭秋、贺昌五个人。①

其中，项英任中央分局书记、军区司令员兼政委，陈毅为中央办事处主任，贺昌为军区政治部主任。

临行之前，李德和项英作了彻夜长谈。

这次彻夜长谈，是李德代表“三人团”对项英的留守工作作指示。李德不再只是仅有建议权的顾问，而是掌握着领导权、决定权的铁腕人物。

除了项英留守之外，他身怀六甲的妻子张亮也一起留下。董必武的妻子陈碧英因病留下，离别成了永别。犯了“右倾机会主义错误”的何叔衡被留下。邓、毛、谢、古中的毛、古被留下。

刘伯承曾激烈地反对过李德的瞎指挥，被列入留守名单，经周恩来力争，才算加入主力红军队伍。

住在云石山古寺中的贺子珍，接到毛泽东警卫员送来的毛泽东的信，要她收拾衣物，随军行动。三岁的小毛无法随军行动。贺子珍只得去找妹妹贺

① 周恩来:《在延安中央政治局会议上的发言（节录）》（1943 年 11 月 27 日），《党史通讯》1985 年第 1 期。

怡和妹夫毛泽覃，把小毛交给他们，寄住在小毛那位江西奶妈家中。谁知她这一走，便与小毛永别了。后来，毛泽覃战死，小毛下落不明……

贺子珍安顿好小毛之后，赶往“休养连”报到。这个连队大都是老弱病残和女红军，董必武是休养连的党支部书记。谢觉哉、徐特立在这个连队，周恩来夫人邓颖超也在这个连队。

邓颖超是在 1932 年 5 月 1 日由上海到达福建汀州的，在那里见到正在指挥作战的周恩来。那时她患肺病，被安排到瑞金工作，担任中共苏区中央局秘书长。在开始西征时，她仍不时发低烧，痰中带血。她在异常艰难之中踏上了漫漫征途。

□ “鸽子飞了！”

就在中央红军将行未行的日子里，1934 年 10 月 7 日，会昌县城南面的筠门岭，两顶四人抬的大轿在一个骑兵连的拥护下，从红区进入白区。

那里是粤军陈济棠部队的前沿。轿子未到之前，粤军前哨连长已接到上峰的通知，知道来者是陈总司令请来的客人。

于是，两顶轿子顺利通过前哨，被抬往离筠门岭 40 里的寻乌的一幢二层小洋房。

从轿里出来的两名男子都是一身西装、一副墨镜、一顶草编礼帽，阔少爷般的派头。其实，他俩是刚刚脱掉灰布红军军装的潘汉年（此时他仍化名潘健行）和何长工。

粤军派出的代表杨幼敏、宗盛两人早就恭候在屋前。见面之时，潘汉年递给对方一封朱德亲笔（周恩来所拟）致陈济棠所部独立第一师师长黄任寰的信。信的全文如下：

黄师长大鉴：

兹应贵总司令电约，特派潘健行、何长工两君为代表前来寻乌与贵方代表幼敏、宗盛两先生协商一切，予接洽照拂为感！专此，顺致

戎祺

朱德手启

10 月 5 日[1]

谈判在这幢临时赶修的二层小洋房里秘密进行了三天三夜。

在 1927 年南昌起义之后，陈济棠年年奉蒋介石之命参加“剿匪”。但他并非蒋的嫡系，跟蒋时有摩擦，不愿为蒋卖命。1934 年 5 月粤军攻占筠门岭之后，他便停停打打、打打停停，磨洋工了。

陈济棠听说红九军团军团长罗炳辉的舅舅在广东做生意，于是想方设法托人找到他，通过他传递消息，跟中共拉上了关系。不久，陈济棠派出一位姓徐的参谋长前往瑞金，此人原先认识周恩来。这样，双方终于接上了关系。

三天三夜的秘密会谈，达成五条协议，双方议定“解除封锁”“取消敌对局面”“可以互相借通”。

谈判刚刚结束，潘汉年、何长工接到粤军电台转来的一份周恩来发出的电报：“你喂的鸽子飞了！”于是，他俩匆匆向粤军辞行，返回会昌，转往于都。

原来，“你喂的鸽子飞了”是一句暗语，意即红军开始转移了——那一天，正是 10 月 10 日。

“鸽子飞了！”红军主力朝于都集结。于都河上，红军战士在用船和门板搭浮桥。“中央苦力运输工会委员长”王中仁被任命为搭桥总指挥，在河上架起了五座浮桥。

入夜，漫长的队伍在秋风中走过于都浮桥。除正规军之外，石印机、兵

① 何长工：《难忘的岁月》，人民出版社 1982 年版，第 131 页。

工厂的机器以至造币厂的机器，大量的纸张、大米、电话线等，压在5000名挑夫的肩膀上，摇摇晃晃过了浮桥。这些挑夫是临时雇用的，每天的工钱是一枚锃亮的银圆。仿佛整个中华苏维埃共和国都被搬上了征途！

毛泽东虽然在于都，却没有马上过桥。10月15日，他从于都北门何屋来到县城谢家祠，那里正在召开赣南省的省、县、区三级干部会议。毛泽东给到会的200多名干部作了报告。他说："敌人企图断水捉鱼，全部消灭红军。我们主力红军要顺水而出，冲破敌人封锁线，打到敌人后方去！"说这些话时，他的声音洪亮，表明他已从疟疾的困扰之中渐渐复原了。

在中央纵队来到于都时，毛泽东才在10月18日傍晚走过于都浮桥，迈开了万里长征的第一步。毛泽东加入了中央纵队，和张闻天、王稼祥走在一起。张闻天曾回忆说："在出发以前，最高'三人团'要把我们一律分散到各军团去，后因毛泽东同志提议未分散。"毛泽东的这一提议，后来起了关键性的作用。

10月20日，红军大队全部渡过了于都河。21日，夜幕降临之后，于都南方的龙布、重石、版石、固陂一带，枪声打破了往日的宁静。红军在射击，粤军也在射击，只是枪口大半对着天空。

自从在寻乌附近那幢二层洋房里达成秘密协议之后，陈济棠跟红军暗中合作。正因为这样，红军西征，选择了南线陈济棠部队作为突破口。双方象征性地放了一阵子枪，为的是陈济棠好向蒋介石"交账"。陈济棠部队闪出一条路，实践了协议中"借道"的诺言。于是，红军没费多大力气便突破了第一道封锁线，很快进入了粤北。

□ 惊动了正在北平协和医院休养的蒋介石

"百姓昭明，协和万邦。"北京一所由"洋人"办的名牌医院，却取了地道的中国名字——协和医院。协和医院具有悠久的历史，最初由美、英合办，后来由美国洛克菲勒基金会驻华医社接办。这家医院从 1914 年起就开始保存病历，日积月累，至 20 世纪 90 年代竟保存了 200 多万份病历！

这里保存着的蒋介石和宋美龄的病历显示，他们同在 1934 年 10 月下旬住进北京协和医院高等病房。这一史实从未对外披露，是笔者 1990 年 6 月 14 日从北京协和医院病史室的档案中查出的。

2007 年夏日及冬日，笔者又两度在美国斯坦福大学查阅保存于那里的蒋介石日记，得到了印证。

1934 年 10 月 24 日的蒋介石日记表明，他在这一天从济南飞抵北平："本晨由开封飞济南，正午在济南午餐，听取各厅长报告。2 时半由济飞北平，5 时前到南苑，即入城住外交楼后街李宅。"

接着，从 10 月 26 日至 10 月 31 日，蒋介石夫妇入住北平协和医院检查身体。就在蒋介石以为可以在北平协和医院松一口气的时候，红军在江西突破防线，开始进行长征！

蒋介石夫妇是在 10 月初下的庐山，然后前往北平。当时报载，蒋介石在北平视察，并接见了原东北的军政要人莫德惠、王树常、马占山等。

在蒋介石看来，第五次"围剿"节节胜利，各军正稳步向瑞金推进，红军失败已成定局。于是，他得以宽心，也就飞到北平来了。他乃"党国要人"，一到北平便陷入应酬的旋涡。一连几年"剿共"，忙得他焦头烂额，难得歇一口气，于是他"称病"，和宋美龄一起躲进协和医院高级病房，一边全面检查身体，一边偷闲清静一下。

然而，就在这时，南昌行营发来急电，报告江西红军的异常动向，惊动了蒋介石。他和宋美龄登上专机，从北平赶往南昌行营。

南昌行营一片哗然，蒋介石的部下们正在那里对红军的动向你猜我测，众说纷纭。

随着南线传来的一阵阵枪声，蒋介石明白了：红军在朝南突围。

不过，红军究竟要向哪个方向前进，蒋介石仍心中没数。蒋介石任命何键为"追剿"总司令，薛岳为"追剿"前敌总指挥，陈诚为预备队总指挥。

蒋介石坐镇南昌，电令四路兵马从四面追堵红军：何键部为西路军堵击红军进入湖南；陈济棠部为南路军堵截红军进入广东；李宗仁率桂系主力堵击红军西进广西；顾祝同部为北路军堵截红军进入湖北。

随着红军的转移，蒋介石军队不再“步步为营”，而是长驱直入了。

历史记录了双方在南方交错的进程：10 月 22 日，红军在南线突破陈济棠部队防守的第一道封锁线。10 月 26 日，国民党部队在北线占领红区重镇宁都。11 月 8 日，红军在南线突破何键部队防守的第二道封锁线。11 月 10 日，国民党部队在北线攻占红都瑞金。11 月 13 日至 15 日，红军在南线突破何键和陈济棠部队共同防守的第三道封锁线。11 月 17 日，国民党部队在北线攻占于都。11 月 23 日，国民党部队在北线攻占会昌。

在最初的一个月中，红军在蒋介石摸不清动向的情况下，突然朝南突围，又有陈济棠暗中“借道”，顺利地冲过了三道封锁线。蒋介石部队则短时间内几乎占领了整个中央苏区。

中央苏区落入蒋介石之手，血流成河。据史料载，瑞金被杀的达 12 万人，宁都被杀绝的有 8300 多户，闽西遭杀绝的有 4 万余户。

项英、陈毅所率留守部队，在蒋介石大军压境之下损失惨重，最后被围困在于都仁风山中，所剩 1800 多人在 1935 年 3 月上旬冲出重围。贺昌、刘伯坚便是在突围时被俘、被杀的。陈毅依据井冈山的游击经验，和项英一起把部队带往粤赣边境大庾岭中的油山，倚仗深山老林，坚持游击战争三年，至 1937 年 10 月 12 日，被改编为“国民革命军陆军新编第四军”，即新四军。

□ 蒋介石查明了“萧克旧径”

就在主力红军突破陈济棠部队防守的第一道封锁线之后，发自贵州东部与四川、湖南交界印江县木黄的一份密电使博古和李德陷入兴奋之中……

在那千里之外的大山中，在木黄之北、贵州沿河县的枫香溪镇附近，忽然冒出一支穿国民党军装的队伍。这引起了镇旁一座小山上红军的警惕，红军当即进入戒备状态。

小山上的红军，属贺龙部队。

博古、李德得知贺龙在黔东立足，在广昌战败、瑞金难保之际，便派出任弼时、萧克、王震率红六军团由江西前往黔东，以探明一条退却之路。由于已有无线电台，红六军团一边前进，一边向瑞金发报，报告前进的路线。

红六军团最初听说贺龙部队在湘西凤凰县一带，便朝那里“摸”去。历经周折，1934 年 10 月 15 日，红六军团先遣队来到黔东沿河县，听老百姓说枫香溪附近有红军，就急急赶去了。可是，红六军团穿的是从国民党部队那儿缴获的军装，贺龙部队误以为国民党部队前来“进剿”，不由得紧张起来，纷纷拉响了枪栓。

眼看一场误会即将发生，幸亏先遣队领队、红六军团参谋长李达（非中共一大代表李达）机智，当即下令先遣队停止前进。

李达当时在枫香溪命令先遣队停止前进后，迅即写了一个简笺致贺龙，大意是：“我们是红六军团，奉中央军委命令，前来找红二军团会合。我是李达，率先遣支队走在前头，希望和贺老总会面。”写罢，李达派一战士送去。

才一会儿，从山上下来一伙穿灰布衣服的人。走在最前头的人留着八字小胡子，正是贺龙。他的后面，则是政委关向应。

先头部队赶紧向红六军团司令部报告喜讯。1934 年 10 月 24 日，红六军团主力终于与贺龙部队会师。

会师时，任弼时、萧克由于过度劳累，不得不躺在担架上跟贺龙握手。

无线电波从黔东印江县的木黄传来，博古、李德得知红二、红六军团会师，便认定红六军团走过之路应成为红军主力西征之路。西征的终点在湘西黔东，红军主力准备“大搬家”，搬到贺龙那里。

半个多月后，蒋介石也弄清了博古、李德的意图：11 月 10 日，蒋介石攻占红都瑞金，从云石山中共中央机关残存的文件中，查明红军此次突围不是南进，而是西征。

蒋介石说道：“哦，原来如此！”在此之前，蒋介石为摸清红军的战略意图，费尽苦心。

以前摸不清红军动向，蒋介石难以布置“追堵”，眼下知道红军是“西征”，目的是与贺龙部队会合，蒋介石心中有底了。

11 月 17 日，蒋介石发出了重要的命令——“剿匪计划大纲”。

蒋介石对红军主力的西征意图已了如指掌。他一查看地图，心中更加明白：红军主力前进的路线，不过是“取萧克旧径”！

确确实实，红军主力西征，正是沿着萧克部队走过的“旧径”前进！

连走什么路线、朝哪里走都已明白无误，“急急如律令”，蒋介石坐镇南昌行营，发出一道又一道命令，在湘江两岸撒下了罗网……往日，总是毛泽东利用两山夹一谷的地形布下口袋，等着国民党军队去钻；这一回，颠倒过来了，蒋介石借助于湘江天险布下口袋，等着博古、李德带领主力红军去钻。

□ 鲜血染红了碧绿的湘江

广西的东北部，高山林立，人称“桂东北山地”，“甲天下”的桂林山水就坐落在那里。大山丛林中，奔腾着一江碧水，朝东北方向进入湖南，贯穿湖南全境，注入湘东北的洞庭湖。这条大江便是湘江。零陵、衡阳、株洲、湘潭、长沙，像一长串的明珠，串联在湘江这根绿色的绸带上。主力红军欲与红二、红六军团会师，非越过湘江天险不可。

西征的红军，像一支负重的象队，在山林中缓缓向前。全军的总人数达 8.6 万多人，其中一、三、五、八、九这五个军团就有 7 万多人，其余为军委纵队和中央纵队。军委纵队约有 4700 人，为军委总司令部各局和总政各机关，叶剑英为司令员。中央纵队又称“罗迈纵队”，约有9800多人，司令员是罗迈（李维汉），包括党政机关和军委总供给部、总卫生部。在行军时，光是“罗迈纵队”，便长达10多里！

按照李德的“设计”，部队作“甬道式”前进：左翼为一军团，其后为九军团；右翼为三军团，其后为八军团；中间为军委纵队、中央纵队；后卫为五军团。倘若将军委纵队、中央纵队比作坐轿者，那五个军团便是前后左右的轿夫。

如此前呼后拥的队伍，加上5000名挑夫挑着沉重的担子，而为了躲避敌军，只能走赣粤、湘桂交界那些荒僻的山道，往往一个钟头都走不出半里路，一夜只能翻一个山坳。如此驮着全部“家当”的“象队”，行军的步履比老头、老太婆散步还慢！

前三道封锁线没有遇上激烈的抵抗，慢吞吞地行军还不觉得什么。可是，当蒋介石明白了红军西征的意图和路线后，抢在红军那沉重、迟缓的步履前，倚仗湘江天险，筑起了第四道封锁线。

蒋介石显示了他的精明，他发出电报：“派何键为追剿总司令。所有北路入湘第六路总指挥薛岳所部及周浑元所部，统归指挥。”论资历，何键够不上“追剿总司令”这个头衔，但蒋介石不任用陈诚而任用何键，是因为主力红军西征，必定从何键的地盘湖南经过。给一顶“追剿总司令”空头官衔，会大大调动何键的积极性，为“追剿”红军卖全力，何乐而不为？

除了发电报之外，蒋介石还派出飞机给何键空投了一封亲笔信，以资鼓励。蒋委员长如此看重，使何键受宠若惊。

果真，这一着棋很灵。何键在1934年11月12日“奉委员长蒋电”，11月14日就跑到衡阳“军次敬谨就职”，发表“就职通电”，声称“共匪齐巢南犯，折而西窜，键负西路重责”。

何键这一“就职通电”发出后，原先跟他“脚碰脚”的粤军陈济棠、桂军白崇禧、黔军王家烈，不得不致电“恭贺”。白崇禧的贺电称何键“帅五省之师，系万民之政，声威所布，匪胆已寒”。这当然使何键兴高采烈。

粤军、桂军、黔军三军都是地方军阀，各有各的一套“拳经”。他们对红军实行“送客式的追击，敲梆式的防堵”。真正为蒋介石卖力的，是何键和蒋介石嫡系薛岳部队。

蒋介石在南昌行营里，函电交驰，调集各路兵马。他总共调了大约 100 个团、40 万人，迎战红军主力。蒋介石把这些部队部署在湘江东岸、广西东北部的全州、灌阳、兴安三县，构成一个三角口袋，等候那缓缓而来的“象队”。

1934 年 11 月 25 日，这支“象队”在湖南道县一带渡过了潇水，便朝广西东北部进发，越来越接近蒋介石布下的那个三角口袋。

蒋介石布置了五路大军在湘江追堵红军。蒋介石命令各军：“力求全歼，毋容匪寇再度生根。”

随着红军逼近湘江，一时间，地处广西、湖南交界之处，坐落在湘江之侧的全州成了战略要地。全州是一座四周有城墙的古城，扼守着湘江，原由桂军驻守。

桂军，即“第四集团军”，总司令为李宗仁，副总司令为白崇禧。李、白与蒋介石矛盾颇深，跟何键也矛盾重重。白崇禧素有“小诸葛”之称。在红军临近时，李、白下令桂军从全州撤退，调往恭城、平乐一带，以保自己的要地桂林。桂军的撤防本来给红军带来了绝好的机会，无奈李德指挥失误，在过了潇水之后，竟然命令红军改变队形向湘江前进。所谓改变队形，即把左翼换成右翼，右翼换成左翼。这一换，延误了行军时间，加上前进的速度本来就慢，当红军前锋侦察部队到达全州城下时，发觉城门紧闭，湘军已抢先一步入城。

抢占全州的，是由湘军参谋长刘建绪所率的湘军主力部队。何键得知桂军撤防，派刘建绪部队急行军，抢占了全州城。何键致电蒋介石，大骂桂军：“全州以上，无兵守河！”

红军晚了一步，陷入被动。原本因蒋桂矛盾而一度松动的三角口袋，被湘军补上了。

桂军呢，在 11 月 28 日接到蒋介石电报，被骂“纵匪西窜”，被严令“速以大军压迫”后，不得不调五个主力师回防，跟红军作战。

红军在全州觉山跟湘军刘建绪的部队打了两天，无法取胜，只得选择全州以南的界首镇渡湘江。

界首，一个只有 400 多户人家的小镇，东临湘江，西靠大山，一时间成为红军临时司令部所在地，博古、李德坐镇指挥，周恩来则在对岸组织渡江。朱德虽是红军总司令，但他已被排斥在“三人团”之外，只能遵照“三人团”的指令行事。

还好，湘江这时水正浅，有些地方可以涉水而过，虽说水冷刺骨。只是那些辎重令红军颇伤脑筋，不能不借助于木船。

11 月 27 日夜，红一、红三军团已经大部分过了湘江，而大部队则集聚在湘江东岸待渡。就在这一条湘江把红军切成两半的时候，蒋介石下令发动总攻击——兵书上所谓的“半渡而击”，是非常厉害的一招。

三角口袋迅速收紧：由北向南推进的是欲立“大功”的何键的湘军，由南向北推进的是奉命回师的桂军，由东向西冲过来的是尾追红军的中央军。

11 月 28 日，空前惨烈的湘江之战开始了！

蒋介石给部将们下达的命令中，引用了战国时代兵家尉缭的话：“众已聚不虚散，兵已出不徒归；求敌若求亡子，击敌若救溺人。”蒋介石要求部下，依托有利地形，发挥优势兵力，上下同心，追得上、堵得住，打一个歼灭战！由 40 万大军组成的三角口袋，要把“流徙”的红军全歼于此！

湛蓝的天空，丝丝纤云里，忽然冒出黑压压的机群，轮番轰炸着静静流淌的湘江。红军没有高射炮，连高射机枪都没有，那些飞机在大模大样地俯冲，有时甚至贴着树梢飞行，机翼上的青天白日标志清晰可见。

大炮也在轰鸣着，炮弹落在渡口，落在湘江，在人堆中开花。每一声爆炸，都溅起一摊鲜血！

碧玉般的湘江水被红军的鲜血染红了！一方在抢渡、在强渡，一方在狂轰、在滥炸。

雪花般的传单从天而降，传单上印着“蒋委员长劝降令”，声称“不投降就要葬身湘江”！

三角口袋在不断收紧，枪声在没完没了地响着。

湘江上用木船搭成的浮桥一到天亮便给炸得稀烂，到了傍晚再度重建，翌晨又被炸成碎片！

江面上，漂着一具具穿列宁式制服的红军战士尸体，漂着红军马匹的尸体，漂着斗笠，漂着散乱的文件、书页，漂着“蒋委员长劝降令”……

11 月 30 日、12 月 1 日，战斗达到了白热化程度。湘江西岸的战斗也极为激烈，林彪、聂荣臻所率一军团抗击着从全州扑来的刘建绪湘军。如聂荣臻所忆：“在 20 多里地的战场上，炮声隆隆，杀声震天。在茂密的松林间，展开了生死存亡的拼杀战。”

湘江之战，成为红军有史以来最惨重的败仗！

这时的主力红军，从出发时的 8.6 万多人，锐减到不足 4 万，伤亡折损过半！

在诸军之中，打得最艰苦、最惨烈的，莫过于红军第三十四师。这个师隶属于红五军团。红五军团是全军的后卫，这个师又是红五军团的后卫，乃“后卫的后卫”，一路抵挡着国民党的追兵。

当大部队渡湘江时，红军第三十四师在后面跟十几倍于己的国民党军队作战。12 月 1 日中午，当红军主力已渡过湘江时，红军第三十四师且战且退来到界首，但那里已被国民党部队占领。师长陈树湘只得率全师 1000 多人在当天下午到另一渡口凤凰嘴，可那里也已落入敌手。翌日，红军第三十四师企图在凤凰嘴强渡湘江——那里水浅，可以涉水过江。部队在这里再次遭到敌军重创，师政委程翠林、政治部主任蔡中阵亡。

陈树湘率余部 700 多人退回江东，沿途不断遭到国民党部队袭击，每日都有一些战士倒下。12 月 10 日，陈树湘在战斗中因腹部中弹而被俘，他把自己的手伸进腹部的伤口中，忍痛绞断肠子，死于被押往敌军指挥部途中！

到后来，红军第三十四师全师只剩 94 人，在一名姓杨的团长带领下，躲入深山打游击，大部分死于深山之中。

□ 毛泽东说："要讨论失败的原因！"

大败仗在红军中激起大震荡、大不满，博古、李德受到全军上上下下的指责。从广昌失败引起的怒火，此时在红军中炽烈地燃烧着，一江鲜血，使博古、李德在红军中的根基完全动摇了。

面对惨败，面对数万同志的死伤，博古的良心受到震撼，他再也没有开始西征时披着俄式斜纹呢大衣，腰别勃朗宁手枪骑在枣红马上那般潇洒劲儿了。

如果说博古还是有良心的话，李德则是"崽卖爷田心不疼"！红军战士们投来的愤怒的目光使他心烦意乱，他竟迁怒于人，发泄心中的怒火，把周子昆大骂了一通。

那是在行军途中，李德见到周子昆正在和妻子曾玉说什么，他便指着周子昆骂道："你带的是什么兵？整个部队都被你带垮了，老婆倒带着！"

周子昆被骂得莫名其妙。

李德骂了一通，周子昆才明白，因为李德说了一句："红军第三十四师全师覆没，你这个师长倒逍遥自在！"

这是李德弄错了。李德刚进入中央苏区时，周子昆正担任红军第三十四师师长，所以他有这个印象。其实，在1934年2月，彭绍辉已接替周子昆任红军第三十四师师长，一个多月后又由陈树湘接任师长。

至于他的妻子曾玉，原是留在苏区的，是她自己拼着命跟着部队走，千辛万苦才追上来，找到了丈夫。

李德骂周子昆是"萧劲光第二"，要警卫班把他绑起来，送交军事法庭审判。

据伍修权回忆：

> 可是警卫班的同志就是不肯动手，李德大为恼火。当时博古和毛泽东同志正好在场，博古对此默不作声，还是毛泽东同志出来解

了围，说把周子昆交给他去处理，这才使李德下了台阶。[①]

后来，毛泽东挥挥手，让周子昆走了。

这时的毛泽东，已经日趋活跃，开始出头露面了。

西征开始的时候，尚未从恶性疟疾中完全康复的毛泽东，是躺在中央纵队的担架上过来的。

他这个“加里宁”，本来就是个空头政府首脑，离开了中央苏区，连政府也徒有虚名。行军之事，“三人团”主宰着，容不得他过问。不过，这么一来，他倒有时间跟躺在担架上的王稼祥以及在同一队伍中的张闻天经常交换意见。

毛泽东一直关注着中央红军的命运。在发生福建事变时，他曾向中共临时中央建议，把红军主力突进到以浙江为中心的苏、浙、皖、赣地区去，遭到拒绝。1934 年 10 月，即将西征之际，毛泽东给中央军委去信，建议红军主力出击湖南中部，“调动江西敌人至湖南而消灭之”。他的建议又遭拒绝。

在冲破国民党部队的第二道封锁线时，毛泽东曾对李德的指挥错误提出批评。毛泽东指出，由于李德指挥失误，使部队失掉了差不多一星期的时间。但李德辩解说，这个错误是由于“没有地图可循”“情报侦察的不准确”造成的。

湘江大败之后，毛泽东马上尖锐地提出：“要讨论失败的原因！”

毛泽东再也不能容忍李德的瞎指挥，再也无法容忍他“崽卖爷田”了！

过了湘江之后，红军的指挥权虽然仍在“三人团”手中，但实际上已由周恩来担当起来。

周恩来赞同毛泽东的意见，只是湘江惨败之后损兵折将，虽然过了湘江，但蒋介石军队仍尾追甚急，无暇开会。周恩来答应稍微安定时召集会议，加以讨论。

甩掉尾追之兵的唯一办法，是钻进大山之中。所幸广西东北部有的是高

---

① 伍修权：《我的历程》，解放军出版社 1984 年版，第 79 页。

山，何况那些沉重的印刷机、造币机之类，早已被扔在湘江东岸，红军的步履反而变得轻捷起来，就连那位唯一获准坐着轿子参加长征的“大知识分子”傅连暲，也不得不把轿子扔在湘江彼岸，怯生生地爬上了马背。

红军进入了高高的“老山界”（地图上叫“越城岭”），这才算把尾随着的国民党军队甩掉了。

□ 毛泽东在“飞行会议”中重新崛起

红军在桂东北高山密林中钻行，每个人的帽子上、背包上都插着树枝，以躲避不时在山上盘旋的国民党飞机。

就在这些日子里，蒋介石在南昌行营忙得不可开交。他刚刚赢了湘江这一局，赶紧“洗牌”，布置新的阵线。他在1934年12月2日就已接到何键的电报，称红军“仍取萧克旧径，向西急窜”。

蒋介石调兵遣将，在布置新的口袋。因为红军“仍取萧克旧径”，以与贺、萧会师为目的，他便令何键在湘西红军必经之路上赶修了四道堡垒防线。不过几天工夫，湘西一下子冒出了200多座崭新的碉堡。

蒋介石重新组织兵力，把原先分散的五路兵马编为两个兵团。他任命刘建绪为第一兵团总指挥，薛岳为第二兵团总指挥，集结了15个师共20万兵力，以碉堡群为依托，摆好阵势，等待着从大山中钻出来的红军。

第二个“湘江之役”在等待着红军，如果红军这一回进入蒋介石的新“口袋”，结果便是全军覆没！

蒋介石在南昌，谛听着从桂东北侦察机上发来的信息。

毛泽东毕竟是毛泽东，虽说他正在大山中钻行，没有半架侦察机，却猜透了坐镇南昌行营的蒋委员长的心思。毛泽东毕竟是“口袋专家”，历来是布好“口袋”让蒋介石部队去钻的，他当然也就很容易判断蒋介石会在“萧克旧径”上布下“口袋”。毛泽东主张红军必须放弃与贺、萧会合的计划。

毛泽东在担架队里，把自己的见解讲给张闻天和王稼祥这两位吃过洋面包的人听，马上得到他俩的支持。

历史真是富有趣味，在必然中存在着偶然，在偶然中存在着必然：

张闻天在广昌之役后与博古产生了矛盾，倒向毛泽东成了必然，却又那么偶然地在瑞金云石山与毛泽东同住一座古寺，促成了他俩的迅速接近；王稼祥在宁都会议上便已为毛泽东辩护，倒向毛泽东也成了必然，偏偏长征开始后又负伤躺上担架，毛泽东也因病躺上担架，担架队里的朝夕相处促成了他俩的迅速接近。

王稼祥受伤是在第四次反“围剿”开始的时候，当时他正在四面环山的谷冈村的庙里召开战前政治工作会议，周恩来、彭德怀、谭政、萧华等出席会议。正在开会，空中响起飞机轰鸣声。起初大家没在意，会议仍在进行。到了上午9时多，敌机又来了。这一回，响起炸弹爆炸声。王稼祥一看势头不对，对与会者说：“快跟我到外面隐蔽！”说着第一个走出大门，仰起头来察看空中的飞机。就在这时，又一颗炸弹落下来。虽然身后的周恩来大叫：“稼祥，卧倒！”但已经来不及，王稼祥在炸弹爆炸声中倒下，炸弹片飞插进他的右腹部，伤势十分严重。他被抬到瑞金医院，一位名字叫彭真的大夫给他做了检查。限于当时条件，无法动大手术，只能采取保守疗法。

不久，王稼祥腹部化脓，成了慢性病，直到长征开始时，他还是只能靠担架……

不过，那时的担架只是两根长长的竹竿，中间绑着一个用草绳编织成的网而已。下雨时，则盖上一层油纸。

在晃晃悠悠的担架上，王稼祥有充足的时间跟毛泽东交谈。他开始真正地了解毛泽东，日渐成为毛泽东的支持者。

每当入夜，燃起篝火，火光映红毛泽东、张闻天、王稼祥的脸，他们越谈越兴奋。特别是毛泽东，夜间的精神特别好，白天则常在担架上睡觉。

李德不时关注着毛泽东，很快就发现担架队里那三颗常常挨在一起的脑袋，称他们是“三人核心”。

红军终于从大山中钻了出来。

1934 年 12 月 12 日，蒋介石接到第四集团军行营的电报：“据报，昨晨长安营之匪，转向通道……”通道是湖南西南端的一个县，地处桂、湘、黔三省交界之处。那里确实是一条“通道”：向北可进军湖南，向西则可进入贵州，往南退则可缩回广西群山之中。

蒋介石接到的情报是准确的。红一军团第二师第五团确实是在 12 月 11 日攻占了通道县城。

翌日，在匆匆的征途中，一次“飞行会议”在通道县举行。

“飞行会议”即“飞行集会”。那时，在国民党统治区的街头，左派青年学生们常常组织“飞行集会”：一群人突然冒了出来，在街头发表慷慨激昂的演讲，当国民党警察闻讯赶来时，集会早已结束。“飞行”是指集会的迅速、短暂。

在通道举行的会议，由于迅速、短暂，被李德称为“飞行会议”。因为红军在通道城只逗留了一天，便匆忙离开了。

这次“飞行会议”是中央军事委员会的扩大会议，史称“通道会议”。据邓颖超回忆，会议在城外一个村庄里的一户农民家的厢房中举行，当时这家农民正在举行婚礼。参会人员为“三人团”，加上朱德，还有那个“三人核心”，此外还有谁参加不得而知。会议没有留下片纸只字。

不过，李德的回忆录《中国纪事》中倒是详细写及这次会议。

在书中，李德把自己当时的意见说得很清楚，那就是坚持早在瑞金时定下的路线，与贺龙、萧克部队会师，依靠“二军团的根据地”，即贺龙根据地，新创湘黔川苏区。

李德的意图正是蒋介石所洞悉的。蒋介石正布好“口袋”，等待李德率红军钻进去，再来一次“湘江之役”。如果照李德的意见去办，等待红军的将是覆灭的命运。

毛泽东打破了自宁都会议以来的沉默，两年多以来头一回参与军事决策，他坚决反对李德的意见，要求改变红军前进的路线，放弃与贺、萧部队会师的原计划，改为进军贵州。毛泽东还是用他的“择弱军打”的战略，因为贵州军阀王家烈的部队号称“双枪兵”（其中的一“枪”是烟枪），是不经打的“豆腐兵”。

毛泽东第一次战胜了李德，他的建议“被通过了”，而李德的建议遭到否定。毛泽东和李德看来要互相换位，毛泽东的威信在上升，李德的威信在下降，转折点便是湘江之战。

以中共的“上级”自居的李德，在自己的建议遭到否定之后满肚子的气恼。他对毛泽东表达自己想法的谈话露出不屑的神态，“我很费劲地听了这个谈话，好像过早地走开了”。

会后，李德向周恩来和博古打听他离席后的会议情况。李德十分惊讶，周恩来明确赞同毛泽东的意见；博古则说先入贵州再北上，求得和二、六军团会师。

李德已经显得很孤立，“三人团”已经产生明显的分歧。

在历史的长河中，通道“飞行会议”一闪而逝。然而，这次“飞行会议”是毛泽东重新崛起的标志，如今成了历史学家们细细追寻的所在，只是雪泥鸿爪、往事如烟，考证工作颇为艰难……

□ 黎平政治局会议支持毛泽东

“天无三日晴，地无三尺平，人无三分银。”这三句流传甚广的话，是当年贵州的形象写照。

贵州，处于云贵高原的东部，海拔 700~1500 米，重峦叠嶂，峭壁嶙峋。自从通道“飞行会议”通过了毛泽东的建议，红军便从通道县西行，才一天工夫，就进入了贵州地界。

刚进贵州，毛泽东便失去了身上的一件毛线衣。那是一位 60 多岁的老妇人带着小孙子外出讨饭，由于冻饿倒在路边，浑身发抖。毛泽东二话没说，脱下身上的毛线衣送给老妇人，还叫警卫员解下两袋干粮相赠。老妇人向他跪谢，他用刚学会的贵州话安慰："红军是干人（穷人）的队伍！"

轻轻松松，红军一进贵州，就在1934年12月14日攻占了一座颇为繁华的县城——黔东的黎平。

县城里，高耸的德国路德式教堂成了中革军委总部的所在地，教堂右边那一排白墙青瓦、前低后高、外砖内木的平房，成为周恩来的住所。这座房屋如今被载入史册——1934年12月18日，中共中央政治局会议在这里召开，史称"黎平会议"。

通道的"飞行会议"毕竟太匆忙。这一回红军进黎平县城，休整了三天，有了西征以来难得的喘息机会。

走进那座房屋，出席中共中央政治局会议的人物，有政治局委员博古、周恩来、毛泽东、张闻天、朱德、陈云，政治局候补委员王稼祥，还有总政治部代主任李富春。

"三人团"成员之一的李德缺席。他在回忆录《中国纪事》中自称："我因为发高烧没有出席。"

事情颇有戏剧性：当毛泽东失意时，肺病、恶性疟疾便来纠缠着他。眼下，颠倒过来了，毛泽东的病日渐转好，以至可以送掉被子、送掉毛线衣，而李德这个向来健壮的日耳曼人却"染上了严重的热带疟疾"，以致发起高烧来。

周恩来虽说在通道已经表示过对李德的异议，但向来富有组织纪律性的他，在这次会议之前还是郑重其事地征询了李德的意见。李德依然重复着他在通道已经说过的那些话。

但是据周恩来回忆，李德并没有缺席会议，而是在会上与毛泽东发生了激烈的争吵。

毛泽东的意见，归纳起来共三条：一、放弃北进与贺龙、萧克部队会合及在湘西建立根据地的原计划。二、西进贵州，攻取贵州第二大城遵义，以遵义为中心建立新的根据地。三、在适当的时候召开政治局扩大会议，全面总结第五次反"围剿"以来的教训（即他一开始就提出来的"要讨论失败的原因"）。

这时的毛泽东在政治局中已举足轻重，他的意见当即得到政治局多数委员的支持，唯有博古表示反对。博古仍坚持他和李德拟订的原计划。

在会上，毛泽东取得了一个很大的胜利，那就是在周恩来的支持下，政治局同意通过一项书面的决议，表达中共中央战略意图的重大改变。这样，毛泽东的意见得到了政治局的正式认可。这项决议便是《中共中央政治局关于在川黔边建立新根据地的决议》，又称《黎平会议决议》。

这项决议当时以电文发出，电文原始的标题是《战略方针决定经你们传达至师及梯队首长为止》。

决议的部分原文如下：

各军团及军委纵队首长：

兹特电告中央政治局本（月）18日关于战略方针之决定，此决定经你们传达至师及梯队首长为止。在部队中关于本决定之解释总政治部另有训令。

中央书记处

中央政治局决定

一、鉴于目前所形成之情况，政治局认为过去在湘西创立新的苏维埃根据地的决定在目前已经是不可能的，并且是不适宜的。

二、根据于甲、使我野战军于今后能取得与四方面军及二、六军团之密切的协同动作。乙、在政治的经济的及居民群众的各种条件上，求得有顺利的环境，便利于彻底的粉碎（第）五次“围剿”及今后苏维埃运动及红军之发展。

政治局认为新的根据地区应该是川黔边区地区，在最初应以遵义为中心之地区……①

① 中央档案馆编：《中共中央文件选集》第十册，中共中央党校出版社1991年版，第441—442页。

决议通过后，出于对李德的尊重，周恩来在当天夜里拿决议的译文给李德过目。不料李德看了后大为不悦，跟周恩来吵了起来。向来温文尔雅的周恩来忍无可忍，顶撞了这位“顾问”。

连周恩来都跟李德拍桌子，向来傲岸固执、目空一切的李德也不得不叹道：“兵败言微！”

“无可奈何花落去”，李德已经无法再主宰红军。尽管他吵、他闹，中共中央政治局的决议照样以电报发往各军团及军委纵队首长们手中。12月19日下午6时，中革军委发出关于贯彻黎平政治局会议决议的通知。同日，总政治部代主任李富春签署了总政治部关于执行决议的训令。

中共中央政治局的决议、中革军委的通知和总政治部训令这三个文件的发布、下达，表明毛泽东得到了党和红军的支持，完全占了上风。

顺理成章，在这三个文件发布之后，李德丧失了军权。用周恩来的话来说，那就是“排除了李德，不让李德指挥作战”[①]了。当然，体面的理由，则是李德“生病”了。

一位原先受李德“排除”的人物重新参与指挥作战，此人便是李德的校友刘伯承。

刘伯承，红军的一员名将。1916年，他在讨袁战争的四川丰都（今属重庆）之役中冲锋陷阵，头部连中两弹，失去了右眼，从此以“独目将军”著称。在他戎马一生中，负伤多达九处。

1934年12月20日，中央红军离开黎平，分两路西进。新任总参谋长的刘伯承被任命为先遣司令，一路斩关夺隘，成为全军的开路先锋。

出了黎平，红军便直扑乌江，进军遵义了……

① 周恩来：《党的历史教训（节录）》（1972年6月10日），《纪念遵义会议五十周年》，贵州人民出版社1986年版，第46页。

□ 心慌意乱的王家烈

红军入黔的消息，如同一颗重磅炸弹在贵州省会贵阳市爆炸了。

首当其冲的是身材魁梧、41 岁的贵州军阀王家烈。他集贵州国民党省党部指导委员会主任、贵州省主席、国民革命军第二十五军军长等职务于一身，握党、政、军大权于一手。

贵州这个地方“山高皇帝远”，自从 1912 年唐继尧入黔、督黔以来，军阀割据，自成一统。

此后，虽然贵州军阀内斗颇烈，派系倾轧，但是一定程度保持着自己的独立性。1932 年 4 月，王家烈在用武力征服了前任军阀毛光翔之后，成为“黔霸天”。

王家烈常说，西南六省之中，川、滇、湘、粤、桂五省构成一朵莲花，黔在中心，乃是莲花之蕊。言外之意，他要成为西南群龙之首。

蒋介石对贵州军阀是不给一文军饷的，贵州军阀自有财源——鸦片税。贵州军阀主张“有土必种，无烟不富”“只准吸烟，不准嫖赌”。那年月，鸦片遍贵州，甚至鸦片成了通用的货币。人们买东西时，要么付银圆，要么付鸦片。种鸦片要付“种植税”，运鸦片过关卡要收“通关税”，吸鸦片要收“烟灯税”，开烟馆每灯收税三枚银圆，在家吸鸦片每灯收税一枚银圆……

贵州兵以“双枪”出名，个个面黄肌瘦，如同张贞那“战无不败的豆腐兵”。

得知红军入黔，王家烈心慌意乱。他手下的“双枪兵”不仅不经打，而且还分为四派：副军长侯之担是一派，割据赤水、仁怀、习水、绥阳等县；副军长犹国才盘踞盘江八属；副军长蒋在珍割据正安沿河一带。虽说三位副军长口头上都称服从军长，实际上王家烈能直接调动的，只有他的嫡系何知重、柏辉章两个师。

蒋介石发来电报，要王家烈“严防赣匪入黔……黔军除巩固原防外……先择重要城镇，构筑碉堡，以防匪之突窜”。

王家烈只得驱车往贵阳东面平越县的马场坪，举行军事会议。

王家烈手下的两员大将，对委员长的命令反应冷淡。

何知重冷笑道："我还差士兵们一年多的军饷。如果蒋委员长给钱，我就打！"

柏辉章则来软的，他说："红军早已声言北上抗日，此次不过路过贵州而已，并没有直取贵阳的意思，何必跟他们硬拼？保住贵阳即可。"

副军长侯之担的一席话，使满座皆惊。他说："军人以服从命令为天职。这次红军由江西、湖南入黔，委员长早有明令，要我们阻击狠打，配合中央军消灭红军于黔中。我侯之担有四个旅共八团人，定当扼守黔北，决不许红军越过乌江、进入乌江以北一步！我愿立下军令状，与诸公共存亡！"

既然侯之担如此表示效忠蒋委员长，王家烈也就顺水推舟，让侯之担去乌江抵挡红军。

乌江是贵州最大的河流，又称黔江，流急浪高，一泻千里，比湘江要险峻得多。乌江宽约 250 米，流速达每秒 1.8 米，此时的水温在 10 摄氏度以下，两岸绝壁悬崖。

侯之担声言：

> 乌江素称天险，红军远征，长途跋涉，疲惫之师，必难飞渡。红军或不致冒险来攻乌江，可能另走其他路线。[①]

---

① 侯汉佑：《侯之担部防守乌江的溃败》，《文史资料选辑》第 62 辑，文史资料出版社 1979 年版，第 97 页。

□ 飞渡天险乌江

不料，红军行动神速，入黔之后势如破竹，连取剑河、黄平、台拱、余庆等 10 多座县城，于 1934 年岁末之日，已到达离乌江不远的瓮安县小镇猴场。猴场林木繁茂，乃猴子出没之地，故名猴场。

在猴场，毛泽东被安排住在一座漂亮的房子里，有一个很大的院子和三间朝南的屋子。这是长征以来从未有过的。这似乎在表明，毛泽东的地位已经明显上升，虽说他的职务依旧，未曾调整。

当中央纵队抵达猴场时，先头部队在团长耿飚和政委杨成武的带领下，已经急行军前往乌江江边，着手抢渡乌江天险。

就在这个节骨眼上，又发生了新的风波：博古、李德对湘江之败犹心有余悸，听说乌江比湘江险峻得多，主张不过乌江，再度提出与红二、红六军团会合。

为了平定这场风波，1935 年元旦，中共中央政治局在猴场开会，史称“猴场会议”。这一回，不费太多气力，就驳回了博古、李德的意见。会议通过了重要决定，重申了黎平会议的精神——《中央政治局关于战略方针之决定》。

新的决定共七条，其中有一条：“关于作战方针，以及作战时间与地点的选择，军委必须在政治局会议上作报告。”这一条，实际上就是宣告了“三人团”垄断军事指挥权的结束。毛泽东是政治局委员，“军委必须在政治局会议上作报告”，这就使毛泽东有了过问军事的机会和权力，虽说这时的军权尚未完全掌握在他手中。不过，红军已经在按照毛泽东的战略意图行动：渡乌江，取遵义，建立以遵义为中心的新根据地。

红军前锋一到乌江边，就传来敌情报告：在三个渡口，即江界河渡口、袁家渡、孙家渡，都有侯之担部队驻守，而且还筑了碉堡。前两个渡口各有两团兵马，孙家渡则驻了一个团和一个机炮营。

看来，侯之担已经摆开阵势，要跟红军干一仗！

那时，渡乌江要靠“蜈蚣筏”。那是用竹木编成的长筏，在湍急的江水中似蜈蚣般游动，这才得了“蜈蚣筏”之名。“侯家军”早已把蜈蚣筏全都拴在北岸。

侯之担十分得意，以为“官兵勤劳不懈，扼险固守，可保无虞”。

红军抵达江边，总参谋长刘伯承亲自布置红军上山砍竹，又向老乡借门板、木头，自己动手扎“蜈蚣筏”。

元旦凌晨 4 点，18 名红军战士在江边喝下烧酒，跃入江中。这时，“侯家军”尚在睡梦之中。红军战士如水中蛟龙，只用了 10 多分钟，便泅过凉入骨髓的乌江，攀上对岸的峭壁。

泅渡成功之后，“蜈蚣筏”开始强渡。“侯家军”发觉了，江面上响起“嗒嗒嗒”的机枪声。

这时，泅渡过江的 18 名战士发起了攻势，红军的迫击炮又隔江而轰。“蜈蚣筏”载着一连战士，顺利过了江。

“双枪兵”实在不经打，才一个多小时，便留下几十具尸体，落荒而逃。

红军利用“蜈蚣筏”渡江，渡过了一团人，在对岸站稳了脚跟。

刘伯承急调工兵营来到江边，下达了架浮桥的命令。因为没有浮桥，大军难以迅速过江。

红军采用土办法，花费了 36 个小时，湍急的乌江上便架起一座崭新的浮桥。天险乌江，被红军踩在脚下。

蒋介石接到王家烈的电报，知道红军已经突破乌江，大骂侯之担“剿共不力”，命他“戴罪立功”。蒋介石也深为自己布置了“口袋”但红军却不来“钻”而感到惋惜。不过，蒋介石毕竟诡计多端，他命令薛岳率中央军星夜兼程奔赴贵阳，名为“保卫贵阳”，实际是要借此一举夺取贵阳，端掉王家烈的老巢！

这时，“小诸葛”白崇禧也不甘落后，觊觎贵阳，借口“追剿”红军，命桂军入黔，直奔贵阳。

蒋介石急了，发了电报给白崇禧，“制止桂军前进”。

于是，薛岳的中央军加速了前进的步伐，沿贵龙大道直取贵阳。

王家烈哑巴吃黄连——有苦说不出，眼睁睁看着中央军开进了贵阳城。

1935 年 4 月 6 日，王家烈被迫下台，贵州从此落入蒋介石之手，结束了军阀统治时代。

第七章　遵义曙光

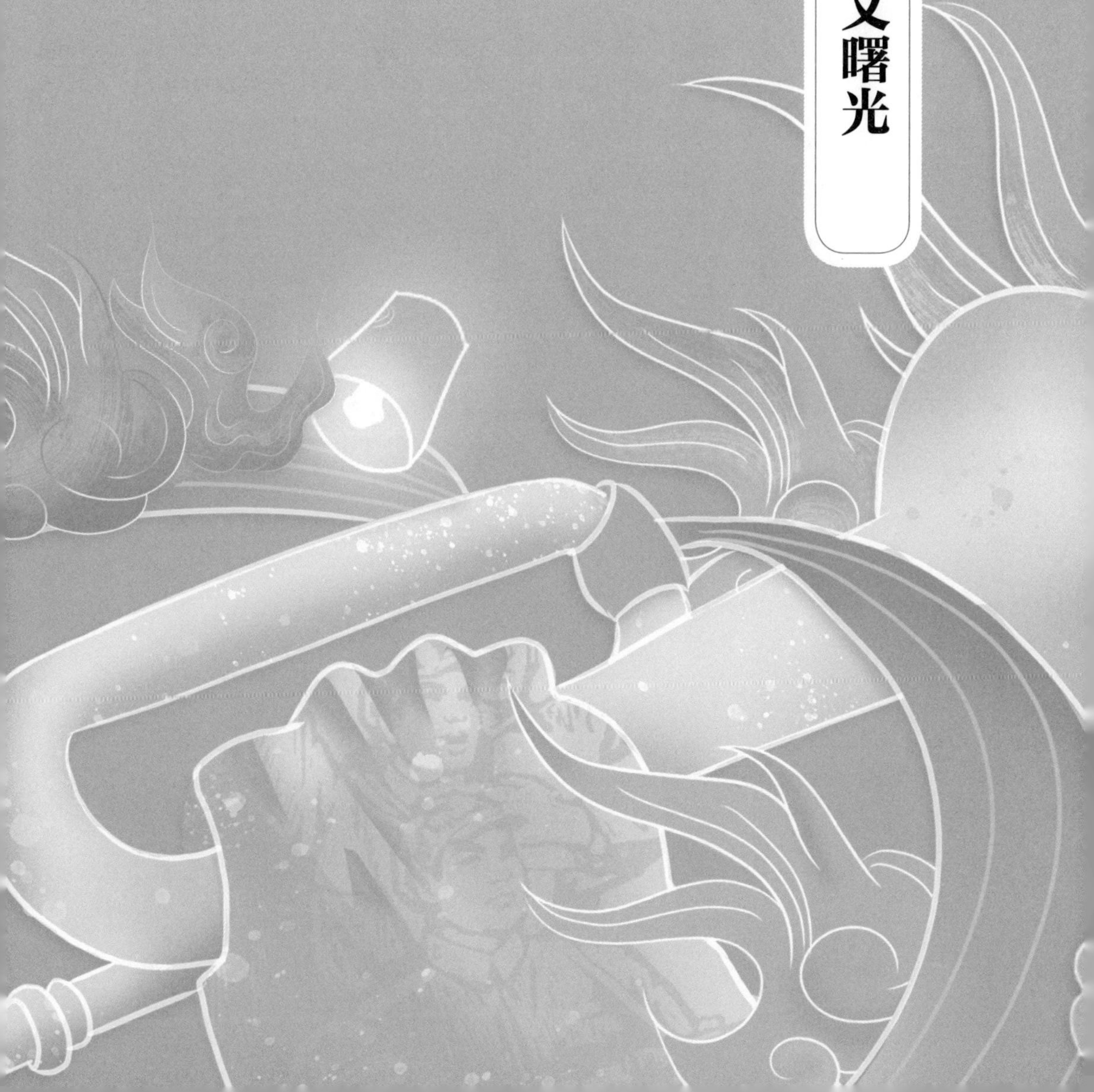

□ 诈开城门智取遵义

按照毛泽东的战略部署，在突破乌江天险之后，下一步就是直取遵义了。

1935 年 1 月 4 日，当红一军团第二师第六团的团长朱水秋、代理政委王集成刚刚率全团渡过水急浪高的乌江，总参谋长刘伯承便命令他们作为前锋，向遵义急行军。

经过一天一夜急行军，第六团就推进到了团溪镇。这个镇，离遵义只有 90 里路。1 月 5 日夜，第六团在团溪镇宿营。

6 日清早，第六团在一片漆黑中起床。刘伯承一夜骑马蹪行，此时到达第六团团部。

刘伯承作了战前动员。他说:“我们的日子是比较艰难的，要求仗打得好，还要伤亡少，又要节省子弹，这就需要多用点智慧。”他的这番话，开动了第六团指挥员们的脑筋，大家都在“智取”上下功夫。

在第六团中，担任前锋的是第一营，营长曾保堂和团参谋长唐振旁走在最前头，他们的身边，走着一位小伙子。这个小伙子家住团溪镇。头天晚上，唐振旁在镇上找老百姓打听情况，找到了这位小伙子。小伙子原先在“侯家军”里当过兵，知道沿途情形。他说，离遵义城 30 里的地方有个山口，“九响团”驻守在那里，只有过了这一关，才能进遵义。什么是“九响团”呢？原来，侯之担的这个团上上下下都有一支能够一梭子九发的“九连珠”毛瑟枪，号称“那山口连鸟也飞不过去”。唐振旁请小伙子当向导，小伙子犹豫再三，总算答应了。

贵州果真“天无三日晴”，一路走，一路下起冷雨来了。第六团在泥泞的山道上疾行，下午 3 点钟光景，来到那“鸟也飞不过去”的山口。一看，两面的山头各蹲着一座碉堡，形势的确险恶。

第六团悄然包围了“九响团”。“九响团”还以为红军远在乌江，一阵枪响，他们慌作一团，红军三下五除二就解除了他们的武装。除了死的以外，200 名俘虏畏缩在寒风细雨之中。

第一营换上了“侯家军”的军装，带着十几个愿意加入红军的俘虏，准备去遵义诈取城门。这时，刘伯承又冒雨骑马赶到，对第一营作了战前讲话：

遵义城里有敌人一个师，听说我们过了乌江，军心动摇。你们以一个营打敌人一个师，力量悬殊太大。但敌人是惊弓之鸟，一轰就跑。你们一定要有胜利的信心！同时，要多动脑筋，多用一点智慧。[①]

雨越下越大。为了防备打“九响团”时走漏消息，第六团第一营马不停蹄，直奔遵义南门。

雨夜，比往日更加昏黑。远远地望见一星灯光，红军战士们知是南门已近在眼前。

在南门附近布好掩护的机枪，曾保堂、唐振旁带着穿了“九响团”服装的一部分战士和俘虏，来到南门城墙之下。

俘虏们用贵州土话喊开门。

“哪一部分的？”城门上传来问话。

“‘九响团’的！”被俘的“九响团”营长按照曾保堂的吩咐答道。

“‘九响团’不去守山口，干什么？”

“共军打过来啦！”

“共军？共军不是还在乌江吗？”城门上传来惊讶的声音。那哨兵叫来了他的上司马排长。

马排长拧开明亮的手电筒往下照，见一群水湿的穿“九响团”服装、挎“九连珠”的士兵，于是盘问了一通。那位被俘的营长答得滴水不漏，于是，马排长下令打开城门。

城门开了，红军一拥而入。

开门的士兵问：“共军来了？”

红军用“九连珠”指着他的胸口：“远在天边，近在眼前！”

① 曾保堂：《智取遵义》，《贵州文史丛刊》1982 年第 3 期。

就这样，不费吹灰之力，红军攻进了遵义城，俘虏了几百名“侯家军”。

红军冲进了“侯家军”的军部，不见侯之担，一问，才知道侯之担在1月4日夜里带着家眷往老家桐梓逃了。连“城防司令”侯汉佑也从北门逃掉了。

第六团已经占领了遵义，平静之中忽地又响起枪声。原来，遵义分新城和老城，第六团所占领的只是新城。老城还驻守一个团的“侯家军”，枪声正是从老城响起的。

再接再厉，第六团攻入老城，依然如入无人之境，“侯家军”不经打，举手投降了。

1935年1月7日凌晨，遵义全城都落入红军之手。

侯之担先失乌江，又丢遵义，几天之内把黔北都丢了，1万多“侯家军”损失了五六千人。蒋介石发电报痛斥侯之担。原先想效忠于蒋委员长的他此刻呼天天不应，叫地地不灵。在百般无奈之中，侯之担丢下“侯家军”，只身逃往重庆。1月18日，蒋介石命令参谋团主任贺国光在重庆将侯之担“先行看管，听候查办”。

王家烈既为侯之担的崩溃感到庆幸，因为从此贵州境内少一异己，但也未免兔死狐悲，震慑于侯之担前车之鉴。

□ “毛、张、王”同住古寺巷

湘江东岸，过了遵义新城最繁华的丁字口，有一条僻静的用青石板铺成的小巷，名叫古寺巷。

小巷深处，一堵青砖垒砌的高围墙，一座颇有气派的门楼，一扇宽大的门。推门进去，草坪、花坛簇拥着一幢两层洋楼。这座楼用特制的大块青砖砌成，四周有宽大的回廊。楼内，红漆地板，彩色玻璃窗，宽大的楼梯，黄铜架子大床。这样的洋楼，在当年的遵义是数一数二的豪华住宅。

屋主是“川南边防军”第一旅旅长易少全（亦作“易少荃”），他风闻红军欲取遵义，早已携家眷逃之夭夭。

国家政治保卫局局长邓发向来负责安排首长的住处。每到一地，他总是先把可供住宿的地方作一番巡视，然后按首长地位的高低相应地分配房子。长征以来，宿营地最好的房子向来安排给李德，而毛泽东总是住很差的房子。到了黎平，周恩来被安排住入最好的房子，毛泽东的住房也不错。在猴场，毛泽东住的房子最气派。这一回，邓发领着毛泽东来到古寺巷，让他睡那张黄铜大床。显而易见，这是最好的住宿待遇。

毛泽东未进遵义，就已关照邓发，在遵义他要跟张闻天、王稼祥住在一起。邓发遵命，把张、王都安排在易宅楼上，而楼下则住着他们三人的随行人员——秘书、警卫员、卫生员、炊事员。

长征开始之后，李德就发觉毛泽东、张闻天、王稼祥常在一起，先是称他们“三人核心”，后来干脆攻击他们是“新的三人团”以至“地下三人团”。此时，毛泽东完全不必搭理李德的风言风语，跟张、王同住一楼，以便于共商大事——在遵义召开中共中央政治局扩大会议，清算博古、李德的“左”倾军事路线。这次政治局扩大会议，史称“遵义会议”，是中共党史上最关键、最著名的会议之一。

遵义会议的主题，也就是毛泽东最初提出的“讨论失败问题”。

“毛、张、王”又是怎样酝酿召开遵义会议的呢?

王稼祥的夫人朱仲丽曾写及长征时王稼祥和毛泽东同在担架队里的情形：

当时，稼祥同志曾为作战指挥上的问题，和李德发生过多次争执，他忧虑地对主席说，这样下去红军就不行了！后来，他干脆地表示，要把博古、李德他们“轰”下台。毛主席听了稼祥同志的话，十分赞同，但根据当时的实际情况，有些担心，回说：“能行吗？我们人少。”稼祥同志又说：“到了遵义要开会，要把他们‘轰’下来。”毛主席高兴地说，好啊，我很赞成，那要活动活动。稼祥同志答应了。

长征的路上，条件是极其恶劣的，稼祥同志不顾自己的伤情，先找到了张闻天同志，向他谈了自己对一些问题的看法。稼祥同志说，到遵义城需要开一个会，总结一下党的军事路线。正巧，闻天同志也考虑了这个问题，他表示同意。当然，周恩来同志也同意了。接着，稼祥同志还找了其他一些负责同志。①

王稼祥也曾谈及和毛泽东同在担架队的情形：

一路上，毛泽东同志同我谈论了一些国家和党的问题，以马列主义的普遍真理和中国革命实践相结合的道理来教导我，从而促使我能够向毛泽东同志商谈召开遵义会议的意见，也更加坚定了我拥护毛泽东同志的决心。②

“毛、张、王”中的张闻天后来忆及瑞金云石山古寺那次与毛泽东的长谈，说道：

从此，我同泽东同志接近起来。他要我同他和王稼祥同志住在一起——这样就形成了以毛泽东同志为首的反对李德、博古领导的“中央队”三人集团，给遵义会议的伟大胜利奠定了物质基础。③

楼上共三间房，毛泽东住在东边的一间前房，后房住着他的警卫员陈昌奉和卫生员。张闻天、王稼祥住在西边一间的前房、后房。中间是客厅，放着一张长方桌子和几把太师椅，那里成为“毛、张、王”一起进餐之处，也

① 朱仲丽：《“关键一票”的由来——王稼祥同志谈遵义会议》，《遵义会议的光芒——纪念遵义会议五十周年》，解放军出版社 1984 年版，第 37—38 页。
② 王稼祥：《回忆毛泽东同志与王明机会主义路线的斗争》，《人民日报》1979 年 12 月 27 日。
③ 张闻天：《从福建事变到遵义会议》，《福建党史通讯》1985 年第 3 期。

成为他们一起商谈、筹备遵义会议的所在。

◻ 正报告·副报告·反报告

太阳的余晖渐渐隐没在玉屏山后，在寒风的吹拂下，遵义的街头变得冷清起来。

从新城的古寺巷深处抬出一副担架，上面躺着王稼祥。身材颀长的毛泽东和戴近视眼镜的张闻天随着担架，在警卫们的护送下，走过店铺林立的丁字路口，走过湘江上的石桥，子尹路就在眼前了。

柏公馆楼上，跟周恩来的卧室只一墙之隔的客厅，已经生好炭火盆。客厅正中一张长两米、宽一米的长方桌子（柏家的餐桌）用土漆漆成板栗色，四周是十几把藤心木把椅子，还有好多只木凳。另外，还特地放了一张抽脚藤躺椅（藤躺椅下方有一张可伸可缩搁脚用的竹凳），那是虑事甚细的周恩来嘱人找来为王稼祥预备的“专座”。

一盏带白色荷叶边灯罩的美孚煤油灯已经点亮，挂在天花板正中，射出黄黄的光。桌上放着烟灰缸和茶杯，没有热水瓶，只有一把铜壶正放在灶间的煤炉上。

从前线赶回的林彪、聂荣臻住在附近，彭德怀、杨尚昆住在柏公馆楼下，只是李卓然、刘少奇尚在途中。

吃过晚饭后，人们陆陆续续来到客厅。当毛、张、王从新城抵达这里时，与会者差不多到齐了。

这时，墙上的挂钟发出“当、当……”七声响，会议也就开始了。

毛泽东和张闻天紧挨着那张藤躺椅而坐。藤椅在挂钟的下方。李德远远地离群而坐，坐在门口那儿，伍修权紧挨着他。

博古和周恩来坐在会场中心。会议由博古主持。其他的出席者，随便找个椅子、凳子坐了。正中墙壁上，挂着一张马克思的像。

博古的自我感觉似乎不错。他在宣布开会之后，就拿出一沓纸，开始作报告。因为事先定下会议的议题是对第五次反“围剿”和长征的第一阶段（从江西出发至攻下遵义）进行总结，博古的报告围绕着议题，以中共中央负责人的身份，似乎在认真地进行总结。博古在谈及第五次反“围剿”失败的原因时，强调了国民党军事力量的强大，强调了全国革命力量的薄弱，却不去检查“三人团”军事指挥上的错误。

博古的报告大约持续了一个小时，他的报告被称为“正报告”，又称“主报告”。

博古报告结束之后，作为“三人团”成员的周恩来作“副报告”。周恩来是中央军委负责人，着重谈军事问题。他检讨了“三人团”指挥上的重大失误，并主动承担了自己的责任。

博古和周恩来报告的不同倾向，连李德也听出来了（伍修权在他的一侧给他现场翻译）。后来，李德在《中国纪事》中写道：“博古把重点放在客观因素上，周恩来则放在主观因素上……”李德的这句话，倒是颇为准确地概括了“正报告”和“副报告”之间的不同。

周恩来的“副报告”，讲了半个多小时的样子。

接着，博古希望与会者对正、副报告加以讨论——直到这时，博古仍在按照他事先预想的会议程序进行。

博古的话音刚落，张闻天马上开始发言。张闻天从衣袋里掏出一大沓纸头，清楚表明他事先做了充分准备，写好了发言提纲。如杨尚昆所忆：

> 他作报告时手里有一个提纲，基本上是照着提纲讲的。这个提纲实际上是毛泽东、张闻天、王稼祥三位同志的集体创作而以毛泽东同志的思想为主导的。[①]

① 杨尚昆：《坚持真理　竭忠尽智——缅怀张闻天同志》，《人民日报》1985 年 8 月 9 日。

毛泽东在长征开始时提议毛、张、王在一起行军，入遵义后又同住古寺巷，长时间互相交流，其结果便是张闻天手中的这份发言提纲。

写过长篇小说的张闻天思路清晰，擅长表达，他的发言震动了会场。他的发言，大体上也就是后来由他起草的遵义会议决议。

张闻天的第一句话，就使博古和李德吃了一惊。他说：

> 听了博古同志关于五次“围剿”总结的报告及周恩来同志的副报告之后，政治局扩大会认为博古同志的报告基本上是不正确的。[①]

张闻天的报告，打乱了博古的会议程序。他一口气也讲了一个来小时，持与博古完全相反的观点，人称“反报告”。张闻天指出：

> 博古同志在他的报告中过分估计了客观的困难，把五次“围剿”不能在中央苏区粉碎的原因归罪于帝国主义国民党反动力量的强大，同时对于目前的革命形势却又估计不足，这必然会得出客观上五次“围剿”根本不能粉碎的机会主义的结论。[②]

张闻天把博古的正报告称为“机会主义”，把博古一下子镇住了。李德则大口大口地抽烟。

张闻天照着提纲发言，指名道姓批判博古、批判李德。以下的这些非常尖锐的话，均摘自后来由张闻天写成的遵义会议决议：

> 由于对于堡垒主义的恐惧所产生的单纯防御路线与华夫同志的短促突击理论，却使我们从运动战转变到阵地战，而这种阵地战的

① 中央档案馆编:《中共中央文件选集》第十册，中共中央党校出版社 1991 年版，第 452 页。

② 中央档案馆编:《中共中央文件选集》第十册，中共中央党校出版社 1991 年版，第 452—453 页。

方式仅对于敌人有利，而对于现时的工农红军是极端不利的。

…………

我们突围的行动，在华夫同志等的心目中，基本上不是坚决的与战斗的，而是一种惊慌失措的逃跑的以及搬家式的行动。

…………

博古同志特别是华夫同志的领导方式是极端的恶劣。军委的一切工作为华夫同志个人所包办，把军委的集体领导完全取消，惩办主义有了极大的发展，自我批评丝毫没有，对军事上一切不同意见，不但完全忽视，而且采取各种压制的方法……

…………

特别指出博古同志在这方面的严重错误，他代表中央领导军委工作，他对于华夫同志在作战指挥上所犯的路线上的错误以及军委内部不正常的现象，不但没有及时去纠正，而且积极拥护助长了这种错误的发展……博古同志在这一方面应该负主要的责任……[①]

张闻天的一席“反报告”，使会场群情激奋。积压多日的对博古、李德（反报告中的“华夫”）错误领导的怒火迸发了。幸亏进了遵义，香烟有了充足的供应，使李德可以一根接一根地抽着。李德板着面孔，硬着头皮听着张闻天对他的尖锐批判。博古则埋头记笔记。张闻天的“反报告”完全超出博古的意料，虽说他想同志们可能会对他的报告提出一些意见，但绝对没有想到会这样彻底地否定他的报告……

正报告、副报告、反报告，这三个报告构成了遵义会议不寻常的旋律。

① 中央档案馆编:《中共中央文件选集》第十册，中共中央党校出版社 1991 年版，第 458—470 页。

□ 毛泽东发射“重磅炮弹”

毛泽东也在大口大口地抽烟。平日，他在各种会议上，如同他指挥作战一样，喜欢“后发制人”，总是等大家都讲得差不多了才发言。这一回一反常态，当张闻天刚刚结束了反报告，毛泽东就开腔了。

毛泽东手里也拿着几张纸，不过那不是发言提纲。他的意见早已烂熟于胸，用不着写发言提纲。那纸上的字，是博古作正报告时他随手写下的一些需要加以批驳的观点。

在与会者的印象中，毛泽东的发言时间最长，大约持续了一个半小时。他的发言，要比张闻天幽默、辛辣，不时使会场爆发揶揄的笑声——唯有博古和李德不笑。

很遗憾，迄今未曾查找到毛泽东发言的原始记录。不过，据周恩来回忆，毛泽东的发言用三个“主义”概括了博古、李德的错误，即“先是冒险主义，继而是保守主义，然后是逃跑主义”①。

毛泽东概括的这三个“主义”颇为深刻：“先是冒险主义”——打赣州，“夺取中心城市，争取一省或数省首先胜利”；“继而是保守主义”——广昌之役，阵地战，堡垒对堡垒；“然后是逃跑主义”——仓促突围，实行逃跑。

据周恩来回忆，毛泽东说这次着重解决军事路线问题，“其他问题暂时不争论”，“很多人一下子就接受了”。

陈云则回忆：“毛主席讲得很有道理，内容就是《中国革命战争的战略问题》。”②

《中国革命战争的战略问题》一文，收入《毛泽东选集》第一卷。他的话，形象而又生动。毛泽东用了这样一段话回顾第五次反“围剿”的失败：

---

① 周恩来：《在批林整风汇报会议上的讲话》，1972 年 6 月 10 日。

② 陈云 1977 年 8 月 23 日接见遵义会议纪念馆同志时的讲话。据遵义会议纪念馆资料。

起劲地反对“游击主义”的同志们说：诱敌深入是不对的，放弃了许多地方。过去虽然打过胜仗，然而现在不是已经和过去不同了吗？……现在我们的国家已成立了，我们的红军已正规化了。我们和蒋介石作战是国家和国家作战，大军和大军作战。历史不应重复，“游击主义”的东西是应该全部抛弃的了。新的原则是“完全马克思主义”的，过去的东西是游击队在山里产生的，而山里是没有马克思主义的。新原则和这相反：“以一当十，以十当百，勇猛果敢，乘胜直追”，“全线出击”，“夺取中心城市”，“两个拳头打人”。敌人进攻时，对付的办法是“御敌于国门之外”，“先发制人”，“不打烂坛坛罐罐”，“不丧失寸土”，“六路分兵”；是“革命道路和殖民地道路的决战”；是短促突击，是堡垒战，是消耗战，是“持久战”；是大后方主义，是绝对的集中指挥；最后，则是大规模搬家。并且谁不承认这些，就给以惩办，加之以机会主义的头衔，如此等等。

无疑地，这全部的理论和实际都是错了的。这是主观主义。这是环境顺利时小资产阶级的革命狂热和革命急性病的表现；环境困难时，则依照情况的变化依次变为拼命主义、保守主义和逃跑主义。这是鲁莽家和门外汉的理论和实际，是丝毫也没有马克思主义气味的东西，是反马克思主义的东西。①

毛泽东的一席宏论，层层剖析，把博古和李德推上了被告席。实际上，毛泽东的长篇讲话，才是遵义会议真正的“正报告”“主报告”。

在毛泽东讲毕之后，王稼祥从躺椅上欠身站了起来，激动地发言。周恩来劝他坐下，他就坐着讲。

遵义会议是王稼祥提议召开的。前些天，有人劝他：“你正生病，会议不必参加了。”他答道：“这是头等大事，比我的病更重要，我要坐担架去

①《毛泽东选集》第一卷，人民出版社 1991 年版，第 205—206 页。

开会！”

王稼祥的发言很干脆，直截了当地讲了三点意见：

第一，完全赞同张闻天、毛泽东的发言。

第二，红军应该由毛泽东这样富有实际经验的人来指挥。

第三，取消李德、博古的军事指挥权，解散“三人团”。

王稼祥的发言，是对毛泽东的有力支持。后来，直至在“文化大革命”中，毛泽东提及王稼祥时，仍说他在遵义会议上投了“关键的一票”。

张、毛、王接连放了三炮，使博古和李德自通道会议、黎平会议、猴场会议中已经受到质疑的地位彻底动摇了。就连李德在他的回忆录《中国纪事》中也写及，毛泽东的报告在会上得到“以掌声和欢呼声”所表达的支持。

然而，在“掌声和欢呼声”中，忽然冒出冷冷的反问声。这声音是在王稼祥提议红军应由毛泽东指挥时发出的：“老毛懂个啥？他懂马列主义？他懂军事？他只会看看《孙子兵法》，翻翻《水浒传》《三国演义》！”

说这话的，是共青团中央书记凯丰，他强烈地支持着博古和李德。

在 20 世纪 60 年代，毛泽东曾多次这样谈及：当时党内有同志说我打仗不高明，是照着两本书打的，一本是《三国演义》，另一本是《孙子兵法》。其实，打仗的事怎能照书本？那时，这两本书，我只看过一本《三国演义》，当时并没有看过《孙子兵法》。那个同志硬说我看过，从那以后，倒是逼使我去翻了翻……

凯丰接着又谈起了马克思主义，他开始不断地引用马克思的话、列宁的话，以证明博古、李德是完完全全的布尔什维克。

毛泽东反驳了凯丰，指出马克思主义只有和中国革命的实践相结合，才能取得胜利。

博古、李德、凯丰为一方，毛泽东、张闻天、王稼祥为一方，三比三。

夜已深。博古宣告会议“暂停”，第一次会议结束。

警卫们提着马灯，护送毛、张、王回新城。虽说骤然走出那炭火颇旺的会议室，朔风迎面扑来，是够冷的，但是毛、张、王心中却一片火热，因为从今天会场上的反应来看，胜券在握……

□ 博古和李德陷入四面楚歌

会上白热化，会下也很热闹。

聂荣臻回忆凯丰在会下向他游说的情景：

> 教条宗派主义者也想争取主动，积极向人们做工作。会前和会议中，凯丰——即何克全，当时的政治局候补委员、共青团书记——三番两次找我谈话，一谈就是半天，要我在会上支持博古，我坚决不同意。我后来听说，凯丰向博古汇报说，聂荣臻这个人真顽固！①

凯丰前来游说聂荣臻，是因为他发觉聂荣臻倒向了毛泽东。聂荣臻在湘江之战以后，因脚化脓，也坐担架，在担架队经常跟毛、张、王一起交谈。聂荣臻赞同毛、张、王的见解，难怪凯丰向他游说不成后不悦而归。

1935 年 1 月 13 日晚 24 时，周恩来电报通知李卓然和刘少奇 14 日来遵义城，15 日开政治局会议。刘少奇当时是中央驻五军团的代表，他接电令后，随即带着警卫员赶到遵义城，随后参加了 15 日至 17 日的会议。而红五军团政治委员李卓然深夜从桐梓出发，当他带着两名警卫员日夜兼程赶到遵义城时，会议已经开始了。他和刘少奇住在一间屋子里，隔壁的一间屋子便是彭德怀、杨尚昆住。这时，彭德怀才第一次结识刘少奇。

李卓然这人，平日不显山露水，其实他能武能文。

---

①《聂荣臻回忆录》上册，战士出版社 1983 年版，第 246—247 页。

李卓然到了遵义，就赶往新城去看望毛泽东。

他在 1984 年曾回忆：

我记得很清楚，他当时正患感冒，头上裹着一条毛巾，尽管是在病中，但他仍然专注地倾听我的汇报。当我谈到部队已经怨声载道时，他笑笑说："怨声载道啰，对领导不满意啦？"我说："是的。"他又说："那你明天在会议上讲一讲，好不好？"毛泽东同志肯定了我反映的情况很重要，并要我在会议上发个言。[①]

由于大部分与会者军务在身，白天忙于处理军务，会议总在夜间举行。16 日、17 日又接连开了两个晚上的会。彭德怀和杨尚昆在出席了 16 日晚的会议之后，未等会议结束，就匆匆赶赴前线——那是因为柏公馆的那位柏辉章率师在遵义以南的刀靶水进攻红三军团第六师，战事紧迫，彭、杨出征。

16 日、17 日晚上的会议，仍然在柏公馆楼上客厅里举行。

据伍修权回忆：

在我印象中比较深的是李富春和聂荣臻同志。他们对李德那一套很不满，对"左"倾军事路线的批判很严厉，彭德怀同志的发言也很激烈，他们都积极支持毛泽东同志的正确意见。[②]

作为李德的"老校友"，被李德撤过职的刘伯承指出：中国的国情和苏联不同，把苏联军事院校那一套正规战、阵地战的打法搬到中央苏区来，势必会惨败。刘伯承说："没有本钱打什么'洋仗'，毛主席是有什么本钱打什么仗！"

① 李卓然：《难忘的遵义会议》，《遵义会议的光芒——纪念遵义会议五十周年》，解放军出版社 1984 年版，第 26 页。

② 伍修权：《我的历程》，解放军出版社 1984 年版，第 84 页。

李卓然作了发言，说部队对博古、李德那一套打法“怨声载道”。陈云、刘少奇在发言中明确地表示支持毛泽东。

向来稳健的朱德总司令当面谴责了李德：“弄得丢了根据地，牺牲了多少人命！”朱德还说了一句分量很重的话，“如果继续这样的领导，我们就不能再跟着走下去！”

周恩来举足轻重，在博古、李德受到批判时，他实际上是党内、军内的最高领导人。他是遵义会议的组织者，正因为这样，给李卓然、刘少奇的电报是以“恩来”署名发出的。周恩来在通道会议上已经支持毛泽东，黎平会议时更与李德当面“顶撞”，此时他在发言中全力推举由毛泽东来领导红军的今后行动。

其实，周恩来的支持，才是遵义会议上“关键的一票”！

随着与会者一个个发言支持毛泽东，毛泽东赢得了明显的多数。会议的形势，如陈云所描述的：“扩大会议中恩来同志及其他同志完全同意洛甫及毛、王的提纲和意见，博古同志没有完全彻底地承认自己的错误，凯丰同志不同意毛、张、王的意见，A同志[①]完全坚决地不同意对于他的批评。”

博古和李德已陷入了四面楚歌的境地，除了凯丰那一票表示支持之外，20位出席者中的16位支持毛泽东。

陈云的手稿中写及：“扩大会议指出军事上领导错误的是A、博、周三同志，而A、博二同志是要负主要责任的。”

这样，既批评了“三人团”，又把“三人团”中的李德、博古和周恩来区别开来，指出李德、博古“要负主要责任”。

① 即李德。

□ 张闻天接替博古成为中共负总责

会议进入第三个晚上，局面已经完全明朗化了。于是，大家着手进行最后的议题，即作出四项决定。

（一）毛泽东同志选为常委。

（二）指定洛甫同志起草决议，委托常委审查后，发到支部中去讨论。

（三）常委中再进行适当的分工。

（四）取消“三人团”，仍由最高军事首长朱周为军事指挥者，而恩来同志是党内委托的对于指挥军事上下最后决心的负责者。

这四项决定，是遵义会议的重要成果。

其中第一条，“毛泽东同志选为常委”，是指毛泽东从中共中央政治局委员进一步被选为政治局常委。常委与非常委的区别在哪里呢？当时正处于战争环境，尤其是长征途中，政治局委员们分散在各部队之中，不能经常开政治局会议，重大的事务由政治局常委决定。进入常委，即进入中央领导核心。

当时究竟哪些人是政治局常委？无原始常委名单档案可查。不过，以陈云手稿为依据，可以巧妙而准确地“推算”出常委名单来：一、“毛泽东同志选为常委”，表明毛泽东是新任常委。二、“扩大会议后中常委即分工，以泽东同志为恩来同志的军事指挥上的帮助者”，表明周恩来是常委。三、“决议发出以后常委各同志——毛、张、陈——均到各军团干部会中传布决议”，表明张闻天、陈云也是常委。四、“在由遵义出发到威信的行军中，常委分工上，决定以洛甫同志代替博古同志负总的责任”，表明博古是常委。

根据以上“推算”，常委共五人，即原常委博古、周恩来、张闻天、陈云，加上新选的毛泽东。

遵义会议的第四条决定，是以组织决定形式最终取消了“三人团”，并宣布剥夺了李德的军事指挥权。不过，遵义会议结束时，博古仍为中共中央负总责，只是他这“负总责”已经很难开展工作了。

战事紧急，遵义会议在1935年1月17日晚刚刚结束，柏辉章师已逼近遵义城了。趁着红军在遵义休整，蒋介石重新部署了追堵红军的计划。红军在1月19日撤出了遵义。这时的红军由周恩来、朱德指挥，周恩来“是党内委托的对于指挥军事上下最后决心的负责者”。

在遵义会议之后，博古下台已成定局，终于，在一个“鸡鸣三省”的地方，博古结束了他的中共中央负总责的职务。

周恩来曾十分清楚地说及博古“交权”的过程：

当时博古再继续领导是困难的，再领导没有人服了。本来理所当然归毛主席领导，没有问题。洛甫那个时候提出要变换领导，他说博古不行。我记得很清楚，毛主席把我找去说，洛甫现在要变换领导。我们当时说，当然是毛主席，听毛主席的话。毛主席说，不对，应该让洛甫做一个时期。毛主席硬是让洛甫做一做看。人总要帮嘛。说服了大家，当时就让洛甫做了。①

周恩来说及博古“交权”的地点：

我们赶快转到三省交界即四川、贵州、云南交界地方，有个庄子名字很特别，叫“鸡鸣三省”，鸡一叫三省都听到。就在那个地方，洛甫才做了书记，换下了博古。②

这样，博古结束了自1931年9月下旬起的3年零4个月的中共领袖地位，由张闻天接替。从此，张闻天成了中共中央负总责。

① 遵义会议纪念馆编：《张闻天与遵义会议》，中共党史资料出版社1990年版，第59页。
② 遵义会议纪念馆编：《张闻天与遵义会议》，中共党史资料出版社1990年版，第59页。

在“鸡鸣三省”的那个村子里，只要毛泽东点一下头，他完全可以出任中共中央负总责。当时，周恩来、张闻天都力推毛泽东接替博古。毛泽东毕竟看得深远，鉴于种种因素，推举了张闻天。

中国共产党是共产国际的一个支部。中共更换领导人，需经共产国际批准。毛泽东出自“山沟沟”，从未去过苏联，共产国际缺乏对他的直接了解。张闻天是“二十八个半布尔什维克”之一，原是王明、博古的密友，共产国际信得过。

张闻天又具有很好的马列主义理论修养。他从“左”倾营垒中杀出来之后，跟毛泽东紧密合作。在遵义会议上，张闻天站出来作反报告，立了头功。再则，张闻天是不争权的。张闻天容易与毛泽东共事，也能团结别的同志一起共事。

毛泽东的眼力不错。此后，张闻天担任中共中央负总责长达八年之久，与毛泽东一直保持着良好的共事关系。

走笔至此，不能不追溯在上海发生的一幕，竟在无意之中给毛泽东帮了大忙，为中国共产党在遵义会议上第一次独立自主地解决党内问题提供了机会……

1934 年的上海，中央地下组织面临着最为严峻的“围剿”。

自从中共临时中央在 1933 年初迁入中央苏区之后，上海设立中共中央上海局。共产国际通过中共中央上海局，与在中央苏区的中共临时中央取得了联系。

差不多与蒋介石对中央苏区的第五次“围剿”同步进行，中统特务加紧了对中共中央上海局的侦察、搜捕。

1934 年 6 月下旬，中共中央上海局被侦破，使中共中央上海局的电台遭到破坏。从此，中共中央上海局与瑞金失去了无线电联系。于是，在瑞金的中共中央也就失去了与共产国际之间的无线电联系。本来王明是通过无线电报“遥控”瑞金的，这下子鞭长莫及了。

从此，王明无法再对中共中央发号施令，只能在莫斯科干着急。

从此，博古、李德无法用共产国际（实际上是王明）这张王牌来压制毛泽东。

从此，中国共产党在“同外界完全隔绝”的情况下，独立自主地处理党内事务。

从此，通道会议、黎平会议、猴场会议，这一系列的会议都在没有外来干涉的情况下得以召开。

从此，遵义会议得以顺利地批判博古、李德，得以削除共产国际军事顾问李德的军权。

从此，中国共产党可以不经共产国际的批准，独立自主地选择自己的领袖——张闻天接替了博古。

张闻天从“鸡鸣三省”的那个小村子起，实际的职务是中共中央总书记，但并没有这样的称谓。这是因为自向忠发被捕后，中共中央便不设总书记。博古的实际职务也是中共中央总书记，但是只称“中共中央负总责”。张闻天接替他，因此也只称“中共中央负总责”。

也就在那个“鸡鸣三省”的小村子里，在进行常委分工时，开始授予毛泽东以军权。陈云手稿中写及：“以毛泽东同志为恩来同志的军事指挥上的帮助者。”这表明毛泽东着手过问军事，虽说还只是周恩来的“帮助者”。

博古呢？他在失去中共中央负总责之职后，仍担任中共中央政治局常委、中央军委委员职务。自 1935 年 2 月 7 日起，他担任红军总政治部代主任。

张闻天成为中共中央负总责之后，做的第一件事，便是通过由他起草的遵义会议决议。

中共中央政治局的常委们 1935 年 2 月 5 日在那个“鸡鸣三省”的小村子里刚开过常委会，翌日，行军至扎西镇，又接着召开中共中央政治局会议，从 2 月 6 日开至 2 月 8 日。会议史称“扎西会议”，是由张闻天主持召开的。

2 月 8 日，遵义会议的决议在扎西会议上通过。正因为这样，决议的标题之下，醒目地标着“一九三五年二月八日政治局会议通过”。

扎西会议通过了遵义会议决议，至此，遵义会议才算最后落幕。

□ 红军又成了“朱毛红军”

陈云关于遵义会议的传达提纲中写及，常委分工，毛泽东作为“恩来同志的军事指挥上的帮助者”。

虽然规定了“取消‘三人团’，仍由最高军事首长朱周为军事指挥者，恩来同志是党内委托的对于指挥军事上下最后决心的负责者”，而毛泽东只是“恩来同志的军事指挥上的帮助者”，但是这意味着毛泽东恢复了对于红军的军事指挥权——尽管在名义上还不是最高指挥权。

虽然“朱周”为“最高军事首长”，但由于朱德是毛泽东的“老搭档”，周恩来对毛泽东向来尊重，尤其是周恩来很赏识毛泽东的军事指挥才能，因此居于“帮助者”地位的毛泽东，实际上成了红军主帅。

世上没有百战百胜的常胜将军，而毛泽东恰恰在他“复出”后的第一仗中指挥失误，使得对他甚高的呼声顿时跌落下来。

遵义会议结束，毛泽东骑着一匹大白马行军。被压抑了 2 年零 3 个月的激情，此刻爆发了。

他期望着打一个漂亮的大胜仗。

一半是由于求胜心切，一半是由于情报错误，毛泽东首战失利。

1935 年 1 月下旬，毛泽东坐镇离土城不远的青杠坡村指挥，他的两侧，站着周恩来和朱德。

土城是贵州西北部与四川交界的小镇，据侦察，驻守那里的是“双枪”黔军，不过 2000 多人。

谁知一交手，对方的火力甚强，人马众多。毛泽东这时才得知准确的情报：对方是川军，是总指挥潘文华麾下的 1 万兵马！

土城一战，红军到底死伤多少未见于文献，不过，从川军总指挥潘文华 1 月 28 日至 29 日的三份电报中，可以略知一些战况，只是照国民党当时的惯例总把红军称为“匪”，而且往往对死伤数字加以夸大：

“缴获步枪二千余支……俘匪参谋长一员……毙匪团长欧阳君一员”（28

日电）。

“往复冲锋数十次，匪我伤亡甚大……激战至晚，匪受创颇巨”（29日电）。

“追击至土城河，匪隔河向我发射，并将浮桥拆毁……现仍相持中。此役计毙匪二千余，夺获山炮一门，迫击炮二门，步枪无算”（29日电）。

事隔21年后，毛泽东对土城之败记忆犹新。1956年9月，他在中共八大预备会议第二次全体会议上历数他的“真错”时，提及“长征时候的土城战役是我指挥的”。[①]

当时，毛泽东曾试图打入四川，与张国焘的第四方面军会合。土城战役失利后，毛泽东改为向西进入云南扎西，举行扎西会议。首战失败，影响了毛泽东在军队内的威信。

不过，毛泽东毕竟是高明的战略家，他在扎西会议上提出了“回兵黔北”的方针，认为还是黔军易打、黔北空虚，这一意见为大家所接受。

“吃一堑，长一智。”毛泽东指挥红军“回兵黔北”，于2月18日、19日二渡赤水，在娄山关和板桥之间歼灭黔军王家烈的8个团，乘胜再次攻占遵义城，接着又痛击敌吴奇伟增援部队。这一仗，总共歼敌20个团，成为长征以来的最大胜仗。

遵义战役的大胜利，驱散了土城战役失利的阴影，毛泽东在军内的威信迅速“回升”。蒋介石深为震惊，于3月2日由南昌飞往重庆“督剿”，大骂王家烈无能。

遵义大胜，使毛泽东改变了“帮助者”的地位，正儿八经地得到重要的军职。那是3月4日，经张闻天、周恩来提议，中革军委决定设立“前敌司令部”统一指挥，任命朱德为司令员，毛泽东为政治委员。

这样，正式恢复了宁都会议所撤销的毛泽东的军职，毛泽东从此重掌军权。红军，再度成了“朱毛红军”。

翌日，前敌司令部报务员们发电报时，末尾署的是“朱毛”或“司令员朱德、政治委员毛泽东”。

①《毛泽东文集》第七卷，人民出版社1999年版，第106页。

□ 新的“三人团”——毛泽东、周恩来、王稼祥

几天之后，从前敌司令部发出的电报，末尾忽然变成了只署“朱”，没有“毛”了！

这是怎么回事？毛泽东不是刚刚被任命为前敌司令部政委吗？

几乎难以令人置信，毛泽东“掼纱帽”了！

事情发生在毛泽东任前敌司令部政委后的第六日——3 月 10 日，导火线是来自一军团的一份电报。

3 月 10 日凌晨 1 时，一军团给在贵州苟坝的前敌司令部发来电报，抬头写着“（万急）朱主席”，末尾署“林聂”。那时，朱德发给各军团的命令，总是写军团长和政委两人的名字，因此各军团给朱德的电报也总署军团长、政委的名字。“林聂”，即林彪、聂荣臻。那份电报，主要是林彪的意思。

林彪在凌晨 1 时给朱德发来“万急”的电报，是因为他提出重要的新建议：“关于目前行动，建议野战军应向打鼓新场、三重堰前进，消灭西安寨、新场、三重堰之敌……”林彪在电报中提出进攻打鼓新场的五条行动方案。

打鼓新场，简称新场，今日贵州金沙县的县城，当年是一个大镇。

进攻打鼓新场，是一个重大的军事行动。朱德把电报交给张闻天、周恩来、毛泽东、王稼祥等传看，召开紧急会议加以讨论。

屋子里坐了近 20 个人，讨论林彪的电报。自从遵义会议上批判了李德“独断专横”之后，张闻天很注意“发扬民主”，事事要找一堆人开会讨论，依据多数意见行事。

这一回开会讨论，大家都觉得林彪的电报可行，赞成他的建议，唯独毛泽东一人反对。

毛泽东陈述了自己的理由：打鼓新场附近“不仅有周浑元、吴奇伟两个纵队，而且还有孙渡的四个旅。如果红军对驻守打鼓新场的黔军实施攻击，那么面临的敌军将不只是黔军，而是蒋介石在黔的全部兵力，进攻一开始就

将有迅速被敌人围困的危险”[①]。

尽管毛泽东再三阐述自己的见解，无奈众人未被说服。于是，张闻天依据“少数服从多数”的原则，决定采用林彪的建议——张闻天曾再三讲自己不懂军事，他只能按多数意见去办。

毛泽东深知打鼓新场不可打。他急了：“你们如果坚持进攻打鼓新场，我这前敌司令部政委不干了！”

张闻天一见毛泽东撂挑子，也急了，说道：“你不干，就不干吧！”

“好，我不干！”毛泽东气呼呼地走了。

毛泽东原以为他一走，众人会改变主意。不料，这一走，反而闹得更僵，众人竟通过了撤销毛泽东前敌司令部政委的决定！另外还拟出了给林彪的电报，同意他的方案。

周恩来是当事人，曾很详尽地描述了后来的故事：

> 但毛主席回去一想，还是不放心，觉得这样不对，半夜里提马灯又到我那里来，叫我把命令暂时晚一点发，还是想一想。我接受了毛主席的意见，一早再开会议，把大家说服了。[②]

周恩来又一次起了关键性的作用。因为遵义会议决议，“恩来同志是党内委托的对于指挥军事上下最后决心的负责者”，军事问题由他最后拍板。周恩来“接受了毛主席的意见”，也就扭转了乾坤。

既然周恩来在 3 月 11 日一早的会议上“把大家说服了”，攻打打鼓新场的计划取消了，毛泽东也就复职了。从他“掼纱帽”到重新担任前敌司令部政委，未超过 24 小时。

“打鼓新场风波”引起毛泽东的思索。他向周恩来、张闻天提出，“不能

---

① 费侃如：《三人军事指挥小组探源》，《党史通讯》1984 年第 5 期。

② 中共中央党史资料征集委员会、中央档案馆编：《遵义会议文献》，人民出版社 1985 年版，第 134 页。

像过去那么多人集体指挥”，军事指挥不能处处搞“少数服从多数”，不能老是 20 来人讨论来讨论去。毛泽东认为，批判李德、博古，不能把“三人团”也否定掉，“三人团”这种组织形式还是需要的。过去的毛病在于李德、博古的军事路线错误，不是“三人团”这种组织形式错了。指挥作战，权力必须高度集中。

张闻天也觉得毛泽东的意见有理，因为这些天把他折腾得够呛。他不懂军事，可是却要不断地主持军事会议，讨论来，讨论去，最后按多数人意见去办。天天要打仗，天天这么讨论，怎么行呢?

于是，在3月11日，先是以朱德的名义下达了不进攻打鼓新场的（电报）命令。

朱德的电报，申明了毛泽东所阐述的不可进攻打鼓新场的理由，而且事实很快证明了毛泽东的军事预见是正确的。

发出了朱德的电报之后，下一个议题就是讨论毛泽东提出的重组“三人团”的建议。讨论时，张闻天、周恩来、毛泽东、陈云、博古五常委均在场。

虽然不过事隔一天，情况却截然不同，毛泽东的建议得到一致通过。

3 月 12 日，新的“三人团”在贵州苟坝宣告成立，即毛泽东、周恩来、王稼祥。

新的“三人团”是受中共中央委托的指挥红军的最高权力机构。

从此，毛泽东成为红军最高首长。虽然朱德是红军总司令、中革军委主席，但朱德受新的“三人团”领导。

历史学家为了区别于原“三人团”，把新成立的“三人团”称为新“三人团”。

第八章 党的领袖

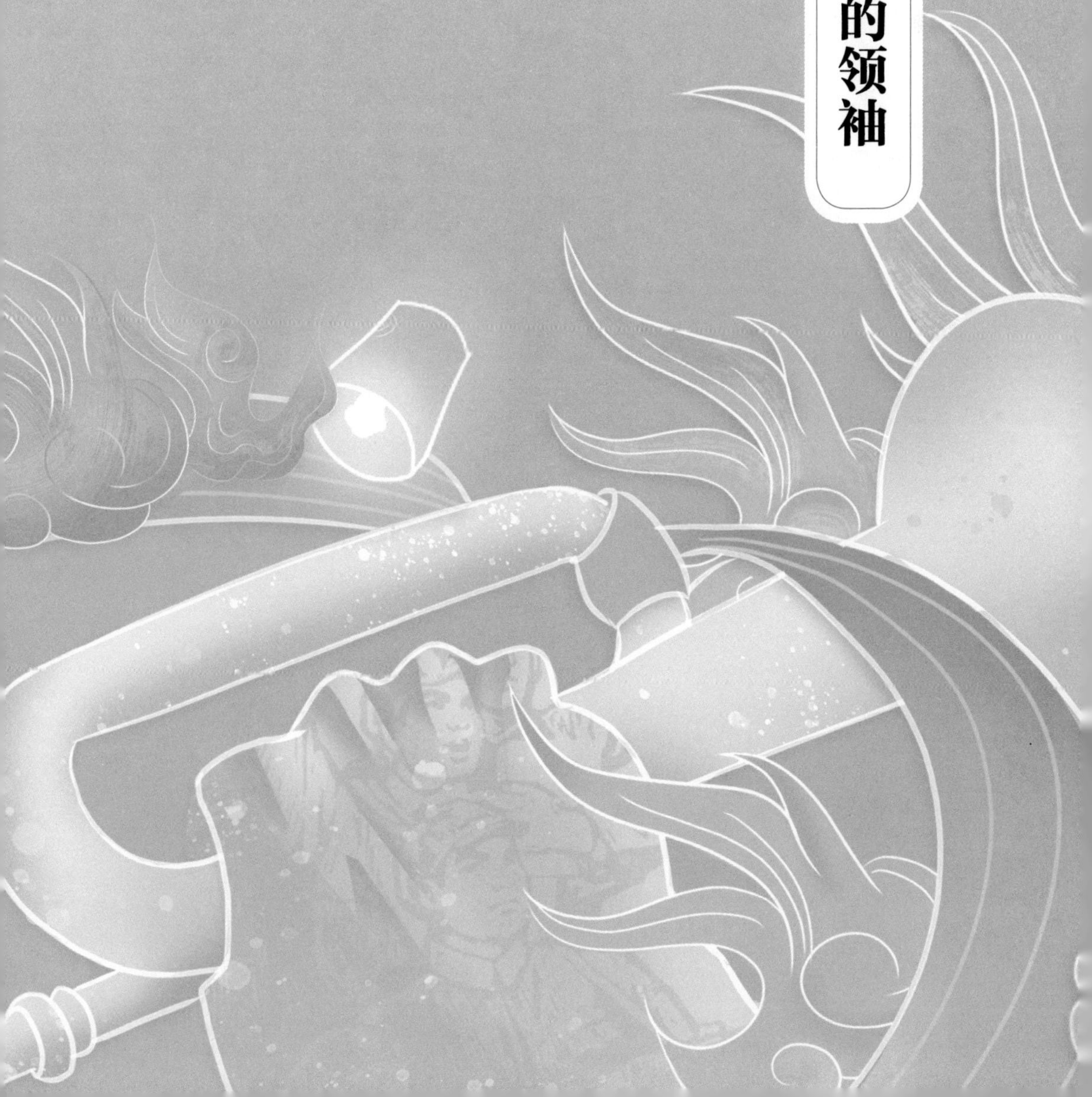

□ 陈云赴苏争得共产国际承认遵义会议

作为毛泽东的政敌，李德对遵义会议充满敌意，这是容易理解的。不过，他的《中国纪事》中，有一句话倒是说得颇为准确：“在遵义会议之后的最初几年里，他的权位相对来说还不够稳固。”

李德所说的“他”，当然指的是毛泽东。

确实，在遵义会议之后，毛泽东的领袖地位曾经受到严峻的考验和严重的挑战……

遵义会议之后，首先要做的是向共产国际汇报。因为当时中共毕竟是受共产国际领导，是共产国际之下的中国支部，如此重大的决定——改换领袖、改变路线——需要得到共产国际的认可。尤其是这次会议矛头所向，正是共产国际派来的军事顾问李德，他势必会向共产国际“告状”。尽管由于上海的秘密电台遭到破坏，使得中共和共产国际失去联系，但作为中共新领导，不能不考虑通过其他途径设法向共产国际汇报。

就在这个时候，任弼时给中共中央来电，告知中共中央上海局在 1934 年 8 月遭到破坏。

于是，张闻天和毛泽东考虑，需要派人前往上海，一则恢复白区地下工作，二则在上海设法与共产国际取得联系，汇报遵义会议的情况。

派谁去呢？

1935 年 2 月 28 日，就在红军第二次打下遵义的时候，潘汉年重入遵义，在街头忽然接到通知，说是洛甫有要事找他。

潘汉年赶紧到张闻天那里，才知中央决定派他去上海，去寻找上海地下党，寻找共产国际在上海的代表。

潘汉年，理所当然是最合适的人选。跟国民党第十九路军谈判，跟粤军陈济棠谈判，点将都点到他头上，因为他向来灵活机警，富有地下工作的经验。

不过，潘汉年没有出席遵义会议，还需要另派一位职务更高的人物前往上海，最好是一位政治局常委。在毛、张、周、陈、博五常委之中，毛、张、周无法离开红军，博古则不合适，唯有陈云是去上海最恰当的人选。

于是，中央决定潘汉年先行一步，然后派陈云去上海，恢复并主持白区工作。

也真巧，就在红军第二次打下遵义的时候，一个名叫林青的人前来接洽关系，由中共中央组织部部长兼总政地方工作部部长李维汉接待，知道对方是中共贵州地下党员。李维汉随林青来到遵义北门外的一个秘密联络点，接上了组织关系。

当张闻天听了李维汉的汇报后，马上让潘汉年化名杨涛，利用中共贵州地下组织的关系，化装成商贩，顺利到达贵阳。在那里，潘汉年找到中共贵州工委的秦天真，沿秘密交通线到达广州，转往香港，乘船来到上海。

西装革履，“小开”模样，潘汉年出现在上海滩，全然是另一副派头。他找到他的表妹吕鉴莹，跟表妹夫潘企之（潘渭年）接头。潘企之马上把潘汉年到来这一重要信息转告中共中央临时上海局宣传部部长董维键，促成临时上海局负责人浦化人与潘汉年见面。潘汉年这才得知，中共中央上海局遭到国民党中统特务的严重破坏，直至不久前才成立了中共中央临时上海局。另外，共产国际远东情报局负责人华尔敦（劳伦斯）也遭逮捕，在上海已经无法跟共产国际取得联系。

线，断了！潘汉年知道无法在上海完成中央交给他的特殊使命，所以只好暂去香港隐蔽。

莫斯科也关注着中共的命运。一个刚从莫斯科列宁学校毕业的美国青年史蒂夫·纳尔逊，忽然被校领导卡尔罗夫召见，交给他一项特殊使命。谈话开始后几分钟，一个中国人和一个俄国人来到卡尔罗夫办公室。这个中国人就是王明，俄国人则是共产国际的彼得洛夫。纳尔逊接受了特殊使命：带着 5 万美金前去上海，设法跟那里的共产国际代表取得联系。

纳尔逊绕道法国巴黎，再从威尼斯坐船来到上海。他按照暗号，跟一个名叫汉斯的德国人和一个名叫埃伯特的俄国人见了面，交给他们一封密封的信和 5 万美金。纳尔逊完成任务之后，由上海返回美国。至于那封密封的信究竟是什么内容，那个德国人和那个俄国人是什么身份，不得而知。这件事表明当时莫斯科方面也很着急，希望把断了的线接上。

在潘汉年动身几个月后，陈云动身了。临行前，他把有关文件装在一个箱子里交给组织。一位名叫席懋昭的中共地下党员护送陈云。[①]陈云经过重庆，于 1935 年 7 月间到达上海。

陈云秘密与潘汉年的表妹夫潘企之接头，见到了浦化人。浦化人通知在香港的潘汉年来沪，决定让他也前往苏联，向共产国际汇报。

陈云得到了孙中山夫人宋庆龄的帮助，搭乘一艘苏联货船去海参崴。同行的有中共一大代表陈潭秋、瞿秋白的夫人杨之华，还有何叔衡的孩子何实楚，由潘企之护送。他们于 8 月 5 日离沪。

8 月下旬，潘汉年也乘船前往苏联。

陈云和潘汉年到达莫斯科之际，正值共产国际第七次代表大会刚刚结束。共产国际七大举行时，虽然还不知道中共召开了遵义会议，但毛泽东和王明、张国焘、朱德均被选为共产国际执行委员，王明被选入主席团，季米特洛夫受命直接负责处理中国问题。王明、康生、王荣（吴玉章）、梁朴（饶漱石）在大会上作了发言。

就在共产国际七大期间，出于对断了线的中共的关注，共产国际派出一位重要的密使前往中国，寻觅中共中央。此人是资深的中共党员，作为中共驻共产国际代表团成员在莫斯科已生活了近三年。在莫斯科时他名叫“李复之”，受命回中国时临时取了个化名“张浩”。

到了中国后，在中共内部，他又使用“林育英”这个名字。然而，在他赴苏之前，国民党曾以高额赏金悬赏缉捕他，而悬赏布告上却写着他的化名“林仲丹”。其实，他的本名叫林育英，字祚培。他是林彪的同乡、堂兄，湖北黄冈人。

① 据陈云秘书朱佳木同志回忆，在中共十一届三中全会后整理文件时，发现了席懋昭自传，其中写及护送陈云。

就在林育英刚刚启程离开莫斯科的时候[①]，陈云和潘汉年到达莫斯科。共产国际正急切地想知道中共的近况，陈云和潘汉年的到来，可谓“及时雨”。

陈云、潘汉年等一行人从上海辗转来到莫斯科，带来了中共中央《关于反对敌人五次“围剿”的总结决议》[②]，说明了中共中央和中国红军领导机构的变动情况，并且介绍了中央红军长征至四川一段的作战和损失情况。陈云等人的汇报，使共产国际执委会和中共代表团自红军长征后第一次了解到中国革命真相。共产国际肯定了遵义会议的决定，对确立毛泽东的领导地位表示赞赏，但对主力红军人数的锐减颇感震惊。季米特洛夫等人敏感地意识到，共产国际对于中国革命形势和条件的估计，同实际情况是有一定距离的。[③]

共产国际肯定了遵义会议的决定，肯定了毛泽东的领导地位，这对于毛泽东来说，是极为重要的胜利。

陈云成功地完成了毛泽东交给他的使命，向共产国际陈述了遵义会议的决议，争取到了共产国际的支持。另外，毛泽东所采取的策略此时也发挥了重要作用，使遵义会议能够被共产国际所接受：第一，决议肯定中共六届四中全会王明上台以来“政治路线无疑是正确的”；第二，以张闻天代替博古为中共中央负总责，博古仍为中共中央常委；第三，决议把博古的错误定为“右倾机会主义”，而实际上是“‘左’倾机会主义”。这样，也就大大减少了王明的“阻力”。这三点策略，显示了毛泽东的智谋。

陈云和潘汉年圆满的苏联之行，使博古的希望落空，也使李德失去了“告状”的勇气。

---

① 林育英于 1936 年 3 月 20 日至 21 日在中共中央政治局会议上谈及他来华前的情况。

② 即遵义会议决议。

③ 杨云若，杨奎松:《共产国际和中国革命》，上海人民出版社 1988 年版，第 336—337 页。

□ 张国焘发起了严重挑战

就在陈云、潘汉年在莫斯科汇报之际，消瘦的林育英正在蒙古的沙漠中艰难地跋涉。

作为共产国际的特使，林育英肩负重任。他的使命原本是向中共传达共产国际七大精神，恢复中共和共产国际的联系。为此，他在临行前把共产国际七大文件背得滚瓜烂熟，“印”在脑海中，然后两手空空，不带片纸只字，朝中国进发。因为怕坐海轮到上海转赴内地太费时，而乘火车经西伯利亚大铁道进入东北又很危险，东北已被日军占领，所以他竟从蒙古横穿沙漠，直奔陕西，寻找中共中央。

林育英的到来，对于中共中央来说也是一场“及时雨”：这位小商人打扮的神秘人物，于 1935 年 12 月到达陕北定边，马上就赶往瓦窑堡，向中共中央原原本本地倒出了“印”在脑海中的共产国际七大文件，使一年多失去跟共产国际联系的中共中央得知了来自共产国际的最新指示。

恰恰在这个时候，中共中央正面临着分裂的严重危机，毛泽东正面临着张国焘的严重挑战。

林育英支持了毛泽东，为解决这场危机作出了可贵的贡献……

毛泽东在遵义会议上战胜了博古、李德之后，张国焘对毛泽东的领袖地位首先发起了挑战。

张国焘其人，既有颇强的组织能力、活动能力，又有很强的领袖欲。这一点，早在中共一大时就充分显示了出来。那时，他只是北京大学的学生，陈独秀、李大钊的门徒，来沪之后很快发觉中共一大的组织者、上海共产主义小组负责人李达跟共产国际代表马林之间有所龃龉，当即乘隙而入，反客为主，成为中共一大的主持人。中共一大选出陈独秀为书记、张国焘为组织主任，李达为宣传主任。张国焘成为中共最早的三位领袖人物中的一个。

虽说张国焘在中共一大之后的地位时浮时沉，不过，在 1931 年 1 月 10 日，中共六届四中全会产生的政治局推选向忠发、周恩来、张国焘三人为常委。

此后不久，中央决定张国焘赴鄂豫皖根据地，周恩来赴江西中央苏区。

张国焘和陈昌浩一起于1931年4月下旬由顾顺章护送前往鄂豫皖根据地。不久，张国焘担任鄂豫皖中共中央分局书记兼军委主席。从此，他一直是那里的首脑。鄂豫皖根据地是当时仅次于江西中央苏区的红色区域。正因为这样，1931年11月7日当中华苏维埃共和国宣告成立时，张国焘是中央政府副主席兼副“总理”，地位仅次于毛泽东。

后来，由于蒋介石一次次“围剿”，张国焘的鄂豫皖根据地不断西移，1932年底移至川陕边区，改称“川陕根据地”。

当朱毛红军整编为红军第一方面军时，张国焘所率红军整编为红军第四方面军，成为红军三大主力之一。红二方面军由贺龙为总指挥，任弼时为政委（无第三方面军）。红四方面军以徐向前为总指挥，陈昌浩为政委，而张国焘为军委主席。

红一方面军在湘江之役后损失过半，兵力只剩3万多人，而红四方面军因在川陕根据地未动，却拥有5个军、8万多人，超过红一方面军一倍多！

1935年3月，红四方面军进入四川。6月16日，红一方面军和红四方面军会师于四川懋功。

两大主力会师后，决定由中革军委统一指挥。遵义会议后，虽成立了新的毛、周、王“三人团”，但中革军委未动，仍以朱德为主席，周恩来、王稼祥为副主席。此时，增加张国焘为副主席。

然而，在“拥抱握手”之后，张国焘自恃兵多势强，便要与中央相对抗。

张国焘先是提出“向南攻打成都”，毛泽东主张“北上抗日”。6月26日，在四川两河口中共中央政治局会议上，毛泽东的意见得以通过，否定了张国焘的意见。

7月18日，张国焘策动陈昌浩致电朱德，毫不掩饰地提出要以张国焘为中央军委主席，由他“独断决行”！

张国焘向中央发起了挑战。

斗争越来越激烈。

1935年10月5日，张国焘率红四方面军及原红一方面军建制的第五军团南下，在四川北部的卓木碉（今马尔康市东南），自行成立“中共中央”“中央政府”和“中央军委”，自封“主席”。他还以他那个“中共中央政治局”的名义通过了“决议”，宣布撤销毛泽东、周恩来、博古、张闻天的相关职务，开除中央委员及党籍。

这时，毛泽东所率红一方面军坚持北上，于10月19日到达陕北吴起镇，与陕北红军会师。这样，终于结束了历时一年、历经11个省、长驱二万五千里的长征。

11月12日，中共中央致电张国焘：“不得冒用中央名义，只有一个中央。”

12月5日，张国焘致电中共中央，宣称：

> 甲、此间已用党中央、少共中央、中央政府、中央军委、总司令部等名义对外发表文件，并和你（们）发生关系。
>
> 乙、你们应称党北方局、陕甘政府和北路军，不得再冒用党中央名义。
>
> 丙、一、四两方面军名义已取消。
>
> 丁、你们应将北方局、北路军和政权组织状况报告报来，以便批准。①

张国焘的口气是如此咄咄逼人。

中共面临着大分裂！红军面临着大分裂！毛泽东面临着严酷的局面！

①《张国焘第二“中央” 要求党中央改称“北方局”》（1935年12月5日），《中国工农红军西路军·文献卷》上册，甘肃人民出版社2004年版，第68页。

□ 林育英鼎力支持毛泽东

就在这个节骨眼儿上，林育英出现在陕北。他出席了 1935 年 12 月在陕北瓦窑堡举行的中共中央政治局扩大会议。在这次会议上，林育英除传达了共产国际七大精神之外，还明确表示支持毛泽东。

林育英既是毛泽东的老朋友，又跟张国焘有着患难之交，而这时他是共产国际特使。中共中央决定，由林育英出面，以共产国际特派员的身份，对张国焘进行说服工作——张国焘不服从中共中央，对共产国际总应服从吧！

林育英在中共党内具有很深的资历，曾任中国共青团书记的林育南就是他的胞弟。林育英早在 1922 年 2 月就加入中共，跟恽代英、陈潭秋过从甚密。当毛泽东上井冈山时，他是中共湖南省委成员，两人因工作关系结下友谊。1930 年 12 月，他在抚顺的火车上被捕。寒冬腊月，他被泡在冰水中受刑，仍坚不吐实。在狱中 13 个月，他遭受百般折磨后，以多病之身获释。出狱后，他被中共送往莫斯科，一边治病，一边担任中共驻共产国际代表团成员……

此时，他担当起说服张国焘、防止中共大分裂的重任。他以共产国际特派员的身份，不断给张国焘发电报，进行说服工作。

张国焘致电林育英，称“党中央表示一切服从共产国际的指示”。虽然张国焘仍坚持他那个“中央”是“党中央”，但他已愿“一切服从共产国际的指示”。

经过电报一次次的切磋，林育英告诉张国焘：“共产国际完全同意于中国党中央[①]的政治路线……兄处可即成立西南局直属代表团[②]”。

这么一来，张国焘不得不取消他那个“中央”。如他在回忆录中所写：

① 指毛泽东为首的中共中央。

② 指共产国际代表团。

"他们[①]既与共产国际联络上了，我们也就不必旧事重提，斤斤于谁是谁非，大家团结要紧。"

这样，中共避免了大分裂，红军避免了大分裂。

1936年7月，贺龙、任弼时所率红二、红六军团，与张国焘的红四方面军会师于西康甘孜（今属四川），7月5日，红二、红六军团根据中革军委命令改编为红二方面军。接着，1936年10月，红二、红四方面军到达甘肃会宁，与前来接应的红一方面军会师。红军的三大主力终于大会师，组成一支统一的军队。

1936年12月2日，张国焘终于率红四方面军来到陕北保安。

会师之后，12月7日，中革军委调整、扩大为23人，成为红军最高指挥部，毛泽东任主席，周恩来、张国焘为副主席。中革军委又任命朱德为红军总司令，张国焘为红军总政治委员。

1937年3月27日至30日，中共中央在延安召开政治局扩大会议，张国焘作了检查，承认自己"是路线的错误，是退却逃跑的错误，是反党反中央的错误"。会议作出了《关于张国焘同志错误的决定》，张国焘的错误被定为"右倾分裂主义"。

此后，张国焘担任陕甘宁边区政府副主席。他虽口口声声承认错误，实际上耿耿于怀。终于，在1938年4月4日，他乘去祭黄帝陵之际，投奔了国民党。他随身只带了警卫员张海一人。当张海发觉张国焘反叛中共时，不愿跟他走。张国焘后来成为国民党的特务。张国焘的晚景颇为凄凉，1979年12月3日冻死于加拿大多伦多城养老院医院。

林育英则于1942年3月6日病故于延安，毛泽东、朱德亲自为他执绋。毛泽东还亲笔为他的墓碑写了"张浩同志之墓"六个大字。

① 指毛泽东为首的中共中央。

□ “神仙”王明从天而降

1937 年 11 月 29 日，延安机场戒备森严，人们不时仰视着黄土地之上的那片蓝天，希冀找到飞机的影子。毛泽东、张闻天、周恩来、朱德、博古、张国焘等延安党政军要人，都在机场上伫立静候。

不言而喻，将有大人物自天而降。

终于，一个黑点在天际出现，隆隆机声响起来了。哦，一架苏制军用运输机由远而近，降落在机场上，引起了一片欢呼。

飞机来自莫斯科。只是由于续航力有限，不得不中途在新疆迪化（今乌鲁木齐）、甘肃兰州降落、加油。根据苏联政府和国民党蒋介石政府签订的协定，开辟西北航线，从苏联运输军用物资，帮助中国抗日。这架军用运输机是秘密地由兰州飞来延安的。

从机舱里走出一个个子矮小的人，那双高统、发亮的黑皮靴显得格外醒目。他摆着一副领袖的架势，在机舱门口站了片刻，频频向欢迎的人们招手，留下充分的时间给摄影记者拍照。

此人便是王明——陈绍禹。自从 1931 年 10 月 18 日和妻子孟庆树在上海登上赴苏海轮，王明离开中国已匆匆六个春秋。离去时，上海一片白色恐怖；眼下，陕北不仅拥有南北长 900 里、东西宽 800 里的红色区域，有十几万人的红军，而且红都延安居然有了飞机场，虽说这机场极为简陋，不过是一片山间平地罢了。

和王明同机归来的，还有陈云和康生。

机场上举行了热烈的欢迎仪式。

王明呢？当然也欣喜万分，他是来摘“桃子”的。在苏联的六年中，他躲掉了上海中统特务的盯梢，躲掉了蒋介石“围剿”的炮火，躲掉了二万五千里长征的千难万险，眼下正是回来坐“帅椅”的时候。

虽说毛泽东已经是中共的领袖，然而，王明却是共产国际执行委员会委员、主席团委员、政治书记处书记，明摆着是毛泽东的上级。

新来乍到，王明俨然钦差大臣，在延安作长篇报告，毛泽东等“洗耳恭听”。

王明回国后不久，他和陈云、康生一起被增补为中共中央书记处书记。1937 年 12 月 15 日，中共中央成立了筹备中共七大的委员会，以毛泽东为主席，以王明为书记。

三天之后，王明和妻子孟庆树同周恩来夫妇及博古一起去武汉，同国民党代表陈立夫进行国共合作秘密谈判。从此，王明任中共中央长江局书记。

那时，日军大举侵略中国。大敌当前，中共表示愿和国民党结成统一战线，共同抗日。王明提出了“一切经过统一战线”“一切服从统一战线”的口号，而毛泽东则坚决主张中共在统一战线中必须保持独立自主。

毛、王之间，不光是政见不同，而且王明明显地表现出对毛泽东领袖地位的觊觎。他擅自拟定了中共中央委员名单。他在武汉经常以中共中央名义，擅自对外发布宣言，甚至以毛泽东的名义发表谈话。他还提出要把中共中央机关刊物《解放》从延安迁往武汉……由于他的政见与毛泽东不同，因此由他在武汉擅自发表的中共中央宣言，与延安毛泽东的主张不同，在外界造成恶劣的影响。

王明深知欲取毛泽东而代之，最为关键的一步棋就是共产国际的表态。

终于，王明走出了一步险棋：1938 年 5 月 26 日至 6 月 3 日，毛泽东在延安抗日战争研究会作了长篇演讲《论持久战》。毛泽东把这一重要著作派人送往武汉，交给《新华日报》发表。《新华日报》是中共在国民党统治区所办的一份公开发行、很有影响的报纸，1938 年 1 月 11 日在武汉创刊。王明扣下了《论持久战》，不同意在《新华日报》上发表，只同意印成小册子。

就在这时，有一位苏联人要从武汉回莫斯科，王明暗中托他密告季米特洛夫和斯大林，毛泽东的《论持久战》存在原则性的错误……

王明期待着来自莫斯科的指示。

□ 季米特洛夫警告过王明

1938年8月，又一架军用运输机从莫斯科飞往中国，上面也坐着一位重要人物。此人从莫斯科带回了共产国际的重要指示。

他，便是王稼祥。

王稼祥是在1936年底前往莫斯科的。他拖着病体，好不容易跨雪山、过草地，到达陕北。由于病情越来越严重，中共中央决定派红军总卫生部部长贺诚陪同他去莫斯科治病。

1937年6月下旬，王稼祥在贺诚的陪同下终于来到了莫斯科。在这里，王稼祥得到了精心的治疗，身体日渐复原。当王明决定回国时，他接替王明，出任中共驻共产国际代表团团长。王稼祥的这一任命，是共产国际总书记季米特洛夫决定的。

季米特洛夫当时是国际共产主义运动的富有声望的活动家，同时又是保加利亚共产党的领袖。1933年，希特勒制造“国会纵火案”，谎称共产党人纵火，正在德国的季米特洛夫被捕。9月起，季米特洛夫在莱比锡法庭上当众揭露法西斯阴谋，一时间成为全世界瞩目的新闻人物。最后，法庭不得不宣布他无罪。

苏联派出专机到德国，季米特洛夫出了监狱，直接上了飞机飞往莫斯科。

不久，季米特洛夫出任共产国际总书记并主管中国事务。

在王明、康生回国前夕，斯大林接见了中共驻共产国际代表团。

斯大林知道王稼祥走过长征，非常熟悉中国共产党和红军的情况，就问他：“红军现在还有多少人？”

王稼祥据实回答：“我们红军遭受了严重的创伤，胜利到达陕北时，只剩下约3万人。”

这时，王明在一旁插话道：“还有30多万人。”

王稼祥立即更正道：“斯大林同志，是3万多，不是30多万。”

斯大林听罢，说道：“我们共产党人，应该重视的红军战士，是有理想、拿枪的战士，是能打仗的勇敢战士，而不是吃粮食的人。”

王稼祥说：“中国共产党和中国红军，在毛泽东主席的领导下，正在逐渐壮大。”

斯大林高兴地说：“中国红军在毛泽东同志的领导下，是一支胜利的部队！”

斯大林转向即将回国的王明、康生说：“请把我的话转告给毛泽东同志，并祝他健康！”由于斯大林当着王明的面表示支持毛泽东，季米特洛夫就更加信任毛泽东了。

季米特洛夫非常正直。他曾跟王明共事，很快就发觉王明和中国国内领导人关系紧张，而且王明夸夸其谈，又没有实际工作经验。正因为这样，当王明回国之际，季米特洛夫特地把王明和接替王明的王稼祥一起找来谈话。

据任弼时回忆，在王明回国之前季米特洛夫曾向他叮嘱过：虽然你在（共产）国际工作了多年，而且是执委成员和书记处书记之一，但你回国去并不代表（共产）国际，而且你长期离开中国，脱离中国革命实际，所以回去以后，要以谦逊的态度，尊重党的领导同志。中国共产党的领袖是毛泽东，不是你，你不要自封领袖。

尽管季米特洛夫在王明回国前已给他打了“预防针”，可是王明回国后依然故我。王明在中共党内的资历很浅，他能够趾高气扬，最早是得力于共产国际代表米夫的支持。

王明回国后，“恶人先告状”，背地里托回国的苏联人向季米特洛夫打小报告告毛泽东，结果弄巧成拙。

季米特洛夫最初从陈云汇报的遵义会议情况中，知道毛泽东的经历，支持了毛泽东。

王稼祥在遵义会议上便坚决支持毛泽东。应该说，王稼祥留在莫斯科担任中国共产党驻共产国际代表团团长，在共产国际高层中大力宣传毛泽东，对斯大林、季米特洛夫了解毛泽东、支持毛泽东，起了很大的作用。须知，在中共的领袖人物之中，绝大部分曾在苏联学习，唯有毛泽东从未去过苏联。

这一回，王稼祥决定回国，改由任弼时担任中共驻共产国际代表团团长。

任弼时是在 1938 年 3 月受中共中央派遣前往莫斯科的。

虽说任弼时过去执行过王明路线，在中央苏区时反对过毛泽东，特别是主持宁都会议，撤过毛泽东的职，不过，在后来的实际斗争中，他逐渐转为拥护毛泽东。在莫斯科，他向季米特洛夫汇报了毛泽东在中国的斗争情况和在共产党内享有的威信。任弼时如实的汇报和对毛泽东的称赞，使季米特洛夫更增加了对毛泽东的信任感。

中共究竟应该以毛泽东为领袖，还是由王明出任中共中央总书记？王稼祥从莫斯科带来共产国际极为重要的指示。

王稼祥还随身带着一只皮箱，里面装着 30 万美元现钞，这是共产国际支援中国革命的一笔经费。

飞机降落在新疆迪化之后，不能再飞往兰州。一支八路军车队前来接他以及他带回的一批军用物资。车队取道兰州赴延安。

车队离开兰州之后，在茫茫黄土地上前进。途中突遭土匪拦劫。为首的土匪，络腮黑胡，双目射出凶光。车上那 30 万美元现钞，顿时处于最危险的境地。

王稼祥在土匪头子手枪的逼迫下，先是打开几只大木箱。打开一看，箱里尽是一些俄文书籍和杂志，土匪们毫无兴趣。他们的目光，集中在一只小皮箱上。王稼祥镇定自若地打开那只小皮箱，取出自己的衣物及一些国民党银行印行的纸币，送给土匪们，又摘下手表，送给土匪头子。他说明自己是八路军，没有钱财。土匪见他和车队的人都一色灰布八路军军装，就叫他们转过身去。过了好久，背后没有动静。王稼祥回头一看，土匪早已不见踪影。

幸亏王稼祥机智，在迪化把 30 万美元转移到大木箱里，上面铺了书籍，才躲过了飞来的横祸。

自从受土匪惊扰之后，车队加快车速，日夜兼程，不敢在路上逗留。司机极度疲惫。车近延安时，王稼祥乘坐的那辆卡车的司机竟打起瞌睡来，导致车子翻进沟里。众人大吃一惊，赶紧停车，跳进山沟，把王稼祥从车内拉出来。王稼祥居然安然无恙，他从地上拾起眼镜，眼镜也没有摔碎！原来，那辆卡车翻下去时，正好被一棵大树挡了一下……

王稼祥经过两番“历险”[1]终于安全抵达延安。

中共中央决定召开六届六中全会，因为自1934年1月在瑞金召开六届五中全会以来，已经相隔四年多没有开过中央全会，许多重大的事情需要讨论解决，尤其是王稼祥带来了共产国际的重要指示。

中共六届六中全会从1938年9月29日起在延安召开。会议开了将近40天，到11月6日才结束。

王稼祥担任了中共六届六中全会秘书长。会上，由王稼祥详细传达共产国际文件和季米特洛夫的口头指示，毛泽东代表中共中央政治局作了题为《论新阶段》的报告。

王稼祥所传达的季米特洛夫的指示，使王明颓然失色，从此失去他的“王牌”——来自莫斯科的“尚方宝剑”！

遵义会议确立了毛泽东在中共的领导地位，而中共的这一次领袖的更换，在当时尚未得到共产国际的认可。共产国际，又称“世界共产党”。须知，中国共产党从诞生之日起，就宣布自己接受共产国际的领导，是共产国际的一个支部。中共领袖的更换，照理是必须得到共产国际的批准的。遵义会议是在特殊的情况下召开的——中共和红军处于危急之中，而当时又与共产国际失去了联系，中国共产党第一次不经共产国际批准而自己选择了自己的领袖。也正是由于缺乏共产国际批准这一组织手续，毛泽东才一直让张闻天担任中国共产党名义上的最高领袖，因为张闻天毕竟曾在苏联学习过，受到过共产国际的直接培养。

到了中共六届六中全会，情况已大不一样：遵义会议之后，毛泽东领导中国共产党和红军走出了最困难的境地，赢得了很大的胜利，毛泽东的领袖地位不仅在中国共产党内得到一致公认，而且得到了共产国际的认可。毛泽东在面临王明的严重挑战时，共产国际明确支持了毛泽东。从此，毛泽东在党内的领袖地位完全巩固——尽管这时中共中央负总责的，名义上还是张闻天。

正因为这样，毛泽东在中共七大时，曾高度评价中共六届六中全会所起

① 据王稼祥夫人朱仲丽1991年7月8日对笔者口述。

的作用：

大家学习党史，学习路线，知道中国党历史上有两个重要关键的会议。一次是三五年一月的遵义会议，一次是三八年的六中全会。

六中全会是决定中国之命运的，六中全会以前虽然有些著作，如《论持久战》，但是如果没有共产国际指示，六中全会还是很难解决问题的。共产国际指示就是王稼祥同志从苏联养病回国带回来的。①

连王明也高呼“学习毛泽东”

一个特殊、显眼的信号从莫斯科发出：1938 年 7 月 6 日，苏共中央机关报《真理报》破天荒地刊登了毛泽东和朱德的照片，清楚表明了莫斯科对毛泽东的支持。

季米特洛夫接见了即将卸任回国的王稼祥及继任者任弼时，嘱咐王稼祥向中共中央转达他的意见：

中共一年来建立了抗日统一战线，尤其是朱德、毛泽东等领导了八路军执行了党的新政策，国际认为中共的政治路线是正确的，中共在复杂的环境及困难条件下，真正运用了马克思列宁主义。

在当前，中共中央领导机构要在毛泽东同志为首的领导下解决。中央领导机关中，要有亲密团结的空气。②

① 遵义会议纪念馆编：《毛泽东与遵义会议》，中共党史出版社 1992 年版，第 9 页。
② 朱仲丽：《黎明与晚霞》，解放军出版社 1986 年版，第 289 页。

季米特洛夫还特别强调：

要告诉全党，你们应该支持毛泽东同志为中国共产党的领导人，他是在中国革命实际斗争中锻炼出来的领袖，王明等人不要再争吵了。[①]

这下子，王明像泄了气的皮球——瘪了！本来，他处处借共产国际这张“王牌”压人，如今，他失去了“后台”，再也神气不起来了。

毛泽东没有在会上公开开展对王明的批判，因为王稼祥所传达的季米特洛夫的意见足以应对王明的挑战。毛泽东只是在会上重申了党的纪律：（一）个人服从组织；（二）少数服从多数；（三）下级服从上级；（四）全党服从中央。

王明一看苗头不对，赶紧在1938年10月20日发表《目前抗战形势与如何坚持持久战争取得最后胜利》一文，表示要“如北辰而众星拱之”那样“统一团结在中央和毛同志的周围”！这样的话从王明的嘴里讲出来，何等不易！

到了1940年5月3日，王明在延安“泽东青年干部学校”作了题为《学习毛泽东》的讲演，尤为“精彩”。

王明说：“对于青干学生学习问题，我只贡献五个字：‘学习毛泽东！’青年干部学校既以毛泽东同志的光辉名字来命名，那就要名副其实，就要学习毛泽东同志的生平事业和理论。”

王明以他“富有逻辑性”的“理论家”的特长，概括了从五个方面“学习毛泽东”：一、学习毛泽东同志的始终一贯地忠于革命的精神；二、学习毛泽东同志勤于学习的精神；三、学习毛泽东同志勇于创造的精神；四、学习毛泽东同志长于工作的精神；五、学习毛泽东同志善于团结的精神。

王明最后加以总结说：“我的总的意见，还不过是一点，就是泽东青年干

① 朱仲丽：《黎明与晚霞》，解放军出版社1986年版，第289页。

部学校学生以及全国的优秀青年，应该以毛泽东为模范，应该学习毛泽东。”

1940 年 5 月 7 日，王明在《新中华报》全文发表了他的《学习毛泽东》。虽说是言不由衷，王明毕竟还是公开表示了对毛泽东领袖地位的承认和拥戴。

□ 张闻天不再在中共负总责

在中共六届六中全会上，听了王稼祥传达的季米特洛夫的指示“中国党的领袖是毛泽东”，张闻天当即向毛泽东提出，推举毛泽东同志为中共中央总书记。毛泽东没有同意张闻天的意见，仍坚持由张闻天担任中共中央负总责。张闻天是个明白人，此后他便逐渐交权，把负总责的工作移交给毛泽东。召开政治局会议的地点，也移往毛泽东住处。

1939 年初，张闻天实际上已经不担任中共中央负总责之职。

在 1939 年 7 月至 8 月的中共中央政治局会议之后，张闻天实际上只分管宣传、教育工作。

1942 年 2 月 1 日，毛泽东在延安中央大礼堂作了著名的《整顿党的作风》的演说，从此开始了“延安整风运动”。

张闻天认为自己“过去没有做实际工作，缺乏实际经验，现在要补课”，于是以“延安农村工作调查团”团长的身份，带队到晋西北去进行农村调查，在那里工作了一年多。

1943 年 3 月 3 日，张闻天接到通知，赶回延安出席政治局会议。3 月 20 日，中共中央政治局会议通过了《中央机构调整及精简决定》。这一决定，在于使中央机构更加简便与灵活，使政权更加统一与集中，以达到更能增强中央的领导效能的目的。该决定指出，“政治局推定毛泽东同志为主席”，从而结束了张闻天中共中央负总责的职务。从此，毛泽东正式成为中共最高领袖。

该决定还指出:“书记处重新决定由毛泽东、刘少奇、任弼时三同志组成之，泽东同志为主席。”决定中有一极为重要的规定:“主席有最后决定之权。”

这样，毛泽东成为中共中央政治局主席兼中央书记处主席。这是中共中央第一次设“主席”——在此之前，称“中央局书记”“中央执行委员会委员长”“中共中央总书记”。这一回设“主席”，据云是因为人们对毛泽东已叫惯了“毛主席”。

该决定中指出，“刘少奇同志参加军委并为军委副主席”，表明刘少奇此时在党内的地位大为提高，因为他同时又被提升为中央书记处三位书记中的一个。

从此，张闻天离开了中共中央领导岗位，只是担任“中央组织委员会委员”。

就在中共中央政治局作出《中央机构调整及精简决定》不久，张闻天参加了中共中央高级干部的整风运动和关于党内历史上路线是非的学习讨论。张闻天是一个律己甚严的人，他对自己过去的“左”倾错误作了检查，在1943年12月写下总结自己思想历程的整风笔记。

张闻天在整风笔记中，有一段写及自己取代博古成为中共中央负总责的客观背景，写得那么富有自知之明，那样深刻自我解剖，是很不容易的:

遵义会议没有提出过去中央政治上的路线错误，而且反而肯定了它的正确，使我当时对于我自己过去的一套错误，还很少反省。这在毛泽东同志当时只能如此做，不然我们的联合会成为不可能，因而遵义会议不能取得胜利。为了党与革命的利益，而这个利益是高于一切的，毛泽东同志当时做了原则上的让步，承认一个不正确的路线为正确，这在当时是完全必要，完全正确的。这个例子，可以作为党内斗争一个示范来看。

在遵义会议上，我不但未受打击，而且我批评了李德、博古，我不但未受处罚，而且还被抬出来代替了博古的工作。这个特殊的顺利环境，使我在长久时期内不能彻底了解到自己的严重错误。[①]

如此坦诚，如此冷静，张闻天自以为是“被抬出来”的，也就主动地从“负总责”的地位上退了下来。

张闻天写好“整风笔记”后，即送毛泽东过目。毛泽东看罢，到张闻天的窑洞里来，对他说：“我一口气把它读完了，写得很好。”[②]

□ “在毛泽东的旗帜下胜利前进”的中共七大

1945 年 4 月 23 日下午，延安杨家岭的中央大礼堂一片喜庆气氛。中国共产党第七次全国代表大会在这里开幕。

毛泽东已是中国共产党众望所归的领袖，他三次在大会上讲话：一是在开幕式上致题为《两个中国之命运》的开幕词；二是翌日作长篇政治报告《论联合政府》；三是在 6 月 11 日致题为《愚公移山》的闭幕词。

中共七大离遵义会议已有 10 个年头，离中共六大则已经整整 17 年！

眼下，在杨家岭中央大礼堂的长条木靠椅上，坐着 700 多名代表，代表着 121 万中共党员——如此众多的中共党员，使中共成为当时仅次于苏共的世界第二大的共产党。

这时的红色区域称为“解放区”，已拥有将近 1 亿人口。

军队已不叫“红军”，称为“八路军”“新四军”，共达 91 万人。此外，还有民兵 220 万。

今非昔比，跟 11 年前广昌之败、湘江惨败时不可同日而语。毛泽东赢得

① 遵义会议纪念馆编：《张闻天与遵义会议》，中共党史资料出版社 1990 年版，第 32—33 页。
② 程中原：《张闻天论稿》，河海大学出版社 1990 年版，第 39—40 页。

了全党的拥护，是因为他领导中共走出了困境，走到了今日的胜利。

在中共七大之前，曾召开了中共六届七中全会，为这次大会作准备。

中共六届七中全会上，中央委员们对中共 24 年的历史进行了仔细讨论。会议期间，由任弼时主持起草了《关于若干历史问题的决议》，这一历史文件经毛泽东精心修改，由全会通过。

《关于若干历史问题的决议》全文 3 万余字，对中共 24 年来错综复杂的党内斗争作出了结论。用一句话来说，那就是批判了一右三“左”，肯定了毛泽东的路线。

所谓一右三“左”，就是陈独秀的右倾机会主义，瞿秋白的“左”倾盲动错误，李立三的“左”倾冒险错误，王明、博古的“左”倾教条主义、宗派主义。这样，就把遵义会议以前的中共党史进行了概括。

决议高度赞扬了“党在奋斗的过程中产生了自己的领袖毛泽东同志”，指出“到了今天，全党已经空前一致地认识了毛泽东同志的路线的正确性，空前自觉地团结在毛泽东的旗帜下了”。

在《关于若干历史问题的决议》中，还对刘少奇单独进行了表扬：“刘少奇同志关于白区工作的目标与思想同样是一个典范。”

正是分清了 24 年中共党史上的是非曲直，中共七大才得以顺利举行。毛泽东为中共七大定下了八字方针：“团结一致，争取胜利。”

在中共七大上，刘少奇作《关于修改党章的报告》。刘少奇以极为热忱的语言，赞扬了毛泽东，赞扬了毛泽东思想。

中共七大修改了党章，把“毛泽东思想”载入其中：

> 中国共产党，以马克思列宁主义的理论与中国革命实践之統一的思想——毛泽东思想作为自己一切工作的指针，反对任何教条主义的或经验主义的偏向。

从此，毛泽东思想成为中共的指导思想。

毛泽东在 1945 年 6 月 19 日召开的七届一中全会上，当选为中央委员会主席。

新选出的中共中央书记处，以毛泽东、朱德、刘少奇、周恩来、任弼时为书记。这五人成为中共新的领导核心，他们被称为中共第一代成熟的领袖。领导核心的稳定，保持着党的稳定。

在中共七大上，毛泽东之所以受到全党的拥戴，还在于他善于团结同志，即便是犯了严重错误的人。

毛泽东没有对曾经反对过他的人实行“残酷打击，无情斗争”。

毛泽东在党内实行“团结—批评—团结”，这样就使中共七大开成了一个团结的大会。写在会场上的“坚持真理、修正错误、同心同德”12个大字，正体现了毛泽东的这一思想。

由于毛泽东正确地采取“团结—批评—团结”的方针，中共七大达到了他预期的“团结一致，争取胜利”的目的，开成了一个“团结的大会，胜利的大会”，开创了“又有集中又有民主，又有纪律又有自由，又有统一意志又有个人心情舒畅、生动活泼那样一种政治局面”。

毛泽东在中共七大团结了大家，算清了中共24年来一右三“左”的路线错误的账，使中共实现了“在毛泽东的旗帜下胜利前进”！

此后，仅仅花了四年时间，毛泽东领导的中共就战胜了蒋介石，赢得了中国大陆的解放。他登上天安门城楼大声宣告：“中华人民共和国中央人民政府今天成立了！”

纵观从1921年中共成立，到1949年中华人民共和国成立，这28年间，1935年的遵义会议恰恰是“中点”：前14年，一右三“左”，一连换了陈独秀、瞿秋白、向忠发、李立三、王明、博古六任领袖。自从遵义会议确立了毛泽东的领袖地位，此后14年，中共取得了天翻地覆的大胜利。

就这个意义上讲，是历史选择了毛泽东！

2013年6月24日改定

于上海“沉思斋”